开放·创新：

上海市长宁区初中作业开放性探索综览

主　编　熊秋菊

副主编　宋建军　魏新磊　张　萌

上海远东出版社

图书在版编目(CIP)数据

开放·创新:上海市长宁区初中作业开放性探索综览/熊秋菊主编.—上海:上海远东出版社,2023
ISBN 978-7-5476-1934-6

Ⅰ.①开…　Ⅱ.①熊…　Ⅲ.①学生作业-教学研究-初中
Ⅳ.①G632.46

中国国家版本馆 CIP 数据核字(2023)第 130455 号

责任编辑　王　皑
封面设计　李　廉

开放·创新:上海市长宁区初中作业开放性探索综览
熊秋菊　主编

出　　版　**上海远东出版社**
　　　　　　(201101　上海市闵行区号景路 159 弄 C 座)
发　　行　上海人民出版社发行中心
印　　刷　上海锦佳印刷有限公司
开　　本　710×1000　1/16
印　　张　17.25
插　　页　1
字　　数　265,000
版　　次　2023 年 10 月第 1 版
印　　次　2023 年 10 月第 1 次印刷
ISBN 978-7-5476-1934-6/G·1183
定　　价　58.00 元

序

研究开放性作业　办好"活力教育"

　　建设与具有世界影响力的国际精品城区相适应的"活力教育",促进每个学生更好地学习与成长,是长宁教育持续探索和不断追求的目标。"活力教育"致力于激发学生的潜力,顺天性而教,循规律而育,让每一个学生实现自由而全面的发展。在教育形态上,活力教育体现为学生拥有生机勃勃的生命活力,教师拥有不断进取的专业发展动力,各级各类学校拥有丰富多彩的校园生活。在教育价值上,活力教育为师生营造发挥创造力的良好环境,倡导教师创造丰富的教育智慧,学生创造属于自己的生命舞台。在教育目标上,活力教育追求使学生在不断成长中实现自我突破,教师在卓越发展中实现专业突破,学校在创造品牌与特色中实现发展突破。

　　长宁教育以"五个有活力"诠释活力教育的内涵:学生发展有活力,以培养有理想、有本领、有担当的社会主义建设者和接班人为指向,用改革创新促进学生"德、智、体、美、劳"全面发展;教学改革有活力,传承区域教育改革传统,尊重不同年龄学生学习特点,系统推进幼、小、初、高四学段改革,促进教学方式转变;协同育人有活力,推进"走向卓越"的教师队伍建设,建立"政府牵头,学校主体,家长支持,社会参与"的四方联动育人机制,形成多方共育新生态;办学机制有活力,充分发挥各级各类学校的积极性和创造性,遴选综合改革项目试点校,打造学校特色和核心竞争力,形成更加开放、充满活力的学校发展样态;区域联动有活力,主动应对时代变革、国家发展、社会进步对教育的挑战,通过教育数字化转型和高水平对外开放激发整区教育活力,增强长宁教育在上海市、长三角乃至全国的影响力。

一、开放性作业体现长宁课程改革的活力

课程改革涉及课程标准、课程资源、教学设计、教学评价等诸多方面，是一个系统工程，作业设计看似只是一个具体环节，但与学生的认知过程密切相关。把开放性作业设计置于课程改革的体系之中，离不开课程新理念的观照、课程标准的导向、教科书内容的指引、课程资源的支撑、教学设计的规约以及教学评价的检验。以开放性作业的研究与实践为突破口，激发课程改革的整体活力，是长宁教育多年来持续努力的方向，也在实践中取得了影响广泛的成果。我们坚信，持续深化的开放性作业研究是给课程改革吹进的一股春风、注入的一泓活水，能够从微观层面激发区域课程改革的活力。

目前中国教育的主要问题是使学生习惯于刷题，而且面对的题目大多是"标准化"试题，久而久之，学生变成了对付考试的高手，而在创造性解决问题的场合往往就显得后劲与底气不足。长期在"标准化"作业的熏陶下，学生虽然获得了学历，但却削弱了学力。所谓"学力"是指学习能力、动手能力和知识水平的总称。传统的"标准化"作业，对学生学力的养成是欠缺的，它可能在记忆知识、理解知识方面有不可或缺的作用，但在运用知识、解决问题方面是力不从心的。可以这样认为，开放性作业的设计与实施是提升学生学力的突破口与关键点，不仅在平时的练习中要加强开放性作业的训练，而且在各级各类考试测验中都要增加开放性试题的比重，从而让开放性作业成为学生创新的舞台。

二、开放性作业研究是长宁教育持续耕耘的沃土

长宁区的作业开放性研究开始于 2016 年，是教育局牵头的全局性工作。根据《国家中长期教育改革和发展规划纲要》精神，结合"为了每个学生更好地学习与成长"的核心理念及新课程改革的精神，长宁区教育局和长宁区教育学院通过深入调研，广泛征求意见，在"阅读领航计划"、分层作业研究的基础上，进一步推出了作业开放性研究的整体性推进方案。在此基础上，各学校以及各学科制定本学校和本学科的实施方案，通过校本化实践，使作业开放性研究不断推向深入。

区域搭建学校与教师研讨的平台。作业开放性研究由教育局统一部

署,教育学院组织落实,以作业研究为抓手,在区域层面提供校际联动平台,优化整合资源。通过校际联动平台促进学校间教学资源的共享、教学经验的互补,使不同层次学校的学生均拥有满足发展需要的优质学习资源,推动各校均衡发展。区级联合教研,参加人员是学校校长、分管副校长、教务主任和相关学科教研组长和备课组长,以及相关学科教师。有效的研讨机制促进了开放性作业研究的不断深化,也提升了教师的研究能力。

区域建立完善的成果推广机制。长宁教育脚踏实地开展作业研究,旗帜鲜明推动"减负增效",将作业研究与管理作为区域课程教学改革的重要抓手,开展深入研究和扎实探索,严格控制作业数量,密切关注作业质量,让师生、学校、家长在作业的研究、设计与管理中共同成长。

长宁区作业改革思路主要分三个方面:作业研究、作业设计和作业管理。作业研究体现"三视":学生视角、学科视野和课程视阈。作业设计是重点,也是目标,体现"三性":科学性、层次性和开放性。作业管理体现"三专":专人负责、专题调研和专项推进。从而增强了作业意识,提升了教师学识,凝聚了区域共识。

三、开放性作业研究促进了区域"活力教育"发展

"活力教育"理念在作业中得到落实。活力教育是长宁教育历史积淀的重要特质,也是长宁区教育改革和发展的价值追求与主要任务。活力教育是充满生命力的教育。循天性而育,激发师生生命潜能,实现师生自由而全面地发展。在内表现为生命、激情、智慧的教育特质品格,在外表现为聚合、共生、变革的教育特质生态。长宁的作业研究与管理始终秉承"活力教育"理念。通过建立"局—院—校"上下联动的活力机制、推进"设计—实施—评价"三环相扣的活力实践、形成"家庭—学校—社会"齐抓共管的活力保障,初中阶段开展的"阅读领航计划"——"分层作业设计与实施"——"作业开放性研究",分阶段、有计划、有重点地落实作业改革与实践,就是践行"活力教育"理念的重要体现。

学生生命活力在开放性作业中得到激发。长宁区在义务教育阶段开展的作业研究与实践,尊重学生个性发展,以激发学生生命活力为宗旨,落实五育融合,凸显育德实效,促进思维发展,提升体质健康,强化美育熏陶,培

养劳动习惯。以激发学生生命活力为主旨的作业设计与实施,首先关注基于课程标准的学科和跨学科作业的"设计开放""实施开放"和"评价开放"。在"设计主体多元""作业形式多样""作业内容多向""作业难度多层"的开放理念引领下,完成作业的过程,帮助学生更加深刻、全面、系统地掌握学科知识;基于核心素养培育,结合学生学习与生活实际的综合性、生活性作业,又让作业回归学生的生活实际和生命质量提升。以尊重学生个性为前提而设计的开放性作业,让学生在"说"中完成作业、在"玩"中完成作业、在"做"中完成作业、在"思"中完成作业,学生的学科整合能力、知识应用能力、实践创新能力、合作交往能力逐步提升,学生的意志得以锻炼,潜能得以挖掘,并逐步养成良好的学习习惯,激发出不断向上的活力。

教师在作业研究中实现专业发展。系统的机制建设,为教师的专业成长提供了保障。长宁区对区域内以"减负增效"实现"为了每个孩子更好地学习和成长"的课改方向进行了顶层设计和规划,建立了学科发展中心、作业效能监测中心以及学业评价中心,合力保障作业研究与管理的推进,也为教师的专业成长提供了有力的保障。合理的路径规划,为教师的专业成长指明了方向。"单元作业指导建议"的发布,对教师树立学科思想和培养课程意识提出了明确的要求;"第一级备案"要求合理把控作业的"量";"第二级备案"要求实现"质"的提升,要求将备课组、教研组的集体学习、分工合作与教师个体的学习、实践、调整、反思紧密结合。作业的研究与实践,促使教师深入思考教育教学中深层次的问题,重新定位课程、教材、学生、教学之间的关系,重新审视和界定自己在课程改革中的功能、地位和作用。教师的专业自省、自觉、自主不断加强,更多的好教师在作业改革中脱颖而出。

区域教育治理机制在作业研究中得到优化。教育局加强顶层规划、制度管理、机制建设,建立"作业效能监测中心",发布《长宁区初中作业开放性研究指导意见》《长宁区教育系统基层年度考核工作方案》,建立"单元作业指导建议网上发布制",规范"作业网上两级备案流程",实施"常态调研制""咨询监督制",形成"长宁区作业效能评估标准",统筹规划作业改革。教育学院成立"学科发展中心""作业效能监测中心""学业评价中心",为作业设计与实施研究提供专业保障。同时,将作业设计与实施研究统筹纳入教研、科研、师训工作范围:教研室、科研室聚焦作业设计与设施的"理念与行为"

"内容与形式""过程与结果"以及"基于信息化平台的备案管理""基于三个指数的科学评价"等方面,以主题教研、课例呈现、专题研讨、成果展示、竞赛评比等多种方式推进落实;师训室组织进行以"作业设计与命题"为主的教师专业能力测试和校本研修,合力、规范、引领、促进、保障作业改革顺利推进。学校加强作业研究与管理中的学校实践探索,形成了"五级作业管理制度""六步作业研究流程""综合作业的设计、指导、完成和评价三焦点""作业备案三环节两流程"等一系列"校本管理机制",并努力探索作业管理的"校际联动机制"。

上海市长宁区教育局局长　熊秋菊

目　录

第一章 绪 论

第一节 研 究 背 景

一、研究缘起

（一）基于学科作业设计问题的分析

开放性作业的研究缘起于目前在作业方面存在太多的问题，这些问题已经到了亟待解决的地步。从上海长宁区初中的情况看，主要表现在以下方面：

1. 作业量多质低，学生疲于应付压力大

很多教师片面认为，作业多多益善，练习熟能生巧。他们习惯于采用题海战术，让学生不断地"刷题"，忽视了作业量多可能对学生产生的心理影响：一是过重的作业负担会使不少学生无法完成作业，消耗大量时间与精力，并加大心理压力；二是超量的练习会降低学生的学习兴趣，使他们的学习欲望愈来愈低。与此同时，多而"烂"的低质量作业，会造成学生同类题目重复练习的问题，从而会大大影响学习的效率与效能。

2. 作业布置一刀切，学生个体差异被忽视

有的教师在设计作业时喜欢"一刀切""齐步走"，往往忽视了学生个体的差异，没有注意到作业量的不同与难易度的区别。学生由于学习基础与理解能力参差不齐，练习的熟练程度就会高低不同。这就导致有些学生无法完成作业，有些学生又觉得过于简单。

3. 作业内容陈旧,学生的视野不易拓展

很多作业内容局限于课本,年复一年更新不够,知识与自然人文、生活生产联系甚少,学生感到枯燥乏味,知识面的拓展也受到一定限制。

4. 作业模式单一,学生思维发展受阻碍

大部分教师受旧的"作业观"影响比较大,习惯按照传统的作业设计模式进行命题,注重作业的规范性、严密性与答案的标准性、唯一性,而往往没有考虑到作业的开放性与思维的发展性。在当前的课堂练习与课后作业中,传统作业比重过大,而开放性作业比重过小,导致学生机械操练偏多,而心智训练不足。这对于学生的实践能力与创新思维的培养十分不利。

5. 作业形式不活,学生的参与性受影响

不少教师作业设计的形式相对呆板,缺乏灵活性与多样性,一般采用书面形式,而忽视演讲表演、讨论研究、交流合作、实验操作、动手制作、户外观察、社会调查等。单一的作业形式会使学生感到枯燥乏味,压制了积极学习的热情,也不利于学生培养自学能力与多元智能。

(二) 基于学生核心素养培养的诉求

近年来,基础教育受到了大家的关注,同时学生的想象力、创造力以及解决实际问题的能力的缺乏始终是社会热点话题。《国家中长期教育改革和发展规划纲要(2010—2020 年)》在战略主题里也提出:"坚持以人为本、全面实施素质教育是教育改革发展的战略主题,是贯彻党的教育方针的时代要求,其核心是解决好培养什么人、怎样培养人的重大问题,重点是面向全体学生、促进学生全面发展,着力提高学生服务国家服务人民的社会责任感、勇于探索的创新精神和善于解决问题的实践能力。"[1]文件还提出,通过减轻课业负担,保证学生生动活泼学习、健康快乐成长。调整教材内容,科学设计课程难度,改革考试评价制度和学校考核办法,给学生留下了解社会、深入思考、动手实践的时间。提高教师业务素质,改进教学方法,增强课堂教学效果,减少作业量和考试次数。随着新课程改革的全面实施,上海长宁区初中学校的课堂教学形式和手段都发生了一些改变,但是作业设计方

---

[1] 国家中长期教育改革和发展规划纲要工作小组办公室. 国家中长期教育改革和发展规划纲要(2010—2020 年)[M].北京:中国法制出版社,2010:7.

面却还在原地踏步。因为受到中考、高考及平时考试的影响,作业现状不容乐观,仍有教师受到考核的压力与应试教育的困扰,继续"穿新鞋、走老路"的传统作业方式,加重了学生学业负担,也使学生解决生活中问题的能力下降,作业也失去了它应有的功能。学者李学书、李嘉玮在研究中指出"由现代课程与教学观所引领的作业设计,不只是关注学生对知识要点的掌握与否,更要关注学生能否运用相关知识解决实际问题,关注学生的实践能力和创造能力的培养,更要关注学生在问题域中的情感、态度、价值观生成的意向和程度。"[①]2014年教育部研制印发《关于全面深化课程改革落实立德树人根本任务的意见》,明确学生应具备的适应终身发展和社会发展需要的品格和关键能力,以培养"全面发展的人"为核心,分为文化基础、自主发展、社会参与三个方面,综合表现为人文底蕴、科学精神、学会学习、健康生活、责任担当、实践创新等六大素养。为此,从学生核心素养培养的诉求出发,作业设计务必适应学校教育这一根本性的目标与任务。

(三) 基于区域教育均衡发展的需要

长宁教育工作坚持"为了每个学生更好地学习与成长"的核心理念,围绕长宁区国际精品城区建设的发展目标,提升长宁教育品质,进一步彰显长宁教育特色,努力办好人民满意的教育,为区域经济和社会发展做出新的贡献。考虑到仅仅依靠一两所学校,是难以达到区域推进、均衡发展的整体效果的。为此,长宁区的初中学段稳步启动和实施中考改革,从区、校两个层面积极落实应对措施。区教育局推出《作业开放性研究指导意见》,发动所有初中在深化分层作业研究基础上,实施作业开放性研究,并组织开展形式多样的区域研讨、展示与评比活动,以作业开放性研究推进初中学段的教育综合改革,提高学生自主学习能力,更深层次地推进区域初中教育的均衡化发展。

二、研究意义

(一) 开放性作业设计是学校课程改革的深水区

如果把课程改革比喻为一个"游泳池",那么作业设计,尤其是开放性作

---

① 李学书,李嘉玮.任务式作业的功能、设计原则及策略[J].教育实践与研究,2009(3):9—12.

业的设计，便是一片"深水区"。之所以这样说，是因为课程改革涉及课程理念、课程标准、教科书、课程资源、教学设计（活动设计、作业设计）、教学评价等诸多方面。作业设计看似一个具体环节，但与学生的认知过程密切相关。学生的大量时间与精力都花费在作业上面。而恰恰在作业设计上，特别是开放性作业的设计上，我们所下的功夫还很欠缺，对这一"深水区"的情况还没有摸清，需要我们沉下去深入探寻。课程改革是一个系统工程，要把开放性作业设计置于整个课程改革的体系之中，因为它离不开课程新理念的观照、课程标准的导向、教科书内容的指引、课程资源的支撑、教学设计的规约以及教学评价的检验。当前，课程改革是应该深入到解决具体环节问题的微观层面了。宏观问题与微观问题是相互联系的，宏观问题的解决可能促进微观问题的解决，反之，微观问题的解决也可以深化对宏观问题的认识，从而达到"盘活一盘棋"的效果。可以预见，开放性作业设计的研究会给课程改革吹进一股春风、注入一泓活水。

（二）开放性作业设计是学生学力提升的关键点

"为什么我们的学校很难培养出杰出人才？"[①]2005 年"钱学森之问"迅速引起了广泛关注，也唤醒了国人对我国教育的隐疾的正视。所谓的杰出人才也就是指有实践能力与创新精神的人才。检视我们的教育会发现，大多数学生是在"刷题的机器"上培养出来的，而且这些题目大多是"标准化"试题，久而久之，学生变成了机械操练的能手，对付考试的高手。他们在"标准化"考试中不输给国外学生，而在创造性地解决问题的场合他们往往就显得后劲与底气不足。要透彻地回答"钱学森之问"，可能涉及很多问题，回答存在一定困难。但至少有一个原因是显而易见的，那就是我国的学生缺少开放性作业的训练！因为长期在"标准化"作业的熏陶下，学生虽然获得了学历，但却削弱了学力。所谓"学力"是指学习能力、动手能力和知识水平的总称。也可以解释为：一个人的知识水平以及在接受知识、理解知识和运用知识方面的能力。传统的"标准化"作业，对学生学力的养成是欠缺的，它可能在记忆知识、理解知识方面有不可或缺的作用，但对于运用知识、解决问题方面是力不从心的。可以这样认为，开放性作业的设计与实施是提升学生

---

① 魏礼群.当代中国社会大事典 1978—2015 第 2 卷[M].北京:华文出版社,2018:343.

学力的突破口与关键点,不仅在平时的练习中要加强开放性作业的训练,而且在各级各类考试测验中都要增加开放性试题的比重,从而让开放性作业成为学生创新的舞台。[①]

(三) 开放性作业设计是评价测量研究的重头戏

国外的评价与测量的研究都已经将重心转移到开放性试题,无论是大学招生与选拔考试,还是国际性的 PISA 考试;无论是学校的学科考试,还是平时的课堂练习,都编制了相当多的开放题。评价与测量逐渐以"开放性"替代了"封闭性",从"标准化"走向"非标准化",从而使学校教育展现了焕然一新的景象。我国在这方面做得相对落后,需要加强开放性作业研究,积累作业命制的经验,提升作业设计的技术水平,建立开放性作业与试题库。这样做,对提高课堂教学品位、教师专业水准、学生认知效度、学业成就水平均有重大意义。

第二节 概 念 界 定

一、"作业"的界定

(一) 对"作业"含义的理解

《辞海》认为作业有三层含义:"①作活,工作;②为完成生产学习等方面的既定任务而进行的活动;③即'工序'。"[②]这一"作业"定义是广义而普适的,其适应范围之大涉及各行各业。农民耕作、工人做工、军人操练、艺术家创作、演员排演、教师讲课、学生做功课等,均可以视为作业。尽管作业方式不同,但都是在为各自的"业务"而操作、而活动,例如学生为学业而操作,就是在作业。以上的第一种解释,"作业"是动词,按照这一词性,直接说"学生在作业",也是通顺的,笼统指学生的一种状态。而在第二种解释中,"作业"完全是作为一个名词来使用的,它专指以书面形式呈现的一道道习题或者

---

① 《创新教育》编辑部.创新教育 2005 年第 5 辑[M].济南:山东教育出版社,2005:35.
② 夏征农,陈至立.辞海第六版.缩印本[Z].上海:上海辞书出版社,2009:2575.

以活动形式呈现的一个个项目。在这种场合中，应该说"学生在做作业"更为准确。

《中国大百科全书》中解释："作业限指课外作业，也称家庭作业，是学生根据教师的要求，在上课以外的时间独立进行的学习活动，是教学组织形式之一。"①

《国际教育百科全书》将作业定义为"学生独立进行的学习活动，通常是在学校规定的上课时间之外进行的，其目的在于使学生达到学校教学大纲中的特定目标，这种作业形式多样，不过常常由练习或者教师课堂讲授材料的补充形式构成，课外作业都是要经过教师批改的，它直接与学校工作相关，旨在鼓励学生的自觉活动以及增强他们完成任务的独立性"②。

以上两种解释，都将作业视为"课外作业（家庭作业）"，并且规定"独立进行""要经过教师批改"。这种认识是有失偏颇的，作业不应该排斥课内。其实课堂是学生的主阵地。如果把作业的重心移向课外，就会造成课外练习负担过重的问题，而学生接触社会、联系生活、户外教育、自学阅读的时间就少了。当然，我们不反对课外作业，但是过分强调其对课堂教学的补充作用，一味偏重传统的封闭题的训练，是难以起到鼓励学生自觉学习作用的。

《教育大辞典》对作业做了如下解释，"作业"泛指"为完成某种学习任务而布置的各类练习的通称，它是衡量学习者学习有无发生，以及发生到何种程度的客观标志，也是教学活动获得反馈信息的重要渠道"。它将"作业"分为"课堂作业"与"课外作业"。其中，"课堂作业"是指"教师在上课时布置学生当堂进行操练的各种类型练习。有书面作业、口头作业、实际操作练习等。其作用在于加深和加强学生对教材的理解和巩固，进一步掌握相关的技能技巧，教师也能从中及时发现学生知识或技能缺陷，作必要的纠正"。"课外作业"又称"家庭作业"，是指"根据教师要求，学生在课外时间独立进行的学习活动，在教学活动总量中占有一定的比例，一般认为，它是课堂教学的延伸，有助于巩固完善学生在课内学到的知识、技能，并培养学生的独

---

① 中国大百科全书总编辑委员会本卷编辑委员会，中国大百科全书出版社编辑部. 中国大百科全书·教育[Z]. 北京：中国大百科全书出版社，1985：1257.
② 吴庆麟. 国际教育百科全书（第四卷）[Z]. 贵阳：贵州教育出版社，1991：388.

立学习能力和学习习惯"。① 这一解释更具有针对性、完整性与具体化,说明作业不仅包括课堂作业也包括课外作业,不仅有书面作业还有口头作业与操作性作业,不仅阐述了作业的要求也说明了作业的功能。但是,它把作业归结为"各类练习的通称"似乎并不合适,因为练习会给人一种注重操练、训练的印象,甚至被认为作业就是做题。"练习"不能涵盖开放性作业的形式与本质。

《中国教育百科全书》中认为作业是"学生为完成学习的既定任务而进行的活动,分为课内作业与课外作业两种,学生作业的目的在于巩固与消化所学知识,并使知识转化为技能、技巧,对于培养学生的独立工作能力与习惯,发展学生的智力与创造才能具有重要意义"②。这一解释比较全面地谈到了作业的意义,并上升到"智力与创造才能"的培养高度,同时将作业视作学习"活动",其内涵与外延就更加丰富了。

结合上述"作业"概念的讨论,本书将"作业"概括为:依据国家课程标准,结合课程内容,为实现课程目标、完成学习任务,学生在课堂与课外独立或合作完成的书面和实践活动的总称。

(二) 对"作业"本质的讨论

围绕着"作业"本质,人们存在多种认识。在这些认识中,有的观点是有一定联系或相互涵盖的,只是强调的侧重点有所不同而已。

1. 作业是"认知建构"

有人认为,作业"是一个学习过程,是学习者进行内在的认知加工并重新建构自己意义世界的过程"③。学生作业过程就是学生学习的动态过程,本质上就是在对自己的认知结构进行建构与改造。通过作业,学生学到的新的知识会与"原有的认知结构形成适应、并列或冲突的关系"④。适应关系表现为新旧知识的"同化",它包括两种情况:一是新知识内容可以被吸纳到原有认知结构内,列入原有的知识系统之中;二是新知识包括了原有认知结构中的几个已知的观念与概念。并列关系是指那些新知识既不能属于原有

① 顾明远主编. 教育大辞典(1 卷)[Z]. 上海:上海教育出版社,1990:378.
② 张念宏. 中国教育百科全书[Z]. 北京:海洋出版社,1991:1380.
③ 周成海. 课堂教学原理与方法[M]. 北京:中国轻工业出版社,2015:12.
④ 褚亚平. 80 年代地理教育硕文[M]. 北京:测绘出版社,1991:259.

认知结构，又不能把已有的观念包括在它自己的含义之内，兼收并蓄可以对知识进行不断"充实"。冲突关系是指新知识与原有认知结构中的观念、概念产生矛盾，这种冲突往往导致对原有知识的"改组"。由此可见，作业的知识建构意义非同凡响。

2. 作业是"信息加工"

作业一般都会提供条件，这些条件或者是以文字数据呈现的背景铺垫、人物介绍、案例叙述等，或者是以直观方式呈现的景观、地图、示意图等。说白了它们都是信息，都是需要学生去处理、去解读的信息。从某种角度讲，作业过程就是信息加工的过程。心理学家通常把人看成是信息加工器，认为认知就是对信息进行加工处理的过程。例如，美国心理学家尼赛认为，"认知是指感觉输入的转换、加工、存贮、恢复以及使用的全过程"[①]。荆其诚和张厚粲先生指出："信息加工理论研究人们如何注意和选择信息，对信息的认识和存储，利用信息制定决策、指导外部行为等。"[②]信息加工理论认为，学习实质上是由习得和使用信息构成，行为是由有机体内部的信息流程决定的。对作业的信息加工本质的理解，有利于学生形成现代信息社会必备的信息素养。

3. 作业是"任务驱动"

尽管作业也可以是学生自己设计、自己布置的练习与学习项目，但就其实际情况而言，学校的作业大部分是由教师设计、布置的。因而，作业可以视为一种任务，一种外部动机的驱使。学生身上或多或少会存在一定的惰性，通过作业任务驱动学生的认知过程，不失为一种有效策略。但任务驱动不等同于"强迫学习""被动学习"。作业的"任务驱动"，首先，要选择与设计合适的任务，这些任务应符合生活的情景和学生的需要，是体现真实性和合理性的，是有利于学生个性的发展与核心素养培养的[③]；其二要采取有效的"驱动"策略，例如，在作业设计与实施过程中，创设情境、问题探究、自主与合作学习结合、激励性评价等策略都可以驱动学生积极参与投入学习。

① 杨林.企业战略变革认知论[M].北京：光明日报出版社，2014：80.
② 杨林.企业战略变革认知论[M].北京：光明日报出版社，2014：80.
③ 李永前.中小学信息技术教学案例专题研究[M].杭州：浙江大学出版社，2005：58.

4. 作业是"问题解决"

作业大多是以问题为导向的,可以说,问题是作业之魂,作业是为了解决问题,没有问题就没有作业。什么是问题? 所谓问题,在心理学上是指那些不能直接用已有知识、经验处理,而必须间接用已有知识处理的情境。[①] 当学生的记忆中没有解决这些问题的现成答案的时候,学生寻求解决方法的过程就开始了。所有的问题都包括三个基本要素:(1)问题给定,即关于问题的清晰描述,这是问题的初始状态;(2)目标指向,即问题要求的答案或目标状态;(3)困难与障碍,是指问题的解决不是直接的、显而易见的,具有一定难度与挑战,必须间接地通过一定的思维活动才能找到答案,达到目标状态。例如,"已知三角形的底边和高,求三角形的面积",这个问题的"给定"是"三角形的底边和高","目标"是这个三角形的面积,"障碍"是这个面积在头脑中是不存在的。这三个部分共同构成了问题空间,正确解决问题需要学生通过一定的思维过程做一系列的转弯。

5. 作业是"思维操练"

有人认为,作业不在于机械操练,不在于熟能生巧,而在于思维操练与智力发展。题海战术获得的熟能生巧效果,固然能让学生在解题中产生条件反射,但如果不关注理解与思考,或者受思维定式影响,作业导致"熟能生厌""熟能生笨"则是存在的事实[②]。"问渠哪得清如许? 为有源头活水来",知识学不尽,练习做不完,要面对新的认知挑战,唯有培养思维能力才能让源头活水源远流长。作业作为一种必要的"思维操练",是走向"心灵成熟"的必由之路[③]。所谓"思维操练",就是学习与运用多种思维途径、多种思维方式方法解决问题,并培养思维的聚敛性、发散性、联想性、灵活性、敏捷性、变通性、创新性等良好品性,从而发展多元智能的过程。作业就要体现这样的过程。

6. 作业是"作品呈现"

作品是作业的结果,即作业呈现的产品。作业是学生的主体行为,"我的作业我做主",学生对作业具有自主权,学生对自己的作业负责,同时因自

---

① 燕良轼. 教育心理学理论、实践与应用[M]. 杭州:浙江教育出版社,2016:270.
② 吴忠萍. 作业改革的尝试[J]. 教书育人,2010(3):38.
③ 陈平原. 刊前刊后[M]. 北京:生活·读书·新知三联书店,2015:51.

己的作品产生愉悦的情绪。因此，学生作业是一种责任的体现，是一种作品创作的过程，也是获得成就感与自信心的途径。有的学生学习充满动力，对作业乐此不疲，原因之一就是作业的作品已经成为学习生活中的美好享受。因此，教师要引导学生增强作品意识，认真对待自己的每一次作品的创作，让一件件作品成为人生道路上的一个个足印。

7. 作业是"情境模拟"

有人认为，作业是在新情境中的知识运用，在大多数情况下，作业一般在一个模拟的新情境中进行，而很少是一个完全真实的情境，至少是被改造过的理想化、典型化的情境。它是"能集中反映学生对知识的理解、掌握情况，也是知识转化为技能的桥梁"①，而这座桥梁就是作业。

8. 作业是"文化流露"

作业是一种表白，同时也是一种内在的观念、精神、情感的流露，这是一种自我文化流露。"任何一种文化的流露，都不是硬性附加上去的东西，或者只是表面的现象"，而应该是在作业中的"自然流露"②。由于学生的性别、家庭背景、地域环境、认知基础等因素的差异，他们在作业中反映出来的情绪、判断、选择、看法均会有很大的不同，这种不同就是学生文化流露的多元性。现在，我们的教师批改学生作业时，眼睛只盯着学生是否符合标准化表达，而对学生的文化流露关注不够。这对于关切学生的精神世界，对于培养他们的核心素养都是不利的。

9. 作业是"学业测评"

有一种观点：作业是学生天经地义的任务。固然，作业可以视为学生的学业任务，但仅仅将其看作任务是片面的。更重要的是要认识到，作业是一种"学业测评"，是让老师了解学生，也是让学生了解自己的重要手段。完成作业不是为了交差，而是为了反观、反思、反省认知上的不足与问题。当我们的学生将作业视为检视认知状况的手段时，他们的认知发展水平就会大幅度提升。

以上对作业本质的种种认识，尽管它们强调的侧重点不同，表述也有所

---

① 陈至昂. 职业教育模式创新与规范管理全书（上）[M]. 长春：吉林摄影出版社，2002：529.
② 朱广宇. 手绘中国皇家建筑与经典园林[M]. 天津：天津大学出版社，2010：139.

不同,但对于我们进一步揭示作业的内涵,扩大对作业外延的理解,增强对作业规律的把握乃至提高开放性作业水平是有一定帮助的。因为我们要明确,开放性作业究其实质还是作业,作业要开放并不是要否定作业的基本功能,所以认识作业的本质属性是很有必要的。

二、"开放性作业"的界定

什么是开放性作业? 其与众不同的教育内涵如何? 依据什么样的标准才能判断某些题目是开放性作业? 它和传统的作业有什么不同? ……这一系列问题构成了在进行开放性作业设计研究之前必须解决的基本概念问题。

(一) 对"开放性作业"含义的理解

在国内外近几十年的研究过程中,不同研究者曾从各自的关注视界,对开放性作业给出过很多种彼此不同但又有某些内在联系的定义。纵览并分析这些定义,再从中发现开放性作业的核心内涵,从而界定开放性作业的外延,是开展后续研究工作的前提。

1. 从解题要素的角度定义

"开放性作业是这样的一些题目:它们通常有几个或很多个正确答案,有很多种正确解答的途径与方法。"①

"数学开放题是指那些答案不唯一,并在设问方式上要求学生进行多方面、多角度、多层次探索的数学问题。"②

"具有多种不同的解法,或者有多种可能的解答"的习题可以称之为开放性作业。③

"凡是具有完备的条件和固定的答案的习题,我们称为封闭题,而答案不固定或者条件不完备的习题,我们称为开放题。"④

"答案不固定、条件不完备或者策略多样化的习题,称为开放题,它是与

---

① What is openended problem [OL]. htp://www. mste. uiuc. edu/uers/akiv/open_ended/What Is Open-ended. html,2004 - 08 - 06.
② 戴再平,等. 开放题:数学教学的新模式[M]. 上海:上海教育出版社,2002:30.
③ 郑毓信. 开放题与开放式教学[J]. 中学数学教学参考,2001(3):2.
④ 戴再平. 数学开放题研究[M]. 南宁:广西教育出版社,2012:21.

封闭题相对的。目前教材中的开放题还不多,教师需进行设计。设计开放题既可以利用陈题改编,又可以通过对现有开放题的加工得到,还可以根据需要自己独立设计。"①

以上对"开放性作业"的定义是从解题的角度阐述的,而且大多是基于数学学科的,涉及条件(不完备)、解法与途径(多样的)、答案(不固定)。依据以上的定义判断,凡是条件是充分的、方法与途径仅仅只有一种、答案是唯一标准的作业,就不能算是开放性作业。但是不是这三个要素是必须同时兼有的呢? 这需要从实际出发进行分析:如果一道习题条件不完备,或者需要通过信息手段去完善去补充,或者需要作出前提假设,或者需要搭建脚手架(增添辅助线)等,一旦作业出现诸如此类的学习行为了,就可以认为它是开放性作业了;如果答案是唯一的,但解答的方法与途径是多样化的,也可以视这样的作业是开放性的;答案具有多种可能性,需要有发散思维、创新思维做支撑的习题,就更理所当然具有开放性特征了。因此,凡是符合上述一个或一个以上条件的作业都可被认为是开放性作业。

2. 从作业内涵的角度定义

开放性作业"是一种在宽松环境下发起的自主探究,作业内容贴近生活,呈现形式多种多样"②。

"开放性作业是指学生主动运用物理知识进行实践探究的活动性作业。"③

开放性作业是"开放性活动在封闭式纸笔测验中的变通形式"④。

开放性作业是"培养发散思维"的习题。⑤

开放性作业"强调参与人员、探究方法、实践过程及研究成果的多元、多样,培养和提高学生开放性的、创新性的思维。发挥作业的积极作用,建构课内外、校内外联系的桥梁,使作业成为连接学校与家庭、社会的纽带"⑥。

以上对"开放性作业"定义的阐述,更注重从其实质与意义的内涵维度

① 林俊.设计开放性数学作业　促进学生差异发展[J].新课程研究,2018(2):13.
② 周鑫荣.用开放性作业开展研究性学习[J].教学与管理,2008(10):32—34.
③ 金于航.开放性作业在高中物理教学中的实践研究[D].延边大学,2019:8.
④ 张雨强,冯翠典.开放题编制的理论与技术研究[M].上海:华东师范大学出版社,2009:12.
⑤ 张奠宙,等.数学教育研究导引[M].南京:江苏教育出版社,1998:532.
⑥ 杨春.初中语文作业设计探索[J].西北成人教育学报,2011(1):64.

加以解释。林俊定义中的"宽松环境""贴近生活""形式多样"的表述,很好地体现了开放性作业的本质。压抑的学习环境是很难实施开放性作业的,只有在宽松而民主的氛围中才有利于学生进行自由而热烈的学习活动。强调"贴近生活"是为了创设一个基于真实性的学习情境,更有利于学生知识的应用与迁移。除了"宽松环境""贴近生活"以外,根据以上定义还可以归纳出以下要点:开放性作业是"探究性""活动性"的作业,它指向于"思维培养"之目标。以上定义告诉我们,开放性作业不仅仅是为了巩固与运用知识,更是为了探究问题,并在探究活动中培养学生的实践能力与思维能力。

3. 从"开放"诠释的角度定义

开放性作业是"在作业形式、内容、数量、操作、交流方面都具有开放性的一种作业模式"①。

"开放性作业中的'开放'主要是指作业内容开放,作业形式多样化,作业的时间开放,作业的完成主体开放。"②

开放性作业体现在"作业内容开放、作业过程开放、作业评价开放"③。

"作业要求的开放性,包括作业量分层、作业难度分层、作业选择的自主性。"④

"所谓开放性作业,是指作业向课内外开放,向校内外开放,向学生的社会生活实践开放,向家长等社会成员开放,向社区、院校、科研单位等社会机构开放。"⑤

以上的定义都是围绕"开放性作业开放在哪里"的问题展开诠释的。所谓"开放"就是各方面很少受到限制,不强调"统一"与"标准",相对多元、自由、宽松。根据各种对开放性作业的表述,作业的开放性主要体现在作业要求的开放、形式的开放、内容的开放、数量的开放、过程(解题方法与途径)的开放、评价的开放、时空的开放等方面。其实,开放性作业是多元的、全方位的,如作业设计的主体也是开放的,除教师以外,学生、家长、社会的相关人

① 刘晖. 初中英语教学中开放性作业的设计[J]. 科技资讯,2007(16):140.
② 郑瑞兰. 初中物理实施"开放·活动型"作业的实践研究[J]. 物理教师,2002(11):28—29.
③ 王清军. 高中数学开放性作业的设计与探索[J]. 数学学习与研究,2011(13):122.
④ 徐海霞. 精心设计开放性作业　发展学生创造性思维[J]. 内蒙古教育,2008(3):15.
⑤ 杨春. 初中语文作业设计探索[J]. 西北成人教育学报,2011(1):64.

员都可以成为作业的设计者。又如，作业条件"不完备"、作业答案"不唯一"等，就是"开放性"的体现。

参照以上的各种定义，本书将"开放性作业"概括为：为培养学生的核心素养，提升其实践能力与思维品质，在宽松学习环境下设计、实施的，贴近真实情境、体现多元开放、具有探索性质、由学生在课堂与课外独立或合作完成的书面和实践活动的总称。

(二) 对"开放性作业"标准与特征的讨论

1. "开放性作业"的基本标准

"开放性作业"应该坚持三个衡量标准：第一是结论开放性，即结论不唯一或通向结论的途径具有开放性；第二是结构复杂性，即认知过程包含复杂认知行为（高级学习）；第三是情境真实性，即问题情境是真实情境或虚拟（模拟）情境。①

(1) "结论开放性"。它是指开放性作业的结论是不唯一与不确定的；或者尽管结论唯一但通向这个结论的途径是开放的，也即该问题的解决方法不唯一，具有多样性。

(2) "结构复杂性"。它意味着从学习者解决问题的认知过程来看，其认知活动含有复杂认知活动，也即高级认知技能，例如问题解决能力、综合思维能力、创新与创造能力等，而不仅仅是包含回忆、复现与确认等低级认知技能。

(3) "情境真实性"。它是从开放性作业的背景而言，就是说开放性作业的提出往往基于真实性情境，即使是虚拟（模拟）情境，一般也具有现实性依据，即虽然不具有具体（形式上）的真实性，但具有抽象（实质上）的可信性。

2. "开放性作业"与"封闭性作业"的比较

(1) 认知目标陈述：清晰性与概括性

封闭性作业的习题对应的认知目标往往具有表达清晰确定、易于理解与把握等特点，如"能回忆""能确认"等，这样的表述方式使得命题变得容易许多，可以直接把与要测验的内容标准对应的教学内容用空格空出即可。而开放性作业的习题对应的认知目标表述起来往往具有很高的概括性，它们大都对应于高级认知能力与复杂的学习行为，如"能应用""能灵活地分

---

① 张雨强，冯翠典. 开放题编制的理论与技术研究[M]. 上海：华东师范大学出版社，2009：107.

析"等。高级认知能力与复杂学习行为自身具有的复杂性等特点,决定了其表述上的抽象性与概括性,而这样的表述方式给开放题编制也带来了远比封闭题编制大得多的困难与障碍。命题者首先要明确地界定对应于某个概念、原理或学习领域的"能应用"到底是在什么样的学习水平上,其次才能根据相关学习内容与认知要求去编制相应的测验题目。因此,对于开放题来讲,从课程标准(主要是内容标准与课程目标)到表现标准的转化更加困难,也具有了更多的不确定性,在表现标准陈述清楚后,可能还需要有更多的"表现实例"来佐证表现标准,从而使得作为学业成就测验依据的表现标准具有更多的可操作性。

(2)内容涵盖范围:点对点与点对面

封闭性作业由于对应的认知目标相对来说是低级别的,而"识记""回忆"等认知水平与对应的教学内容之间的关系往往就是"点对点"的方式,这种"一一映射"的关系使得测验目标对内容标准的覆盖变得更容易,当然,这也导致了传统标准化测验中只有极大题量才可能具备更高的内容效度这一被很多教育工作者批评的弊端。而对于开放题来讲,其蕴含的高级认知目标往往具有高度概括性,在对应的内容标准与教学内容上往往也具有更广袤的覆盖能力,所以这种"一对多""点对面"的对应关系,使得开放题除了能在内容标准上涵盖相应知识点外,更能在认知水平(学习水平或目标)上通达不同内容领域(甚至是不同学科)。

(3)评分标准设定:确定性与多元化

传统的标准化测验的经典题型是选择题,后来经过某种程度的修正,能涵盖填空题、对错题、多项选择题等题型(当然,后来经过改良的多项选择题等题型也被用来测量学习者的高级认知能力,但这种改良的多项选择题在某种程度上已经不是"选择题"了,它具有了更多的"建构成分")。但从认知水平来讲,填空题对应的是识记能力,而单项或多项选择题对应的是确认能力,对错题也不外乎考查学生的识记能力与确认能力(可能还有某种程度上的初级判断能力)。对于封闭题而言,由于其对应的认知水平是"识记""回忆与确认"等低级学习水平,所以其答案(评分标准)只有两个:"对"与"错"。曾几何时,这种浓烈的"非此即彼"的二元对立一直充斥在教学测量与评价领域内。

而开放题的答案(评分标准)则具有充分的多元化与选择性。因为,高级认知技能与复杂学习水平的表现结果(performance)是多层次、多向度的，因此，并没有一个绝对唯一（或唯一确定表述）的答案来"削足适履"。正是从这层意义上说，开放题体现了对多元文化的尊崇，它从促进学生发展与尊重学生人格出发，直面学生群体禀性各异的先天基础，以及学习水平的必然分层的后天事实，坚持以多样的标准衡量学生。因此，开放题评分标准的多元化也体现了开放题蕴含的"平等与机会""开放与建构"的评价文化。

三、"开放性作业设计"的界定

（一）"设计"

"设计即万物，万物皆设计。"设计是一个极为普遍的现象，与我们的生活息息相关。设计是一种天性，它是每个人都拥有的一种能力或者说欲望。

设计有无数个定义，对设计下定义就如同头脑风暴后启动的发散性创意思维，结果必定五花八门且生动有趣。有人认为，"设计与创造和革新相关联，它是将有创意的想法转化为对用户或消费者既有实际作用又能够吸引他们的东西"。也有人认为，设计不仅是一种靠设计师制定方案的行为，它还应该在持续发展的基础上，反映社会认可的生活质量。相信多数人赞同设计是人类特有的一种能力，有了这种能力，可以让人类在区分其他物种上呈现出绝对优势。设计亦是人类的基本特征之一，由此可以界定自然世界与人造世界的不同。而事实上，大多数的人仅看到设计的装饰性，能美化事物，设计师们能创造一些有趣、好玩、好看的东西，但却无法看到设计的更高价值，以及在社会、经济、人文体系中的作用。

约翰·赫斯凯特(John Heskett)曾用一句话来解说设计，即"Design is to design a design to produce a design"。可见设计这个词被广泛地运用在各个方面，第一个 design 是名词，指的是广义的设计领域范畴，可以解说为设计学科；第二个 design 是动词，理解为动作或行为；第三个 design 也是名词，可以理解为设计概念或策划方案；第四个 design 还是名词，意为设计成果。大多数的设计结果是可以看得见，感知得到的，所以"设计就在你身边，每件人造物都是经过有意识或无意识设计"。设计最明显的特点就是它能够将想法变成现实，能激发抽象的想法和灵感并使其具体化。这里我们把设计定义为将计划、规划、设想通过某种形式传达出来的活动过程。人们通过劳动改造世界、创造物质财富和精神财富,其中最基础、最主要的创造活动便是造物。设计可以理解为为造物活动的有序进行事先做好的计划,造物活动过程中涉及的技术和执行的经过都可以理解为设计的一部分。[①]

(二)"作业设计"

《辞海》中"作业设计"的定义为:确定作业的内容、类型、形式、完成要求和批改的过程。[②] 它包括以下方面的设计:作业目标、作业类型、作业内容与形式、作业完成要求、作业批改或评价方式等。"作业设计要求教师以教学目标为依据,切实设计出既符合学生身心发展特点,遵循学生认知规律,又能激发学习动机,培养学习习惯的作业。"[③]

(三)"开放性作业设计"

"开放性作业设计"指的是教师根据学生身心发展规律和教育目标的要求,对作业内容、作业形式和作业评价等进行创造的一种活动。它是针对传统作业的某些做法效益低下而提出的,目的在于通过优化设计提高教学质量。作业设计要以学生为主体,教师根据不同学生的水平或者具有的认知层次对作业进行精心的设计,设计主要从内容上做好选择,形式上可以多样,作业评价一定要合理科学。[④] 开放性作业的编制不是按部就班完成任务的一般过程,而是一种依照开放性作业的特性与标准进行的创造性劳动。

第三节　文　献　综　述

一、关于"开放性作业设计"的文献统计

(一)数据

下面是以"开放性作业""开放题"作为关键词,在"读秀学术搜索"上进

---

① 王萍. 设计的故事:设计通识教育[M]. 上海:上海交通大学出版社,2016:1—2.
② 辞海编辑委员会. 辞海[M]. 上海:上海辞书出版社,1999:2881.
③ 钱彦琼. 小学英语项目化作业设计研究[D]上海师范大学,2020:4.
④ 王彦斌. 高中物理开放性作业设计研究——以人教版必修 1 第三章为例[D]. 西北师范大学,2016:10.

行文献的收集与统计数据(结果见表 1-3-1)。

表 1-3-1 利用"读秀搜索"获取的有关"开放性作业"文献篇目的统计表

	读秀搜索	出版时间分布	内容分布	学段分布	学科分布
期刊论文	以"开放性作业"为关键词，以"期刊"为类别，以"标题"为搜索源，共获取618篇文献。	1981—1990(2)；1991—2000(4)；2001—2005(44)；2006—2010(101)；2011—2015(233)；2016—2020(234)。	偏重理论研究(150)；偏重实践研究(468)。	小学(200)；初中(69)；高中(55)。	语文(128)；英语(85)；数学(75)；物理(26)；历史(18)；政治(14)；化学(8)；生物(8)；地理(3)；其他学科(20)。
学位论文	以"开放性作业"为关键词，以"学位论文"为类别，以"标题"为搜索源，共获取13篇文献。	2011—2015(8)；2016—2020(5)。	基于学科的研究(12)；通识研究(1)。	小学(2)；初中(2)；高中(8)。	英语(3)；语文(2)；物理(2)；数学(1)；历史(1)；科学(1)。
图书	以"开放性作业"为关键词，以"图书"为类别，以"书名"为搜索源，查得图书仅3本。而以"开放题"为关键词，查得图书182种。	1981—1990(4)；1991—2000(9)；2001—2005(103)；2006—2010(34)；2011—2015(21)；2016—2020(6)。	偏重研究(8)；习题为主(160)；其他(14)。	小学(70)；初中(45)；高中(30)；其他(37)。	数学(90)；物理(15)；化学(15)；语文(9)；英语(6)；政治(3)；地理(3)；生物(2)；历史(2)。

(二) 分析

根据以上的数据，可以得出以下一些分析结论。

从文献出版的时间看：我国教育界对开放性作业的关注与研究主要发生在 2000 年后的新课程改革时期，无论是期刊论文，还是图书，2000 年以后数量激增。期刊论文呈现逐年增多的趋势，而图书从 2005 年起有下降趋势。大学学位论文有一定的滞后，主要出现在 2010 年以后，说明高校对这方面的实践性研究的关注程度不够高。

从文献的内容看：期刊论文偏重实践的经验性论文多，而注重理论性研究的论文少，前者是后者的 3 倍。学位论文虽能够从理论上对问题展开探索，但数量偏少，质量也有待提高。图书中研究性著作仅仅 8 本，大量的是习题集。总体而言，对开放性作业的研究力度尚显不足。

从文献涉及的学段看：期刊论文、图书的数量，从多到少依次为小学、初中、高中，其中小学数量明显高于初中与高中。这说明小学阶段对开放性作业的关注程度高，反映了小学教育对培养学生核心素养的观念有很大改进，从小加强开放性作业的训练是必要、有益的，同时也说明了初高中在升学考试影响下作业改革步子不大。而学位论文主要集中于高中阶段，需要对小学、初中的学生作业改进与认知发展予以关注。

从文献的学科分布看：无论是期刊论文，还是学位论文，大多是基于学科的研究范式，这说明研究者对于学科认知问题的重视。在期刊论文中，涉及语文、数学、英语学科的文献数量名列前茅。在图书中，操练性的数理化学科明显居多。今后，在学科的相对平衡上需加强。

二、关于"开放性作业设计"的文献梳理

（一）关于"开放性作业本质"的综述

"开放性"是开放性作业的本质属性。国内学者围绕"开放性"从作业的内容、作业的形式、作业的评价、作业的完成过程等方面进行研究。比如，姚强在研究中指出"作业的开放主要是指作业的完成时间开放，作业的内容来源开放，作业的批阅方式开放等多方面的结果"[①]。温涛在研究中指出"开放性作业是学生在较宽泛的条件和环境中自主完成的非统一性和非标准性作业"[②]。其中，"宽泛条件和环境""非统一性""非标准性"等关键词都体现了"开放性"的本质。

第一，对开放性作业内容的研究中，学者认为开放性作业的来源应该是多方面的，作业虽然大多是来源于教材，但是也不局限于教材，可以是教材内容的延伸，也可以是生活中的一些常识，作业取材范围很广。开放性作业

---

① 姚强. 普通高中开放性作业的设计研究[J]. 当代教育科学，2014(2)：52—53.
② 温涛. 新课标后的高中生物开放性作业设计初探[J]. 当代经理人，2006(10)：140.

应该没有确定的答案,作业题目也可以缺少一些条件,让学生补充条件后进行解答。比如王俊玲在研究中指出"开放性的作业,取材的途径多"①。她认为可让学生看电视、向有经验者请教、阅读各种书报、上网浏览一些知识,这样为学生打造广阔的求知场所,让每个学生都有自主学习、自由探索、施展才华的机会。施佩彤在研究中也指出,"教师布置的作业在题目数量上应有一定的选择性,让学生根据自己的实际,可以做教材后面的练习题,也可以选择辅导资料上的作业题目"②。他认为教师设计时要有开放性,作业数量上要灵活。黄延平在研究中指出,"开放性作业一般是指答案不唯一或条件不确定或具有不同解法的试题"③。他认为条件开放、解法开放、答案开放,可以赋予开放性作业新的教学意义。袁晓东在研究中指出,"开放作业的内容,给学生学习的自主权"④。他认为传统的作业模式是让学生做相同的作业,开放性作业则是让学生在作业内容的选择上有自主性,学生根据自我特点选择不同的作业内容进行解答。

第二,对开放性作业形式的研究中,学者认为开放性作业应该让作业的形式多样化,作业可以是传统的习题形式(命题作文、计算题、论述题、综合分析题),也可以是一篇论文或者调查报告。开放性作业形式应该包括实践型、实验型、小论文型、问题型等。作业的完成可以是一个访谈、讨论、查阅资料、小制作等。比如施佩彤在研究中指出,开放性作业在作业类型上应该根据教学内容的侧重点不同设计不同的类型,物理概念较多的内容可以设计选择题和填空题为主,物理知识应用较多的章节可以设计解答题为主,而物理公式较多时可设计对应的计算题。还可设计一些实验题,借给学生一些实验器材,让他们课后去实验,或者根据所学知识用这些器材去探究新的实验内容。

(二) 关于"开放性作业功能"的综述

对开放性作业的功能的研究,学者的观点基本上一致,他们认为开放性

① 王俊玲.巧计开放性作业培养创新意识[J].内蒙古师范大学学报(教育科学版),2006(6):138—140.
② 施佩彤.优化物理作业设计 培养学生学习兴趣[J].中学生数理化(教与学),2015(2):36.
③ 黄延平.关于高中物理作业多元性的设计[J].物理通报,2012(9):15—16.
④ 袁晓东.浅谈学生物理课外作业的开放性[J].新课程大中研究(上旬刊),2011(3):127—129.

作业可以使得学生很好地掌握所学知识;可以开拓学生的视野,训练学生的求异思维,培养学生丰富的想象能力;开阔学生的知识面和培养学生的自学能力;学生通过思考、理论联系实际、动手实验,既提高了实践能力、创新能力,也凸显了学科与生活的联系,从而提高学生学习的兴趣。

　　黄延平在研究中指出"开放性作业可以促进学生掌握基础知识"①。王相奎指出"开放性作业不仅能够提高学生的自主学习能力,同时也将会大幅扩展学生的知识面"②。唐溶冰认为,开放性作业的功能有三点:发展与自由相结合,激发学生学习兴趣;个性与合作相结合,吸引学生学习兴趣;层次与多样相结合,培养学生学习兴趣。③ 黄灵指出,"开放性作业设计的优势就在于把学校教育教学和社会实践紧密联系起来,进而把学生引向社会,让学生通过社会实践活动来获取更为丰富的知识"④。

　　除了从认知层面谈论开放性作业的功能外,更多的研究者从学生的思维、能力、个性、素养以及人的全面发展等角度去阐述这一问题。龚祖华指出,"由于受传统教育思想的影响,学生的学习活动完全服从于老师,作业更是如此。对于'做什么''怎么做',学生没有发言权,只有执行完成的职责。这种现象严重阻碍了学生创新精神和实践能力的培养"⑤。秦晓晖指出,"开放性作业有利于最大限度地调动学生的学习兴趣,有利于培养学生合理的认知结构,有利于培养学生认真思考、互相合作的学习习惯,有利于培养学生的创新意识和创造能力"⑥。戴国强结合地理教学实践提出,"在尝试开放式地理作业活动中培养学生的创新思维能力,是素质教育的需要。自编试题,培养思维的严谨性;自绘图象,培养思维的深刻性;一题多解,培养思维的发散性;搜集资料,培养思维的广阔性;开展调查,培养思维的探索性"⑦。孟凡芝认为,"童年的天空是纯洁的,如何让学生在属于自己的一片天空中绘制出五彩缤纷的画卷,是每位教师所苦苦追寻的目标。教师的责任并不

① 黄延平. 关于高中物理作业多元性的设计[J]. 物理通报,2012(9):15—16.
② 王相奎. 优化作业设计,提高初中物理教学效率[J]. 数理化解题研究,2015(19):80.
③ 唐溶冰. 开放性作业在中职英语2+1模式下的应用[J]. 基础教育,2014(11):4.
④ 黄灵. 乡里乡气的作业凸显学生个性[J]. 科学大众,2012(5):92.
⑤ 龚祖华. 浅谈开放式作业的设计[J]. 中小学教学研究,2001(5):53.
⑥ 秦晓晖. 精心设计开放性作业　培养学生创造能力[J]. 江苏教育,2001(13):28.
⑦ 戴国强. 地理作业开放式的尝试[J]. 宁波教育学院学报,2003(1):94.

是让学生死读书或读死书,而是帮学生在学习书本知识的同时去解读生活。因为素质教育的核心就是培养学生的创造精神和实践能力"①。王英平认为,"开放式作业玩的就是开放。它是学生作业理念、领域、方式、手段的革命性扩张。因而它是一种松绑、一种解放,一种对于学生学习潜力的激活"②。他认为作业不再是一种传统上的书面书写,而是结合了实践、活动、探究的一种活动。开放式作业开放了作业的完成过程和完成场所,使作业走向社会生活的各种场合或者网络世界以及奇妙的大自然。将作业与日常生活密切联系起来,与实践结合起来。张冬梅认为,"开放性作业是在新课程理念下,相对于原来条件完备、结论确定的封闭性问题而言的。它注重发挥学生的自主性、开放性、生动性、创造性,让学生在完成作业的过程中,释放自我潜能,从而获得生动、全面、自由的发展"③。徐秀清将"开放性作业"比喻为学生充满活力的"自留地",认为它能够"让学生在能动的创造性的作业过程中,获得自由、活泼的发展"。④

我们的学校教育如果仅仅是为了应付标准化考试的话,那么传统的封闭性作业可以一统天下,是不需要改进的。但是,我们的教育不是为了培养应试的机器,而是为了培养创造性人才。为增强国力,提升在国际上的竞争力,我们务必改变单一作业模式,而开放性作业的设计与实施能够成为学生认知发展、心智开启、创意勃发的一条重要途径。

(三) 关于"开放性作业分类"的综述

关于"开放性作业分类"的研究,研究者发表了很多看法。不同的分类都有其内在的逻辑性在作引导,从而便于按照不同的维度对开放性作业的特性、设计思路、实施策略展开清晰的分析。下面是一些研究者关于"开放性作业分类"的表述:

王祖浩认为,开放性作业的类型,"按照命题要素的发散倾向分为条件开放型、策略开放型、结论开放型和综合开放型,按问题解决的操作方式分为规律探索型和情景研究型,按照学习过程的价值取向分为知识巩固型、技

① 孟凡芝. 开放式作业探索[J]. 当代教育科学,2003(8):41.
② 王英平. 以实践活动为根基的小学语文开放式作业[J]. 科普童话·新课堂(下),2014(1):51.
③ 张冬梅. 多维度设计:让数学作业更有力量[J]. 小学教学研究,2018(8):8.
④ 徐秀清. "开放性作业"——学生充满活力的"自留地"[J]. 北京教育,2002(6):37.

能考查型和信息迁移型"①。

温涛认为,开放性作业的形式以"探究性实验""课题作业""撰写科技小论文""社会调查"等最具代表性。②

杨永瑞将开放性作业分为六大类:"自选型、自编型、合作型、竞赛型、激励型、实践型。"③激励型作业旨在让学生在成功中增强获得感与自信心,有利于激发兴趣与愉悦身心,尤其适用于小学生与初中生。自选型的作业是由教师设计与布置,供学生根据自己的兴趣与认知水平自主选择。自编型的作业是由学生根据教师的要求,在教师的指导下自行设计完成。让学生自编开放性作业是培养学生思维与设计能力的好方法!"让学生自己设计作业,改变了一贯的由老师设计、布置作业的做法,大大刺激着学生的创新意识,他们自觉主动地参与到活动中,根据自己对课文的理解及重、难点的分析,设计出一份份新颖而又有个性的作业。""学生做自己设计的作业,做同学替自己设计的作业,每天都有新花样,每天都有新奇感,做作业时兴趣盎然,有的甚至做了一个同学设计的作业又做起另一个同学设计的作业,完全把作业当成了一种乐趣,作业不再是他们的苦差使了。"④

吴晓静基于化学学科特点把设计的开放性作业分为以下几类:"归纳比较型、习题推荐型、方案设计型、实验探究型和实践活动型作业。"并对习题推荐型作业做了一番解释:"毕竟教师的精力是有限的,如果一味地由教师设计作业,不仅有局限性,更重要的是使学生失去了学习的主动性。于是笔者在设计开放性作业环节中引入了习题推荐型作业,通过学生推荐习题,可提高学生对问题的评价能力,培养自主整理、归纳知识、强化学科内或学科间知识整合的能力。"⑤

赵永光基于初中科学的特点,对开放性作业做了以下分类解释:"1. 观察类开放性作业,观察是认识的起点,也是科学学习的重要方法,设计观察类主题拓展性作业,引导学生去观察生活、观察自然,有助于学生养成主动

① 王祖浩,张天若. 化学问题设计与问题解决[M]. 北京:高等教育出版社,2003:184—193.
② 温涛. 新课标后的高中生物开放性作业设计初探[J]. 当代经理人,2006(10):140.
③ 杨永瑞. 开放性作业的设计[J]. 甘肃教育,2007(8A):59.
④ 洪丽敏. 语文开放性作业的尝试[J]. 教书育人,2009(20):73—74.
⑤ 吴晓静. 新课程理念下高中化学作业的设计[D]. 辽宁师范大学,2006:12—14.

观察的意识和勤于积累的良好学习习惯。2. 体验类开放性作业，可以让学生置身于实际或虚拟问题的学习环境中，通过经历、体验，诱发学生对知识的好奇心，增强学习的兴趣，从而让他们由被动接受知识转变为主动探索知识。3. 制作类开放性作业，不但要提高学生的动脑能力，更要提高学生的动手能力，通过实际制作，能使学生立体、形象、全面地掌握科学知识，加深对知识的理解。4. 调查类开放性作业，要引导学生走出校园，深入社会，了解自然，关注生活，培养合作精神。5. 查阅类开放性作业，面对浩瀚的知识，瞬息万变的信息，如何识别、挑选、排除、处理信息，是时代对教育提出的新要求，也是现代学生的一种信息处理能力。"[1]

王清军结合数学教学的实际提出，"开放性作业的类型包括：注重个体差异性的分层作业，注重兴趣的游戏性作业，注重合作的协作性作业，注重探索的论文式作业"[2]。

徐海霞认为，语文开放性作业分为"读写积累型作业、实践型作业、演讲交际型作业、探究型作业"[3]。

从以上研究者的研究可以看到，开放性作业不可能有统一而固化的分类。根据不同的学科与学段，开放性作业的分类是不同的。从实际出发对开放性作业做出分类，有利于作业的设计与学生的认知发展。

（四）关于"开放性作业特点"的综述

对开放性作业特点的研究，除了关乎对其本质的认识，还要在操作层面上便于人们更好地去设计与把握开放性作业，从而充分发挥其功能。

温涛指出，"开放性作业具有目标广泛、自主性强、实践性强等优点"[4]。

徐秀清认为，"开放性作业具有自主性、层次性、创造性、活动性、融合性等特点"[5]。

李敏指出，"开放性、新颖性、真实性、综合性等"是开放性作业的显著特征。[6]

① 赵永光.初中科学"开放性作业"的设计与实施研究[J].中学物理教学参考,2018(9):4—5.
② 王清军.高中数学开放性作业的设计与探索[J].数学学习与研究,2011(13):122.
③ 徐海霞.精心设计开放性作业　发展学生创造性思维[J].内蒙古教育,2008(3):16.
④ 温涛.新课标后的高中生物开放性作业设计初探[J].当代经理人,2006(10):140.
⑤ 徐秀清."开放性作业"——学生充满活力的"自留地"[J].北京教育,2002(6):37.
⑥ 李敏.中学物理开放性试题研究[D].江西师范大学,2006:1.

杨永瑞认为,"开放性习题具有思维的发散性、结论的不确定性、过程的探究性、情境的模拟性等特征,对检验学生在接受素质教育过程中是否培养了一定的自主学习能力、创新精神和实践能力具有较高的可信度"①。

房超平揭示了开放性作业所具有的"生成性"特点,即课程的生成性,他认为"开放性作业——选择有代表性的内容开展综合实践活动——将其中可以重复进行的活动提炼为校本课程"。② 也就是说,成熟的可以重复进行的活动式开放性作业,往往就可能生成为一门校本课程。

(五) 关于"开放性作业设计原则"的综述

原则是依据一定的理念而制定的在行动中须遵循的基本准绳。王彦斌通过研究提出了开放性作业设计的七大原则③:

1. 差异性原则

作业设计中差异性原则指的是教师根据学生个体差异,在作业设计时制定出可以适应每个学生作业的原则。每个学生因为遗传、家庭,个体发展都是不同的,每个个体都是独一无二的,他们或多或少都有自己的独特性,对于教育来说,我们的被教育者都是有差异性的。在作业设计时要根据学生的差异设计出尽量满足每个学生的需求的作业,差异性作业要做到统筹兼顾,要关注全体学生。

2. 自主性原则

作业设计中自主性原则指的是教师在作业设计时要考虑学生的主体性,让学生有权利自己选择作业的原则。因为开放性作业在内容上来源于教材知识,但是又不只限于教材知识,形式多样,所以在作业设计时要尊重学生自主性,让学生在时间和形式上都有自己的选择空间。这样的自主选择会让每个孩子都有发挥自己个性的平台,可以促进学生的个性发展,同时有助于培养学生面对生活选择的自主性。

3. 生活化原则

作业设计中生活化原则指的是,教师在作业设计时选择与生活相关的问题,即作业贴近生活的原则。教师能够设计出生活化的作业,对学生把知

① 杨永瑞. 开放性作业的设计[J]. 甘肃教育,2007(8A):59.
② 房超平. 教育现场对话2品牌学校是这样建成的[M]. 北京:教育科学出版社,2012:139.
③ 王彦斌. 高中物理开放性作业设计研究[D]. 西北师范大学,2016:47—49.

识与生活联系起来有很大的帮助，可以让学生真正地做到边生活边学习，边学习边学会生活。如果作业中设计到生活中的问题，学生的兴趣和对待作业的态度就会发生变化，这种变化对作业完成质量有提升作用，教学效果也会得到很大改善。

4. 活动性原则

作业设计中的活动性原则指的是教师在作业设计时选择的形式不只是书面的，而是有很多活动形式作业的原则，比如调查、实验、阅读，甚至游戏等等。大多数知识对于学生而言都是未知的，学生想要认识未知世界就需要经历过程，开放性作业就是要让学生通过活动来经历知识的形成过程。这种活动性作业再也不是枯燥、单调、乏味的书面计算，而是较为轻松的活动。作业从"书面"的单一形式改变成说话、观察、思考等多种形式的结合，可以让学生改变对作业的认识，用心去体验作业的完成过程。

5. 趣味性原则

作业设计中的趣味性原则指的是教师设计出的作业应具有一定趣味性的原则。这种趣味性主要表现在学生对作业比较有兴趣，作业本身不那么乏味。教师在设计时应尽量避免一些单调重复的作业，要用一些图片、文字叙述等增加作业的趣味性，从而引起学生的好奇心，用作业本身的吸引力驱动学生主动去完成作业。比如教师设计一些带有神秘色彩的语言，或者一些演讲、辩论形式的作业，学生首先觉得这样的作业比较吸引他们，才会全身心投入，在一种轻松的环境中提升自己，做到寓教于乐。

6. 创造性原则

作业设计中的创造性原则指的是教师通过布置作业来培养学生创新精神的原则，这种作业自身存在着未知性，或者存在着可拓展的东西，学生通过作业对未知进行研究，就像牛顿等科学家一样从一些现象去挖掘新的规律。作业的创造性可以培养学生对新事物的好奇心，从而在自己好奇心的驱动下完成一些具有创新思想的作业。

7. 多样性原则

作业设计中的多样性原则指的是教师在作业设计中有计划地安排形式多样的作业的原则，作业形式可以是课外阅读、家庭实验、自主编写、课外调查、实践活动等。学生依据自己的实际情况进行作业选择，以满足学生学习需要,调动学生的主观能动性,培养学生的独立性和个性。因为学生每个人的"口味"不同,有些愿意去动手,有些愿意去动口,设计多样的作业有助于学生选择适合自己的形式,进而用心地去完成作业,达到预期的效果。

此外,黄军山也提出了开放性作业设计原则:"一、坚持由封闭性走向开放性,由单一性走向多样性;二、开放性作业要充分尊重学生的个性差异,因材施教;三、开放性作业要突出实践性和时代性;四、开放性作业要富有探究性,体现合作学习的理念;五、开放性作业要具有激励性,使学生感受到成功的乐趣。"[1]

(六) 关于"开放性作业设计方法"的综述

开放性作业设计方法没有固定的套路与模式,需要从实际出发,采取灵活多变的方法。但无论运用何种方法,素材的选择是至关重要的,否则开放性作业的设计就会成为"无本之木""无源之水"。因为,学习素材的选择不仅影响学生的学习兴趣、动机以及对知识运用过程的理解,还直接影响学习潜能的发挥。因而,有研究者提出:"第一,素材的选取要考虑学生的认知水平。第二,素材的选择要有一定的开放性和挑战性。第三,素材的选择应着眼于学生的未来。因此,素材选取中不仅要关注学生的现实生活,而且还必须关注学生的未来可能的生活,真正做到为学生的终身发展负责。"[2]

此外,在具体设计开放性作业与命制开放题过程中,如何根据效度、信度、难易度、区分度等指标进行标准化命题的操作性方法的论述,还是比较欠缺的,大多停留在原则性层面。例如,开放性作业的设计要"开放作业内容、开放作业形式",开放作业内容就要"不局限于教科书、不局限于本学科",开放作业形式就要"不局限于书面、不局限于理论、不局限于时间"等等。[3]

第四节　研究内容与研究方法

上海长宁区初中"区域推进开放性作业设计的研究"课题,在开题前首

[1] 黄军山. 高中思想政治课开放性作业设计之我见[J]. 甘肃教育,2011(11,B):60.
[2] 李建民. 新课程背景下地理开放性作业设计的案例研究[J]. 课程教育研究,2014(7,上旬):178.
[3] 夏心海. 初中语文开放性作业的设计与布置[J]. 语文学刊,2015(10):164.

先就面临着"研究什么""怎样研究"的问题。研究内容的确定,便于我们更好地聚焦问题。一般而言,确定的课题内容大多是需要解决的问题,只不过区别在于:有的是认识层面的问题,有的是实践操作层面的问题。明确主攻方向有助于集中力量,凸显重点,突破难点。方法是针对内容而言的。依据需要解决的问题性质寻找方法,可以起到有的放矢、事半功倍的效果。

一、主要研究内容

(一) 开放性作业设计的学理

对开放性作业设计的学理性分析是本项研究的基础性工作。如果没有理论作为依据,我们的研究可能在一开始就会出现偏差。由于开放性作业涉及多领域的概念与原理,因此,从各个角度去探寻其理论基础是十分必要的。

1. 开放性作业设计的课程与教学论理论基础

有专家认为,作业是课程与教学系统内的一个子系统。因此,作业要受到课程与教学总体结构与基本范式的规约。例如,作业要有学习目标、问题情境、呈现方式、核心概念与关键能力、认知路径、思维层级等要素,对这些要素的设计不是随心所欲的,而是有一定理论作为引导的。比如,作业设计的目标指向既要考虑课程的价值与内容,又要兼顾教学的循序渐进与水到渠成。其中如何发挥理论的作用,需要我们深入研究。

2. 开放性作业设计的学习论理论基础

作业过程是学生学习的过程,因此,我们要以学习者为中心,研究他们在对待作业上的所思所为,具体而言,包括他们的作业动机、作业态度、作业方式、作业过程、作业反思等各个环节。在设计开放性作业时,要研究与运用学习理论,既要考虑到儿童的年龄特点与认知发展规律,又要兼顾到学生"最近发展区"的潜力激发。

3. 开放性作业设计的心理学理论基础

学生在进行开放性作业的过程中,要经过审题、解题、结题等环节,期间学生要经历感知、知觉、记忆、储存、注意、想象、思维等心理过程,另外,学生还会出现兴奋、抑制、宽慰、焦虑、喜悦、沮丧等不同的情绪反应。开放性作业的设计务必要适应学生学习心理,并考虑学生良好心理状态的形成。因此,心理学理论对开放性作业设计有着支持作用。

4. 开放性作业设计的测量学理论基础

开放性作业对学生的学习状况与思维水平具有检测功能。要使作业在效度、信度、难度、区分度等方面符合测量学的要求,也需要对测量理论有一定的了解。

5. 开放性作业设计的设计学理论基础

设计是一门学问,它是一门理、工、文相结合,融工程、艺术、人机工效学和计算机辅助设计于一体的科技与艺术相融合的新型学科。开放性作业不同于传统作业,更要认真设计,更要强调结构的把握、元素的和谐与美感的体现。因此,开放性作业的设计需要设计学理论的指导。

(二) 开放性作业的价值

1. 开放性作业的知识价值

我们经常说,开放性作业有利于培养创新能力,而"创新能力是建筑在强有力的知识结构和优秀过硬的素质要求之上的"[1]。开放性作业的完成需要强有力知识的支持,它也能促进知识结构的完善。因此,要研究开放性作业的设计与实施,是如何有利于实现知识的巩固与价值的掌握。

2. 开放性作业的智力价值

由于开放性作业的变通性、不确定性,因此对学生的智力要求比较高。要研究其对于多元智能的价值,研究在开放性作业过程中智能是如何被挖掘与调动的,又是如何得到培养与提升的。

3. 开放性作业的思维价值

"思维是一种力量"[2],开放性作业有利于将思维的品质推向高阶,有利于将思维的力量转换为解决问题的动能。"思者无界,行者无疆"[3],要研究开放性作业是如何促进深度学习与高阶思维发生的,使学生能够学做一个思想者与实践者。

4. 开放性作业的应用价值

开放性作业以其伸向四面八方的触角,冲破理论性知识的藩篱而闯进

① 崔建军.金融研究的逻辑[M].北京:中国金融出版社,2018:33.
② 赵曙光.最怕你一直浪费生命,还安慰自己追求稳定[M].杭州:杭州出版社,2017:64.
③ 湖南省委宣传部.读有所得 43[M].长沙:湖南文艺出版社,2014:103.

应用性知识的广阔领域。在研究中，要观察与剖析学生是如何在开放性作业的过程中实现知识灵活应用与实践能力培养的价值的。

（三）开放性作业的多维度分类

"对事物进行科学的分类，是知识创新的基础和前提。……掌握和运用分类思维方法，开发分类思维能力，对于知识创新具有重要意义。"[①]由此可见，对开放性作业进行分类，是课题研究的一个重要突破口。

1. **按开放性作业的开放项分类**

关于开放项分类研究，大致包括条件开放、过程开放、方法开放、路径开放、结果开放等类型，可以分门别类地对它们的界定、形式与特征展开研究。

2. **按开放性作业的功能分类**

如知识巩固、思维操练、动手技能、审美体验等类型。

3. **按开放性作业的形式分类**

如书面练习、观察记录、口头表达、设计制作、社会调查、科学实验、野外考察等类型。

4. **按开放性作业的时空分类**

如短作业、长作业之分，校内作业、回家作业、户外作业之分等。

（四）开放性作业设计的范式与策略

开放性作业的设计是本课题研究的重点，也是研究工程中的基础性子工程。设计研究也是难点，因为在以往的研究中这类探索还是比较少的。我们的研究主要聚焦以下三个方面：

1. **开放性作业设计的一般范式**

与传统作业相比，开放性作业设计从结构到样式，从流程到要求，显然会有较大的区别。我们要加以研究，总结其一般范式，从而便于第一线教师在创作中遵循。

2. **开放性作业设计的多元策略**

由于范式的不同，开放性作业设计的策略也会呈现多元性的策略。所谓策略是根据实际情况而确定的原则和方法。开放性作业设计应该符合什么原则、应该采用哪些方法与技巧，也是需要深入研究的。

———————————

① 彭健伯.创新的源头工具：思维方法学[M].北京：光明日报出版社，2010：138.

3. 开放性作业设计的技术运用

在教育高度信息化的背景下,要研究信息技术在开放性作业设计中的作用。例如,将人工智能技术手段应用于开放性作业设计之中,将会改变传统作业单一刻板的面貌,而取而代之的是鲜活性、多样性与灵动性。

(五) 开放性作业实施中的师生关系

1. 开放性作业实施中师生角色的变化

开放性作业的实施让师生回到了共同研究的平台,教师与学生形成"亦师亦友"的关系。我们要关注其中的师生角色是如何发生变化的,而这种变化又带来了哪些新气象。

2. 开放性作业实施中师生合力的产生

在研究中,要注意观察在开放性作业实施中师生是如何形成学习共同体的,在学习中是如何产生强大合力与集体智慧的。

3. 开放性作业实施中师生情感的交流

在其中,师生之间的情感交流会发生什么变化。而这种变化会对师生成长带来什么效益。

(六) 开放性作业与学生的认知发展

1. 开放性作业的认知场域

即开放性作业是如何让学生面对更真实复杂的学习情境与问题的。

2. 开放性作业的思维效度

即开放性作业是如何把学生引向更具挑战性的认知深度与广度的。

3. 开放性作业的能力培养

即开放性作业是如何赋予学生更多想象力、实践力、创造力的。

(七) 开放性作业与教师的专业发展

1. 开放性作业让教师成为创意者与设计者

即研究开放性作业如何促使教师从一般的命题者变为有创意的设计者。

2. 开放性作业让教师不断夯实学科的底蕴

即研究开放性作业如何引导教师从"教书匠"成长为"学科专家"。

3. 开放性作业让教师拉近与现实世界的距离

即研究开放性作业如何帮助教师从"书本视域"扩展到"全球视域"。

二、主要研究方法

(一) 文献法

文献法也称为历史文献法，是指通过查找、阅读、分析、整理有关文献材料，全面、正确地研究某一问题的研究方法。实施步骤大致包括：编写文献综述大纲，搜集并鉴别有关文献，阅读文献并做摘录，根据大纲将所做的摘录加以归并梳理，在分析基础上写出文献综述报告等。文献研究是本课题推进的第一步。运用文献法可以避免走弯路，可以不必重复做人家做过的探索研究，以确定课题推进的关键内容与重要环节。文献研究也有利于课题参与人员提高认识、理清思路，并掌握一定的基础理论与基本方法。

(二) 调查法

开展课题研究一定要有问题意识，研究过程就是解决问题的过程，而问题是通过调查获得的，因此，进行调查研究对于课题的完成具有重要作用。所谓调查法是指通过观察了解客观情况直接获取有关材料，并对这些材料进行一定的甄别、分析得出结论的研究方法。具体而言，可以通过课堂观察、作业鉴别、成绩查阅、访谈问卷等途径，来搜集作业设计、布置与完成等方面存在的各种问题。

(三) 尝试法

尝试法有几种解释："按照自己认为可能的想法，通过尝试，探索规律，从而获得解题方法，叫作尝试法"[1]；"尝试法是对可能是解的众多候选解按某种顺序进行逐一枚举和检验，并从中找出那些符合要求的候选解作为问题的解，又称为穷举搜索法、枚举法"[2]；"在控制与统计理论中，尝试法指的是一次一个变量。其结果通常被当作一次仅有一个变量受控来处理"[3]。在课题研究中，研究者要编制大量开放性作业，其间既要尝试探索，又要检验筛选，在反复尝试过程中，每次要控制某一变量（因素）来进行设计并加以比

---

[1] 范学功. 小学数教方法探索[M]. 成都：电子科技大学出版社，2016：14.

[2] 周察金. C语言程序设计教程[M]. 成都：电子科技大学出版社，2001：343.

[3] R. S. 戴夫，A. C. 卢斯. 高分子复合材料加工工程[M]. 方征平，沈烈，译. 北京：化学工业出版社，2004：459.

较,从而编制出高质量的作业。

(四) 实证法

"实证法研究与描述式研究最大的不同是理论先行,即研究者根据某个理论提出假设、设计步骤、收集资料、报告统计结果,得出证实假设或推翻假设的结论并加以分析和解释。"[①]在进行作业设计时,我们要有一些理论做指导,但理论与实际要相符合。因此,为了要了解开放性作业设计实效,就要深入到学习现场,从学生的感受、认知过程以及解题操作细节中获得真实数据与信息,从而来证实或推翻设计作业时的假设。

(五) 案例法

所谓案例法就是用有关的典型案例,分析、说明、研究问题的方法。[②] 在开放性作业研究中,会遇到大量题目,我们不可能对每道题进行分析,因此可以从相同类似的题目中遴选出具有典型意义的例题作为案例来深入剖析与重点诠释,从而以点带面促进课题的顺利进行。

三、区域研究的做法

(一) 整体推进

开放性专业设计研究是一项区域研究课题。整体推进是区域研究的主要做法,也是区域研究的优势所在。整体推进就是有统一的指导思想、统一的行动部署、统一的工作要求、统一的评价标准、统一的成果分享。整体推进有一定规模、有一致规格、有一套规范,凡是加入的学校均要投入一定的人力与物力,都要按照一定的规格认真安排与布置研究任务,不能走样不能缩水,都要遵循规定的范式科学地做好研究中的每一个环节的工作,如文献梳理与综述、问题调查与访谈、现象观察与分析、案例遴选与剖析、作品检验与论证、数据统计与评价等。整体推进也保证了时间上的相对一致性,而不至于有的抓得较紧,有的拖沓延迟。整体推进充分显示了区域研究课题的生命力。

---

① 董娟,柴冒臣,关茗竺. 第二语言习得与外语教学研究[M]. 长春:吉林大学出版社,2017:8.
② 郑文清,周宏菊. 现代医学伦理学概论[M]. 武汉:武汉大学出版社,2017:11.

(二) 跨校合作

区域整体推进的研究课题要打破学校各自为政的格局,要实现各校的协作与联动,既要有分工,又要有合作,比如,有的学校数学有优势,就组织起来成立攻关组,重点突破数学开放性专业的设计,而有的学校英语有特色,就联手开发英语学科开放性作业。这些学校要经常在一起研讨,汇聚集体智慧,分享跨校合作的成果。在跨校合作的框架下,还要注意学科间的相互交流与相互借鉴。

(三) 多方联动

区域整体推进的研究课题要调动各方面的力量,在区教育局的领导与协调下,将教研室、师训部、科研室等方面的力量统整起来,拧成一股绳。教研室从学科课程的角度,指导学校如何通过开放性作业的桥梁将学科知识、技能和学科素养的达成目标链接起来;师训部从教师专业发展的高度,帮助教师通过开放性作业设计的研究,精进自身的专业素养,提升创造性解决问题的思维能力与实践能力;科研室则从教育科研的深度,引导教师将研究方法植入开放性作业设计的过程中,使研究更加接地气、有实效。

(四) 重在实践

开放性作业设计的区域整体推进研究是一项实践性研究,当然它也要进行理论学习、理论指导,但是重点不在于探索规律与理论,其成果不在于理论贡献,而主要是侧重于实践,侧重于问题的解决,侧重于开放性作业的编制。实践性研究也称为行动研究,它要在行动中发现问题,在行动中展开研究,同时在研究中指导行动,通过行动改进与跟进,总结来自于行动的成果。

(五) 体现特色

尽管是一个区域课题,但由于其他工作的繁忙与精力的有限,我们不可能穷尽所有的有关研究。因此,突出重点,体现特色是要注意的一个原则。根据目前区内各学校的主要情况看,开放性作业的设计主要还是以学科为主,兼有跨学科的一定比重;以课内、校内完成的开放性作业为主,兼顾校外、户外的活动性作业。在特色方面,开放性作业主要体现在知识应用的灵活性、思维方式的操练性、解决问题的尝试性等方面。预见这次区域整体性研究,作业的开放力度可能还有待加强,但是其开放的广度必然会得到明显的加强。

第二章 开放性作业设计的理论基础

理论来源于实践并指导实践。任何一项研究要想取得成功,都必须站在理论的基础上,缺乏理论指导的实践是空洞的、盲目的。开放性作业设计的研究亦是如此。为此,我们必须梳理与借鉴与之相关的理论,以便更好地推动这项课题的研究。[①]

第一节 教育教学理论与开放性作业

一、建构主义理论

建构主义理论最早可以追溯到皮亚杰,20 世纪 70 年代末,以布鲁纳为首的教育心理学家对建构主义的发展起了极大的推动作用。

(一) 主要观点

皮亚杰认为,随着儿童年龄的增长,其认知发展涉及图式、同化、顺应和平衡四个方面。其中,图式是动作的结构或组织,它们在相同或类似的环境中,会由于重复而引起迁移或概括。所谓同化,就是个体将环境因素纳入已有的图式之中,以加强和丰富主体的动作;所谓顺应,就是个体改变自己的动作以适应客观变化。个体就是不断地通过同化与顺应两种方式,来达到自身与客观环境的平衡的。[②] 皮亚杰主张,学生要在对周围环境同化和适应的过程中,逐渐形成对外部世界的理解,并在寻求新的平衡过程中,使得自

---

① 注:由于心理学理论是所有相关理论的基础,在教育、教学、学习、评价、测量、设计理论等方面均有涉及,因而不单独列为一个节专门阐述。

② 赵波,肖蓓.教育教学知识与能力(小学)[M].长春:吉林人民出版社,2019:18.

身认知结构得到不断的发展。皮亚杰的观点强调了环境与实践是理解外部世界的条件与途径，并强调了理解对认知平衡与认知结构完善的重要意义。

布鲁纳认为，学习是积极的，是学生将旧知识转化、重组为新知识的过程。在这个过程中，学生要主动构建知识，而不是被动吸收。^① 因此，学生通过学习真正理解和认同的知识，是在一定的环境下，通过对旧知识的转化而建立起来的。教师应该从灌输知识者转变为帮助学生主动建构知识体系的引导者。这就意味着教师要摒弃传统的教学模式，以学生为中心，通过创设符合教学内容的情境，引导学生有序地对新旧知识进行转换，帮助他们主动地建构知识体系。

建构主义认为，"知识不是通过教师传授得到，而是学习者在一定的情境即社会文化背景下，借助其他人（包括教师和学习伙伴）的帮助，利用必要的学习资料，通过意义建构的方式而获得。建构主义提倡在教师指导下的、以学习者为中心的学习，也就是说，既强调学习者的认知主体作用，又不忽视教师的指导作用，教师是意义建构的帮助者、促进者，而不是知识的传授者与灌输者。学生是信息加工主体、是意义的主动建构者，而不是外部刺激的被动接受者和被灌输的对象。"^②

（二）重要启示

建构主义理论对开放性作业研究的启示：

1. 强调学习者的主动性

建构主义的学习观主要强调了学生学习时的主动性，反对把学生当作知识的容器进行填鸭。因此，在进行作业设计时，教师一定要尊重学生主体性地位。要求学生通过独立思考与互相交流讨论相结合完成作业；倡导学生采用探究的方法来解决问题、获取知识，真正改变学生在应试教育中的作业被动局面，从而做到对知识意义的自我生成、主动建构。

2. 重视知识经验基础

建构主义学生观认为，教学不能无视学生的知识经验基础而从外部对学生进行知识的填鸭，应该是把学生原有的知识经验基础作为新知识的支

① 曹群.建构主义理论对物理实验教学的启示[J].中学物理教学参考,2015(6):49—50.
② 冯忠良,伍新春.教育心理学[M].北京:人民教育出版化 2000:163.

架、生长点。建构主义学生观还强调教师与学生和学生与学生之间对问题进行互动和讨论。要做到因材施教就必须承认学生个体的差异性,智能结构可能不同。这就要求教师在进行作业设计和评价时不能搞"一刀切"。在进行作业设计时,根据教学目标采取分层设计的方法进行分层次作业。再者,要注意作业的难度要适中,对于学生不能独立完成的作业任务,教师可以进行启发,不能直接告诉学生现成的解决问题的方法,力求学生在受到启发后,通过自己的努力独立解决问题。

3. 教师重在引导与促进学生学习

建构主义的学习方法论强调学生处于学习的中心地位,同时也不能忽视教师的指导作用,教师是学生学习上的帮助者、促进者,而不是知识的传授者和灌输者。因此,教师在设计作业时要突破书本知识的局限,加强开放性。要尊重学生,根据学生的个体差异性和不同的兴趣爱好,让学生自主选择作业。做作业时可以让学生阅读一些与此相关的课外书籍、报纸杂志、网络资源。

二、多元智能理论

多元智能理论是 20 世纪 80 年代在美国兴起,由美国哈佛大学教授霍华德·加德纳及其助手经过多年研究和观察而提出来的。多元智能理论是对传统的智能理论挑战最彻底和最有影响的智能理论,它对当前我国的教育改革具有极其重要的参考价值。多元智能理论从诞生以来,已为越来越多的人所接纳,并逐步成为美国和许多西方国家进行教育改革的重要指导思想之一,产生了广泛而深远的影响。

(一) 主要观点

第一,关于智能的定义。加德纳把智能定义为"是在某种社会和文化环境的价值标准下,个体用以解决自己遇到真正难题或产生及创造出某种产品所需要的能力"[①]。加德纳的这个定义,首先给出了个人智能不同的一个宏观背景,即"在某种社会和文化环境的价值标准下",这意味着具有不同的文化及社会背景的人可以有不同的解决问题的方式与方法,可以有不同的

---

① 孔锴. 当代教育新理念[M]. 北京:北京出版社,2005:245.

智能倾向。再者,加德纳在他的智能构成研究中侧重的是人的问题解决能力和创造能力,而不是简单的记忆和复述能力。在以上这两个基本观点的基础上,加德纳阐述了关于智能的种类和基本性质的多元智能理论。

第二,关于智能的种类。加德纳教授认为人类至少存在七种以上的智能或思维方式,它们分别是言语—语言智能、音乐—节奏智能、逻辑—数理智能、视觉—空间智能、身体—动觉智能、自知—自省智能、交往—交流智能等。后来,他的研究团队又补充了"自然认识智能"。以后也有学者又提出了"博物馆智能(泛指文化的吸纳能力)"。

第三,关于智能的属性。在加德纳看来,上述各种智能是与生俱来的,且不是以整合的方式存在,而是相对独立的。智能的发展和表现因社会环境和教育条件的差异而有所差异。每个人的智能都有其独特的表现方式,在正常的条件下,只要有适当的外界刺激和个体本身的努力,每一个个体都能发展和加强自己的任何一种智能。[①] 然而,在加德纳强调"智能相对独立性"的同时,也有学者提出,各种智能也会以整合的方式出现,从而显示出每个人的智能组合的"万花筒"。

(二) 重要启示

多元智能理论对开放性作业研究的启示:

1. 开放性作业设计的形式要多样化

多元智能的教学观要求教师关注学生多元智能的开发,关注学生能力的全面发展。要摈弃以往的以某一种智能发展为目的的作业观,树立全面发展的作业观。根据教育内容以及学生智能结构、学习兴趣和学习方式的不同特点,采取趣味性、多样性的开放性作业形式取代传统的单一性作业方式,如听、说、读、写、演、做等多种形式并用。教师的重要职责之一便是正确地判断每个学生智能的不同特征及其发展潜质,为开发每个学生的潜能,制定丰富而灵活的教育计划,创造各种各样的展示其智能的情景,给每个学生以多样化的选择,把学生培养成不同类型的人才。

2. 开放性作业设计要促进学生个性化发展

多元智能理论主张个性化的学习观,即讲究认知的个别化、个性化设

---

① 白絮飞.创设情境——优化地理课堂作业设计[M].天津:天津大学出版社,2013:42.

计。在加德纳看来,每个孩子都是一个潜在的天才儿童,具有无限的潜力与潜质,只是表现为不同的方式而已。"一刀切"的作业方式,学生不能选择适合自己的作业形式,品尝属于他们自己的"果子"。因此,以往那种"一刀切"的作业方式已很难适应发展的需要,教师应根据不同学生的特点来设计开放性作业,提倡"分层作业"。而开放性作业体现了因人而异的区分性,也体现了学生的自由选择性。个性化的作业设计与实施,能够为学生创造一个开发自我、展示自我、升华自我的过程。

3. 开放性作业要提倡多元评价

不少教师往往对语言智能和逻辑智能这两类的评价特别关心,而对其他智能的评价有所忽视;传统作业评价中"唯标准答案是从""非对即错""只见分数不见人"的倾向也是屡见不鲜。而开放性作业设计不是仅仅围绕这两项智能的考查展开,作业评价更不是落实在"分数"上,而是重在帮助学生发现并发展多元智能的潜质。因此,引导学生认识自我、展现自我,促进生命整体的发展,是开放性作业设计的根本宗旨。为此,要淡化单一的终结性评价,注重作业的过程性评价与发展性评价,同时要提倡多元评价(如诊断评价、自我评价、集体评价等)的相互结合。

三、"最近发展区"理论

苏联著名心理学家维果斯基于 20 世纪 30 年代提出"最近发展区"理论。

(一) 主要观点

维果斯基认为,"人的心理机能有高低之分,儿童心理发展的过程,就其实质而言,是在社会文化的参与下,通过内化,由低级心理机能逐渐向高级心理机能转化的过程"[1]。在学习过程中,儿童的发展呈现两种水平,一种是独立解决问题的水平,叫作"现有发展水平";一种是通过教师的指导和帮助能达到的水平,叫作"潜在发展水平"。这两种水平间存在着差距,这种差距就叫作儿童的"最近发展区"。

维果斯基强调,"我们至少应该确定儿童发展的两种水平,如果不了解这两种水平,我们将不可能在每一个具体情况下,在儿童发展进程与他受教

---

① 江超群. 论探究教学中教师的引导作用[D]. 重庆:西南大学,2010:18.

育可能性之间找到正确的关系"①。确定学生的最近发展区,就意味着教师不应只看到学生的现有发展水平,还应看到学生发展的可能性,"教学只有从这两种水平的个体差异出发,把最近发展区转化为现有发展水平,并不断创造出更高水平的最近发展区,才能促进学生的发展"②。

维果斯基的"最近发展区"理论强调了教学在儿童发展中的主导性、决定性作用,揭示了教学的本质特征不在于"训练"或"强化"业已形成的内部心理机能,而在于激发、形成目前还不存在的心理机能。这一理论的重要性还在于教师在教学中可以运用它作为儿童发展的指导。它试图让教师知道运用一些中介的帮助便能使学生达到其最高的发展水平,从而使教师帮助学生通过自己的努力达到最高的发展。为此,维果斯基将儿童所要解决的问题分为如下三类:①学生自己能独立解决的问题;②需要帮助才能解决的问题;③介于两者之间,需要别人的帮助才能解决的问题。而作为教师应该清楚地了解学生所处的发展阶段以及他们所面对的各类问题,只有这样才能使他们的教学超前于发展并引导发展,从而填补学生的现有发展水平与他们潜在发展水平之间的鸿沟。维果斯基的最近发展区理论对儿童施加合理的教育和教学影响提供了科学的心理学依据。

根据维果斯基理论,在实际教学过程中寻找学生的"最近发展区","首先要了解和把握学生对某个知识点的现有发展水平;然后需要根据教学要求与学生实际"相结合,"估计通过教学时间 T 学生可以达到的潜在发展水平;再将'最近发展区'划分为几个发展层次,思维层次数称为知识跨度 L,再分析达到每个思维层次的难点和关键;最后设计引导学生实现思维最近发展区'思维跃迁'的教学策略,执行教学策略并进行效果检验"③。

(二) 重要启示

"最近发展区"理论对开放性作业研究的启示:

1. 树立新型的、符合现代要求的作业观

教师在设计与布置作业前应充分了解学生身心发展的特点和知识发展

① 余振球选译.维果斯基教育论著选[C].北京:人民教育出版社,1994:105.
② 维果斯基.维果斯基教育论著选[M].北京:人民教育出版社,2005:12—13.
③ 田林.新课程理念下高中数学作业有效设计的研究[D].江苏:苏州大学,2008:5.

的水平,了解学生对相关知识和技能的掌握情况,对学生进行动态评估,即对发展中的个体处于什么水平适时作出准确的评价。教师在设计开放性作业时,应根据"最近发展区"原理,选择恰当的作业目标,设计适当的台阶,让学生顺畅地发展和提高。一般来说,选择的开放性作业目标不能太容易,稍微要难一些,但也不能过难(超出最近发展区的上限水平高度),应使学习任务能适应学生的发展水平。

2. 作业过程中,教学引导与支持同样重要

教师不能包办学生的思考探究过程,也不能对学生遇到的困难置之不理。在作业设计时,应为学生提供一些背景资料或教给学生解决问题的方法,给予学生一定的帮助。

3. 作业要关注学生的自主发展

在设计开放性作业的过程中应重视培养学生个性以及与人交往的能力。让学生在交往中发现自我,增强主体性,形成主体意识;在交往中学会合作,学会共同生活。

四、范例教学理论

范例教学理论源自德国,20 世纪 50 年代到 70 年代在德国的发展和应用达到了高潮,成为德国教育现代化的标志之一,甚至有人将范例教学理论与赞科夫"教学与发展实验"教学理论、布鲁纳"结构主义"教学理论一起誉为二战后的三大新教学论流派。范例教学理论在世界上颇具影响,20 世纪80 年代,范例教学法开始在我国传播。

(一) 主要观点

所谓范例,该理论创始人瓦根舍因认为就是"隐含着本质因素、根本因素、基础因素的典型事例",该流派的另一个代表人物克拉夫基指出,"范例"更确切地说就是"好的例子""典型的例子""学生能够理解的例子"。他们认为,世界的本原现象是可以通过学生真正理解的个别例子(范例)来加以说明的。因此,范例教学法就是以典型范例为中心的,使学生能够依靠特殊(范例)掌握一般,并借助这种"一般"独立地进行学习的一种理论。从教学的方法论意义上讲,范例教学法首先要求根据学科理论体系整理出包括基本概念、基本定理、基本理论和应用在内的典型范例;从教学目的意义上讲,

则要求在有限的教学时间内,组织学生进行"教养性学习",即让学生从选择出来的有限的典型范例中主动获得一般的、本质的、规律性的东西,进而借助于一般原理和方法进行独立学习。他们认为,教学的成功就在于学生在教学后能独立地依靠自己的力量迈开步伐;把培养学生独立性既看作教学目标又看作教学手段,尤其是后者特别值得注意,因为只有当教师把培养学生具有独立能力看成教学手段时,教师才会自觉地执行这一要职。[①]

范例教学论在教学要求上有四个统一,即"教学与教育相统一""问题解决学习与系统学习相统一""掌握知识与培养能力相统一"和"主体与客体相统一"。

范例教学论主张在教学过程中分为四个阶段:第一阶段,范例性地阐明"个",利用典型事例的说明与分析,让学生掌握事物的本质特征;第二阶段,范例性地阐述"类",通过归类与整理,实现"个"到"类"的迁移,从而掌握事物的普遍特征;第三阶段,范例性地掌握规律,引导学生将前两个阶段获得的知识提升到规律性的认识;第四阶段,获得关于世界的切身经验,在前三个阶段的基础上,获得关于世界的、生活的经验,使知识得以活化与内化,从而深刻了解世界、认识自我、发展自我。

(二) 重要启示

"范例教学"理论对开放性作业研究的启示:

1. 开放性作业的内容选择要注意范例性

由于开放性作业的内容不可能穷尽,因此要在"类"集中选择典型的"个"案,从而起到举一反三、触类旁通的迁移作用。

2. 开放性作业的内涵要凸显基本性与基础性

作业再开放,形式再变化,而其中的核心概念与基本原理是不变的。因此,开放性作业的设计一定要有利于学生夯实基础性知识,只有这样,才能以不变应万变,培养灵活的解决问题的能力。

3. 开放性作业的实施要遵循"四统一"

范例教学论强调的"四统一"非常符合开放性作业设计与实施的要求,也与当前学科教学中强化立德树人、培养核心素养的目标是完全吻合的。

---

① 张利桃,郑珠.中小学信息技术课程与教学[M].西安:陕西师范大学出版总社,2011:116.

五、人本主义教育理论

罗杰斯是当代美国人本主义心理学的主要代表人物之一。他的理论体现了对人的主体性的关照、对人的学习潜力的关注、对人格健全与发展的关切,因而对当今的教育仍然具有重大影响。

(一) 主要观点

罗杰斯认为,如果学习对个体没有任何意义,则不可能产生学习行为,因此,他重视与自我发展相关的学习活动。"罗杰斯从人本主义思想出发,将学习分为无意义学习和意义学习两种。"①意义学习则不仅指那种靠智力的认知而进行的知识累积性学习,而且指一种对个体的行为、态度及个性发展起重要作用的学习,可以使个人未来行为的选择发生重大变化的学习。

罗杰斯认为意义学习主要包括以下四个因素:学习具有个人参与的性质、学习是自我发起的、学习是渗透性的、学习是由学生自我评价的。

(二) 重要启示

罗杰斯理论对开放性作业研究的启示:

1. 作业设计要凸显人本主义精神

罗杰斯的观点充分体现了学生自我、主动学习的理念,希望学生成为自由、负责的人。在开放性作业设计中也要体现这样的观点,要想通过设计合理科学的作业使学生主动地参与到作业中来,那么设计的作业一定要让学生喜欢、感兴趣,所以在设计开放性作业时一定要把握作业的趣味性和创造性。

2. 作业要突出有意义学习内容

开放性作业应体现出对学生有意义的学习内容。在作业形式上,提倡以生活为导向,使学生认识到所学知识可以应用于生活的各个方面,从而提高学生对知识的求知欲。

3. 作业要充分体现开放性

罗杰斯认为促进学生自由学习的方法之一就是进行开放性教育,教师以促进者的角色为学生提供学习资源,他认为教师的任务不是教学生学,也

---

① 王希华. 现代学习理论评析[M]. 北京:开明出版社,2003:169.

不是教学生怎样学，而是为学生提供学习手段比如学习资源，由学生自己决定如何学习。在作业设计中要注重作业的开放性，通过提供作业资源或者条件让学生自由地完成作业，在作业的完成过程中体会知识的形成，获得巩固与运用知识的成效。

第二节　学习理论与开放性作业

一、"从做中学"理论

"从做中学"理论是美国著名教育学家杜威教育思想的核心部分。"从做中学"，即是让学生在实践中学习，在先前经验中积累知识。

（一）主要观点

杜威认为，传统"三中心"的教学片面强调以教科书、教师、课堂为中心，这种教学"从外面对学生进行灌输，所用教材与教法与学生本身的需要没有联系，学生的学习过程只是吞剥书本上和成人经验中的东西，教学只依据以往社会文化的成果，却脱离学生个人的生活与经验"①，抑制了学生学习的主动性。他提出，"教育最根本的基础在于儿童的活动能力""使儿童认识到他的社会遗产的唯一办法是使他去实践"②，教师在这一过程中扮演的应是协助者的角色，他们只需为学生提供活动的机会，以便学生在学习过程中收获知识。

"从做中学"理论认为，"关于教材，迫切的问题是要在儿童当前的直接经验中寻找一些东西"③，杜威强调，教师在协助学生"从做中学"的过程中，必须从学生身心发展规律入手，研究如何调动学生参与活动的积极性与主动性。他说："经常而细心地观察儿童的兴趣，对于教育者是最重要的"④，只有当学生兴趣被充分调动之后，学生才能积极主动地学习，取得良好的学习

---

① 王天一、夏之莲、朱美玉.外国教育史（下册）[M].北京：北京师范大学出版社，1994：211.
② 杜威教育论著选[M].赵祥麟，王承绪，编译.上海：华东师范大学出版社，1981：7.
③ 杜威教育论著选[M].赵祥麟，王承绪，编译.上海：华东师范大学出版社，1981：323.
④ 民主主义与教育[M].杜威著，王承绪，译.北京：人民教育出版社，1990：138.

效果。

（二）重要启示

"从做中学"理论对开放性作业研究的启示：

1. 培养学生的能力

作业，作为教材的组成部分，也应来源于学生参与实践活动所获得的经验。学生通过实践活动接触事物、感知事物，从中培养学生独立观察问题、分析问题、解决问题的能力。这一过程在传统作业中很难体现出来，而开放性作业往往可以提供"从做中学"的实践平台。

2. 关注兴趣与实践

依据"从做中学"理论进行开放性作业设计，应以学生的兴趣为出发点设计多样化的作业，调动学生各种感官功能，增强学生学习的自主性；同时应注重实践性作业的设计，引导学生积极投入到实践中去，让学生在实践活动中积极内化所学知识，提高学生实际运用知识的能力。

二、"认知—结构学习"理论

"认知—结构学习"理论由美国著名认知教育心理学家布鲁纳提出。

（一）主要观点

他认为学习的最终目的在于通过学习使学科的基本结构内化为学生的认知结构，"这样才有助于学生解决在课堂外所遇到的问题和事件，或者日后课堂训练中所遇到的问题"[1]。

"认知—结构学习"理论认为，教学的中心应是学科的基本结构，学习的实质是学生主动理解学科基本结构、构建自身认知体系的过程。布鲁纳强调构建认知结构对学生学习的重要性，教师在这一过程中应采取有效措施引导学生加深对学科结构的理解，让学生自己去发现问题、提出问题、解决问题，使学生从消极的接受者转变为积极的探究者。

（二）重要启示

"认知—结构学习"理论对开放性作业研究的启示：

---

① 布鲁纳. 布鲁纳教育论著选[M]. 邵瑞珍等，译. 北京：人民教育出版社，1989：27.

1. 关注开放性作业中知识的结构性

依据"认知—结构学习"理论对开放性作业进行设计，必须关注作业内涵的知识的结构性。其需要的知识不是琐细破碎的，也不是偏移离散的，它和知识结构应该是吻合与对应的。提倡合作学习和研究性学习，提高学生学习的自觉性与积极性。

2. 关注开放性作业核心知识的定位

作业设计要找到"核心概念"的"锚"。核心概念在认知结构中处于稳定的主要地位，将这一"锚"抛下去，作业设计就显得稳重而牢靠了。

3. 关注学生的知识调整

作业设计要有新意，要有利于引导学生探索知识，以自身的方式丰富和调整知识结构，从而进一步调动学习的积极性。

三、"发现学习"理论

"发现学习"理论与"认知—结构学习"理论如出一辙，都是布鲁纳的重要研究成果。他吸取了德国"格式塔"（Gestalt）心理学的理论和瑞士皮亚杰发展心理学的学说，在批判继承杜威教育思想的基础上，加上自己长期的研究，逐渐形成了"发现学习"（discovery learning）的模式和理论。20 世纪 60 年代初，美国在布鲁纳的教育思想指导下，掀起了一场声势浩大的、以中小学课程改革为中心的教育改革运动。尽管这场教育改革运动由于教材难度太高以及忽视了学生的个别差异而没有达到预期的效果，但是布鲁纳的"发现学习"理论对于我国现阶段实施的素质教育有一定的启发作用。

（一）主要观点

所谓发现学习，就是通过学习者的独立学习、独立思考，自行发现知识，掌握原理原则。发现学习是学生通过自己再发现知识形成的步骤，以获取知识并发展探究性思维的一种学习方式，与接受学习相对。发现，并不局限于寻求人类尚未知晓的事物。例如，在化学实验室里，你可能"发现"一条职业化学家早已熟知的原理，但由于事先没有人告诉过你，也没有从自己手头的书上看到（尽管它早已写在有关的书上），这就是你自己的发现，是千真万确的发现。这一条你自己发现的原理，要比你通过学习别人的发现理解深刻得多，记忆牢固得多。

美国 R. 格拉泽主张,应把"靠发现而学习"(Learning by Discovery)与"以发现为目标的学习"(Learning to Discovery)区分开来,前者是指通过发现过程进行学习的方法,而后者则是把学习发现的方法本身作为学习的目的。不过,有的人往往把二者结合起来,既是通过发现过程进行学习,也把学习发现的方法作为学习的目标。① 所以发现学习是以培养探究性思维方法为目标,利用基本教材使学生通过一定的发现步骤进行学习的一种方式。

发现学习的基本过程:创设问题情境,提出学生感兴趣的问题,使学生在此情境中产生矛盾,从而提出要求解决的或必须解决的问题;学生利用教师和教材提供的某些材料,对提出的问题提出解答的各种假设、推测,寻找联系、已知与未知;从理论上或实践上检验、审查、补充修改自己的假设,不同意见可争论、讨论;引导学生对争论作出总结,得出共同的结论,使问题得到解决。

发现学习的主要特征:①学习过程:"发现学习"强调的是学习过程,而不是学习的结果。教师教学的主要目的,就是要学生亲自参与所学知识的体系建构,自己去思考,自己去发现知识。布鲁纳认为,只有学生自己亲自发现的知识才是真正属于他自己的东西。教学目的不是要学生记住教师和教科书上所陈述的内容,而是要培养学生发现知识的能力,培养学生卓越的智力。这样学生就好比得到了打开知识大门的"钥匙",可以独立前进了。②直觉思维:在"发现学习"的过程中,学生的"直觉思维"(intuitive thinking)对学生的发现活动显得十分重要。所谓"直觉思维",就是要求学生在学习过程中不要用正常逻辑思维的方式进行思维,而是要运用学生丰富的想象,发展学生的思维空间,去获取大量的知识。布鲁纳认为,"直觉思维"虽然不一定能获得正确答案,但由于"直觉思维"能充分调动学生积极的心智活动,因此它就可能转变成"发现学习"的前奏,对学生发现知识和掌握知识是大有帮助的。③内在动机:学生的内在动机是促进学生学习活动的关键因素。布鲁纳十分重视内在动机对学生学习的影响作用。他认为,在学习过程中,"发现学习"最能激发学生的好奇心(探究反射),而学生的好奇心是其内在动机的原型,是学生内在动机的初级形式,外部动机也必须将其转化为内在

---

① 吴霓. 课堂学生学习方法指导全书[M]. 北京:国际文化出版公司,1996:19.

动机才能起作用。他说："儿童的智力发展表现在内部认识结构的改组与扩展，它不是简单的由刺激到反应的连接，而是在头脑中不断形成、变更认知结构的过程。"因此，布鲁纳反对运用外在的、强制性的手段来刺激学生的学习，主张教师要把教学活动尽可能地建立在唤起学生学习兴趣的基础上，充分调动学生的学习积极性，才能取得良好的学习效果。④信息提取：人类的记忆功能是学习活动中必不可少的条件。针对许多人把"贮存"（storage）看作是记忆的主要功能，布鲁纳提出了不同的观点。他认为，人类记忆的首要问题不是对信息的"贮存"，而是对信息的"提取"（retrieval）。提取的关键在于组织，在于知道信息贮存在哪里和怎样才能提取信息。他说："一个人按照自己的兴趣和认知结构组织起来的材料，就是最有希望在记忆中自由出入的材料。"因此，学生的记忆过程也是一个解决问题的过程，是一个发现的过程。①

（二）重要启示

"发现学习"理论对开放性作业研究的启示：

1. 开放性作业要有发现的"味道"

如果要说开放性作业与传统作业的区别，也许最显著的差异就是前者具有"发现"的特征。开放性作业是发现学习的良好平台，学生通过解题就会体验一次发现的过程。因此，开放性作业的设计，须提出具有发现价值的问题，要提供支持发现的情境与材料，应有寻找对发现有用证据的要求，要对发现结论进行归纳与反思等。

2. 鼓励学生在开放性作业中去发现

教师要鼓励学生有发现的自信心，激发学生的好奇心，使之产生求知欲。

3. 在发现过程中培养学生的研究能力

教师要帮助学生寻找新问题与已有经验的联系，训练学生运用知识解决问题的能力，协助学生进行自我评价，启发学生进行对比。

四、"探究学习"理论

20 世纪 50 年代，美国教育学家施瓦布提出了"探究学习"的理念。他认

---

① 刘桂春,王双全,赵晓英.新编心理学教程[M].北京:北京邮电大学出版社,2014:253.

为,探究学习是指儿童通过自主地参与获得知识的过程,从而掌握研究自然所必需的探究能力。虽然至今教育界对探究学习还没有达成一致的定义,但它作为一种新型的学习方式,已经被许多国家所重视。①

(一) 主要观点

1. 探究学习的特征

探究学习的特征包括四点。①主体性:探究学习鼓励学生充分发挥自己的主观能动性、积极参与探究活动,形成多方面的学习交流,从而创造一种开放、民主的学习氛围。它注重个体体验,将知识的学习看成是认识、情感和人格的综合结果。②发展性:之所以说探究学习具有发展性特征,主要有两个原因,首先,探究学习是在活动的模式下进行的,而活动的这种开放性让学生可以充分发挥自由的权利,表现学习的主体性,从而促进个体发展;第二,探究学习的评价采取类似于纵向评价的方式,鼓励学生不断超越之前的自我而获得新的发展。学生通过不断进步而拥有越来越多的自信,也就能迎来新的成功,进而提高了内在驱动力。③问题性:问题和学习是相辅相成的关系,问题越多,产生的学习活动就越多;产生的学习活动一旦多起来,问题也会自然而然多起来。④真实性:学科的知识内容大都来自日常生活,与学生的真实生活较为贴近,探究学习的真实性不仅体现在内容上,还体现在过程中。

2. 探究学习的步骤

探究学习的步骤包括五步:一是明确任务,在进行探究学习之前,教师必须先将学习目标和学习内容清楚明白地告知学生,在学生完全理解了此次活动的要求之后再开始;二是分配工作,明确任务之后,教师将全班分成若干小组,指定组长、记录员和汇报员,让学生有条不紊地进行探究学习;三是教师指导,教师需要对整个探究活动起指路导航的作用,并且应该将进行探究学习的过程向学生描述清楚,指导学生如何去做,但不代替他们去做;四是汇报结果,在探究学习的末尾,学生有必要对整个学习过程进行反思,总结做得好的地方和不足之处,同时将学习成果和全班同学分享;五是科学评价,探究学习应该有一套科学和可靠的评价体系,评价标准应该根据学习

① 刘友春.外语教学与二语习得的关系研究[M].延吉:延边大学出版社,2018:171.

目的来制定，评价主体、评价方式和评价手段可以灵活地进行选择，其中尤其要注意自我评价与学生互评、定性评价与定量评价的结合。

（二）重要启示

"探究学习"理论对开放性作业研究的启示：

1. 开放性作业要体现对问题的探究

开放性作业是探究学习的最好载体。而问题是学习的起源，由问题入手，开放性作业才会激发学生的好奇心，才会启动学生深刻而全面的思考，从而对问题做出假设、判断、推理，寻找理论与证据，进而提出解决问题的思路、方法与结论。这种发现问题、提出问题、解决问题的过程，也就是一条通往创新能力提升的道路。

2. 开放性作业要让学生体验学习主人翁感受

学生在这种探究性作业中都能获得一种主人翁的感受，学生不是被动地接受教师传递的知识，而是自己调控探究学习的进度。学生从中不断挖掘自己的内在潜能，只要智力正常，都可以通过学习提高自己的创新能力。开放性作业所具有的探究性，可以使学生在多维发散、多种可能的答案面前显得情绪兴奋、游刃有余而感到有所作为、有所获得。

3. 开放性作业可以合作完成探究任务

开放性作业过程，既可以是学生独立思考、自主完成的过程，也可以是由多人参加的合作过程，这既是探究学习本身的要求，也是为了适应学习型社会的需求。

4. 开放性作业能够展现学生探究学习的真实发生过程

在探究问题的过程中，学生将自己的知识、情绪、态度和兴趣等真实地表现出来，有利于教师在观察中发现学生的亮点与不足，及时地帮助学生解决学习中暴露出来的各种问题，巩固知识与技能，提升元认知水平，真正将"教书育人"的使命落到实处。

五、"深度学习"理论

深度学习（DL，Deep Learning）是机器学习（ML，Machine Learning）领域中一个新的研究方向，它被引入机器学习使其更接近于最初的目标——人工智能（AI，Artificial Intelligence）。

学习是人类具有的一种重要智能行为。机器学习，顾名思义，是研究如何使用机器来模拟人类学习活动的一门典型的多领域交叉学科，涉及概率论、统计学、逼近论、凸分析、算法复杂度理论等多门学科，专门研究计算机怎样模拟或实现人类的学习行为，以获取新的知识或技能，重新组织已有的知识结构使之不断改善自身的性能。[①]

（一）主要观点

深度学习是学习样本数据的内在规律和表示层次，这些学习过程中获得的信息对诸如文字、图像和声音等数据的解释有很大的帮助。它的最终目标是让机器能够像人一样具有分析学习能力，能够识别文字、图像和声音等数据。深度学习是一个复杂的机器学习算法，在语音和图像识别方面取得的效果，远远超过先前相关技术。

深度学习在搜索技术、数据挖掘、机器学习、机器翻译、自然语言处理、多媒体学习、语音、推荐和个性化技术，以及其他相关领域都取得了很多成果。深度学习使机器模仿视听和思考等人类的活动，解决了很多复杂的模式识别难题，使得人工智能相关技术取得了很大进步。

有别于传统的浅层学习，深度学习的特点在于：

1. 强调了模型结构的深度

通常有 5 层、6 层，甚至 10 多层的隐层节点。

2. 明确了特征学习的重要性

也就是说，通过逐层特征变换，将样本在原空间的特征表示变换到一个新特征空间，从而使分类或预测更容易。与人工规则构造特征的方法相比，利用大数据来学习特征，更能够刻画数据丰富的内在信息。

3. 实现了多层运算层次结构

通过设计建立适量的神经元计算节点和多层运算层次结构，选择合适的输入层和输出层，通过网络的学习和调优，建立起从输入到输出的函数关系，虽然不能 100% 找到输入与输出的函数关系，但是可以尽可能逼近现实的关联关系。使用训练成功的网络模型，就可以实现我们对复杂事务处理的自动化要求。

---

① 徐文峰，廖晓玲，覃浪. 智能医疗与应用［M］. 北京：冶金工业出版社，2019：50.

（二）重要启示

1. 开放性作业要借助于数据处理与人工智能

有时开放性作业提出的是一个复杂问题，而面对复杂问题仅仅依靠传统处理方式是力不从心的，因此引进深度学习的理论与技术成为开放性作业提升学习水平之诉求。

2. 开放性作业深度学习技术应用须与高阶思维对接

问题解决中的模型结构的深度与多隐层节点的实现、学习特征的把握与丰富学习信息的获得，都离不开学习者高阶思维活动的进行。因此，在学习过程中培养学生创造性解决问题的高阶思维是十分重要的。所谓高阶思维，是指发生在较高认知水平层次上的心智活动或认知能力。它在教学目标分类中表现为分析、综合、评价和创造。

3. 信息技术课的开放性作业要引进深度学习理论

因为深度学习理论与技术有助于信息处理，能够让电脑像人一样具有分析学习能力和识别文字、图像和声音等数据的功能。

第三节　设计理论与开放性作业

一、关于情境设计的理论及其思考

在大部分开放性作业中，"情境设计"已经成为不可逾越的一道程序。也就是说，缺乏情境元素的作业已经很少，尤其是开放性作业更是如此。在开放性作业中，不仅含有作为探究导向的问题情境，而且有作为知识支持的直观情境，甚至还有作为学习成果的由学习者设计的目标情境。换而言之，在一道开放性作业题中，情境的出现不局限于一个（或一次）。因此，了解与掌握情境与情境设计理论，是至关重要的。

（一）情境的由来

宋粉云认为，苏格拉底的诘问法其实就是在谈话中营造情境，让对方慢慢分析问题，发现真理。中世纪时，在手工作坊、店铺中，师徒一起劳动，在此过程中徒弟习得工艺技能,这便是一种高度的情境式学习方式。在 19 世纪初,法国拉丁语教师古安发现他个人花一年时间通过研究德语语法和背大量德语单词来学德语,结果收效甚微。与此同时,牙牙学语的 3 岁大的儿子却开始能和其他小朋友用简单的语言交流了。他当时提出了系列教学法(Series Method),其实也是对于情境作用的认可。美国教育家杜威强调"从做中学"的原则,可见他对学习情境的重视。拉芙和温格尔于 1991 年提出,情境学习理论对于发展学生的各种身体素质、社交能力、文化学习等都是必要的。20 世纪 90 年代以来"情境认知与学习"理论成为国外认知与学习研究的热点。①

王荣良等学者在专著中对情境的由来做了专门阐述:在国内外教育史上,重视情境的陶冶由来已久。法国 18 世纪的教育家卢梭曾在《爱弥儿》一书中提到情境教学的形式。一千多年以前,我国文学理论家刘勰撰写的《文心雕龙》中就有关于"情境"的论述:"情以物迁,辞以情发"。清代学者王国维在他的名著《人间词话》中说:"境,非独景物也。喜怒哀乐,亦人心中一境界。"当代教育家叶圣陶先生说:"作者胸有境,入境始与亲。"意即读者假如进入了作品所描绘的情境,对作品中刻画的人物、抒发的情感和阐述的道理,就能自然而然地产生一种亲切感。近年来,国内外教学中非常重视创设情境,利用情境改善教学过程,激发学生智慧,提高教学质量。苏联教育家赞科夫认为"智力活动是在情境高涨的气氛里进行的",而且"这种气氛会给教学带来好处,同时也有助于完成教育任务"。②

(二)情境的界定与对情境的认识

1. 情境的界定

已有研究中关于"情境"的定义及意义探讨较多。托马斯和兹纳涅茨在《身处欧美的波兰农民》中首次提出"情境"。情境是一个人在进行某种行动时所处的社会环境,是人们社会行为产生的具体条件。情境包括机体本身和外界环境有关因素。③

"情境"一词在《现代汉语词典》中被解释为:情境与情景同义,指(具体

① 宋粉云.基于情境理论的互动式高中英语词汇教学研究[D].苏州大学,2018:9—10.
② 王荣良,高淑印.信息技术课堂教学案例发展点评[M].北京:教育科学出版社,2011:169.
③ 江淑玲,蔺素琴.教研员指导教学策略研究:情境界定理论的视角[J].教育发展研究,2019(10):66.

场合的)情形、景象、境地。《韦伯斯特词典》解释为：与某一事件相关的整个情景、背景或环境。可见，无论什么情形、景象或境地，都必须是具体的。具体可感性就是情境的特质。从教育学角度看，《教育大辞典》中情境的定义是这样的：情境是象征互动论分析人际互动过程时使用的概念。情境有三层含义：①整个社会情境由三部分组成，即客观环境、个人和群体的生存态度、个人对所处社会环境的解释；②个人对外界的反应，不仅受周围环境影响，而且受个人主观看法影响；③个人认识任何事物，均具意义，从而产生客观效果。个人对社会情境的不同解释，既决定其行动方向和具体行为，又影响其人格发展。①

2. 对情境的认识

(1) 从学习功能上认识"情境"

可以说，情境模块是开放性作业的第一个组成部分，这是因为"情境为问题解决过程提供了真实的背景"②。关于什么是情境，德国一位学者有过一个精辟的比喻：将 15 克盐放在你的面前，你无论如何也难以下咽。但将 15 克盐放入一碗美味可口的汤中，你早就在享用佳肴时，将 15 克盐全部吸收了。情境之于知识，犹如汤之于盐。盐需溶入汤中，才能被吸收；知识需要融入情境之中，才能显示出活力和美感。③ 同样的道理，如果在开放性作业中直接提出原理性、概念性的问题，学生会感到唐突与枯燥，如果在一个情境中把学生引入其中，他们就会自然而然地被问题吸引。

简单地说，教学情境是指在教学中与学生和教师发生作用的客观要素的总和，是教学得以发生和维持的环境条件。情境理论认为，认知过程(包括思维和学习)发生于(或设置于)一定的物理和社会背景中，只有当学习内嵌在所学知识的运用情境中时，才可能发生有意义的学习。因此，教学应该提供真实或拟真的情境与活动，这样才会帮助学生深入理解。另外，新课程改革从以人为本、回归生活、注重发展的教育理念出发，也对情境创设提出了新要求。

孟琦等学者认为，当前我们倡导的教学情境是建构主义支持的探究型教

① 路景菊. 大学英语情境教学研究[M]. 长春：吉林大学出版社，2007：8.

② 孟琦，等. MINIQUEST 教学实训教程[M]. 南京：南京师范大学出版社，2008：52.

③ 余文森. 为什么要创设教学情境[N]. 中国教育报，2006 - 12 - 15.

学情境,它主要有以下两大功能,这两大功能是实现有意义学习的重要条件。[①]

① 认知功能

一方面,知识的有效获取和内化,离不开学习情境的支持。布朗等人指出:学习和思维都是基于情境的,它们不能孤立地"镶嵌"在个体的大脑之中,而是通过情境中的文化活动或工具发生在人类的大脑中。知识必须在真实情境中呈现,在包含知识的真实场景和问题解决中呈现,才能激发学生真正的认知需要;另一方面,探究性学习关注问题解决能力的培养,并将问题解决过程置于具体情境之中,这有助于激发学生问题解决能力的生成,有助于促进学生问题解决能力的迁移。例如,物理中"摩擦力"知识的学习,如果仅仅局限于传统练习题的解题,学生学到的知识可能就是死的知识,或者说是没有被唤醒的知识。如果在开放性作业中引导学生去探究摩擦力在实际生活、生产、科技中的功效,那么这部分知识就可能得到内化与迁移,也许就会让学生终生难忘。

② 情感功能

一个真实或拟真的教学情境可以为课堂教学提供一个良好的情绪背景,激发学生的情感共鸣,提高学习兴趣,提供交流合作空间。情境在学习内容与社会文化历史背景间建立起联系,反映出知识在真实世界的应用,有助于激发学生的认同感,为深入理解和经验互动创造机会。例如,教师原本要让学生写一篇关于"渴望"的作文,但考虑缺乏情境,对于初一孩子有难度,于是,选择了著名的希望工程"大眼妹"照片作为开放性作文的情境,学生看了这张图激起了情感的涟漪,展开了想象的翅膀,联系到扶贫支教、刻苦学习励志成才、向贫困孩子伸出援手等方面的话题,写出了富有情感而内容充实的文章。

总结起来,与传统作业相比,开放性作业更倾向于教学情境的真实性、丰富性、思考性与灵活性。

(2) 从大脑机理认识"情境"

脑科学研究表明,人的大脑功能,左右两半球既有分工又有合作,大脑左半球掌管逻辑、理性和分析等抽象思维,包括言语的活动;大脑右半球负

① 孟琦,等. MINIQUEST 教学实训教程[M].南京:南京师范大学出版社,2008:53.

责直觉、创造力和想象力,包括情感的活动。传统教学中,无论是教师的分析讲解,还是学生的单项练习,以至机械的背诵,所调动的主要是逻辑的、无感情的大脑左半球的活动。而情境教学,则是让学生先感受而后用语言表达,或者一边感受,一边促使内部语言的积极活动。感受时,掌管形象思维的大脑右半球兴奋;表达时,掌管抽象思维的大脑左半球兴奋。这样,大脑两半球交替兴奋或同时兴奋,协同工作,大大挖掘了大脑的潜在能量,学生可以在轻松愉快的气氛中学习。因此,情境教学可以获得比传统教学明显良好的教学效果。[①] 从中我们就可知学生在做开放性作业时之所以兴趣盎然而不觉得疲劳的奥秘所在了。

(3) 从认知理论认识"情境"

有的学者在语言学习领域里,运用认知理论分析了情境的重要作用。[②]

皮亚杰认知发展论认为,教学情境的创设,最主要的目的就是为学习者提供感知、体验、运用目的语言的场景和条件,学习者在情境中运用目的语言进行交流互动和意义协商,从中领悟语言规则,促进认知结构的同化和顺应过程,不断提高学习者语言能力。

布鲁纳认知发现学习的理论强调认知能力的形成和发展与情境的关联。首先,创设教学情境就是为了使学习者更真实地体验学习的过程。其次,让学习者在一定的情境与语境中探究、发现、归纳、理解、内化语言规则的过程。再者,情境中的学习获得能够让学习者体现自身的能力、感受成功的快乐,提高学习者的兴趣和注意力。最后,通过创设语言运用的场景和环境,使学习者在具体的语言实践中掌握交际能力,避免机械记忆和死记硬背。

奥苏贝尔意义学习理论认为,机械学习方式获得的是零散的、孤立的、静止的知识信息片段,这样的学习方式对提高学习者的学习能力意义不大。而情境有利于在外界新输入的知识信息与学习者原有认知结构之间建立联系,并内化为原有认知结构的组成部分,进而形成新的认知结构。

用建构主义学习理论的视角来检视,可以发现长期困扰传统语言教学的一些问题,比如重视语言形式而忽视语言意义、重视语言输入而忽视语言

① 王荣良,高淑印.信息技术课堂教学案例发展点评[M].北京:教育科学出版社,2011:170.
② 张艳玲.英语教学的理论、模式和方法[M].青岛:中国海洋大学出版社,2018:57.

产出等问题,情境理论提供了有效的解决方案。情境的核心就是意义的真实存在,强调语言教学要在特定的情境中围绕一系列有明确目的的具体任务来渐次展开,要赋予语言内容、语言表达、交流信息、语言运用的实际意义,以从根本上避免从形式到形式的无意义学习活动。

(三) 情境的类型

教学情境的分类方式有多种,对此学者各自的描述不同。威尔逊提出的学习环境场所观指出,学习环境是一个学生可以相互合作、相互支持的场所,在那里他们使用各种工具和信息资源参与问题解决的活动,以达到学习目标。他把学习环境分成三类:计算机微世界、基于课堂的环境(促进积极学习的丰富环境、抛锚式教学)、开放的虚拟环境。这里对学习环境的分类反映了学习情境在技术支持方面的不同。又如,诺顿和维贝格认为学习环境应包括物理、知识和情感三个方面,即进行教学的物理空间(物理环境)、支持学习目标的软件和工具(知识环境)和与学习结果一致的体现适合学生的正确的价值氛围(情感环境)。

孟琦等学者按照功能维度,将教学情境分为:资源型情境、接近真实的情境、问题型情境、虚拟型情境和协作交流情境。不同类型的学习情境,需要相应的信息技术作为支持。[①]

李吉林认为,"情境"实际上是在教学中教师根据教学内容与学生共创的一种能激起学生情绪的学习场景。它至少包括五个层面:第一层面是实物情境,即学生能直接看到、听到、接触到的情境,如带学生到大自然中去观察,现场参观,课堂上的实物演示等;第二层面是记忆情境,即学生在学习时通过回忆来重现日常生活中所经历过的情境;第三层面是模拟情境,指的是真实情境的模拟性形象,如图片、幻灯、电影及学生的扮演等;第四层面是语言情境,即在教师形象化的语言作用下,学生通过对言语的物质形式的感知及对语义思维、记忆和想象而进入特定的情境;第五层面是想象情境,是学生依靠对已有的表象进行组合而进入某种情境,这一层面的活动必须建立在前面四个层面活动的基础上。除了这五个层面外,"情境"还包含了社会

---

① 孟琦,等. MINIQUEST 教学实训教程[M]. 南京:南京师范大学出版社,2008:55.

性情境这一层面,即课堂心理气氛。[①]

我国新课程改革以来颁布的各学科课程标准,无一例外地提出了创设情境这一要求。有的学科还提出了作业与试题的情境,以高中地理为例,课程标准提出,试题的各类"情境"主要包括:联系学生日常生活的情境、地理与生产联系的情境、地理学术情境等。为了评价学生的核心素养,要高度重视复杂、开放性真实问题情境的创设,即把具体任务尽可能放在真实、复杂的现实情境之中。[②]

(四) 情境设计的基本原则

开放性作业的情境设计应该遵循哪些基本原则呢? 许多学者经过研究认为,目标性原则是首位的,这是因为情境不是任意设置的,它是为作业的目标指向服务的,也就是说为学生完成作业搭建必要的"脚手架"。例如,某题是让学生探究吐鲁番为何能够成为葡萄种植基地的问题,理应提供有关气候、土壤、水源等以及生产经验方面的情境材料,但是,题目仅仅呈现了维吾尔农民辛勤劳动的图片场景。这样的情境设计就和作业目标不相符合了。除此之外,学者还归纳了以下一些原则:[③]

1. 诱发性原则

在为开放性作业创设情境时,一定要考量作业情境能否激起学生的认知冲突,激起学生的积极思考。

2. 真实性原则

在创设情境时,一定要尽量使情境真实或接近真实,在现实生活中能找到。学生在"眼见为实"的丰富、生动、形象的客观事物面前,通过对情境相关问题的探究,完成对主题的意义建构。

3. 接近性原则

创设的作业情境要符合苏联著名心理学家维果斯基的"最近发展区"理论。创设问题的深度要稍高于学习者原有的知识经验水平,具有一定的思维容量和思维强度,需要学生经过努力思考,"同化"和"顺应"才能解决问

① 朱作仁. 朱作仁学科教学研究文存　文集之二[M]. 福州:福建教育出版社,1993:135.
② 中华人民共和国教育部. 普通高中地理课程标准(2017 年版 2020 年修订)[M].北京:人民教育出版社,2020:46.
③ 项家庆. 新课标背景下教学技能研修[M]. 天津:天津教育出版社,2018:19—20.

题,也就是我们常说的摘果子时,须"跳一跳,才能够得着"。

4.合作性原则

在创设作业情境时,要考虑充分利用小组合作学习,让小组成员之间愉快地交流、协作,并共同克服学习中出现的困难。

5.冲突、和谐相统一的原则

在创设作业情境时,不仅要注重考虑师生、生生之间的交流与合作,让学生大胆提出问题,让思维"活"起来,还要考虑师生、生生之间的思维碰撞,有利于相互启发、诱导,达到融为一体、和谐共振的境界。

6.层次性原则

学生的学习活动是一个从简单到复杂、由易到难循序渐进的过程。因此在创设作业情境时应尽可能依据学生的实际经验和认知基础,体现作业的层次与梯度,为不同水平的学生的认知发展奠基。

二、关于问题设计的理论及其思考

在开放性作业设计中,"问题设计"概念受到越来越多人的关注。有人认为,问题设计就是设问,即提出一个个具体问题。也有人认为,"问题设计"不仅是形式上的一道道问答题,而且在本质上是用核心概念与具体方法去解决问题的一次次探寻旅行。

(一) 哲学意义、生活意义、学校教学意义上的"问题"

"问题",几乎是所有人熟悉到不能再熟悉的词语了。一个老师问学生:"你还有什么问题不明白?"咨询热线主持人问听众:"请问,您有什么问题需要我来帮助?"一对陷入纠葛的夫妻促膝长谈:"你说,咱们俩老吵架的问题到底在哪儿呢?"两名科学研究者在实验室交流:"这个设计方案的问题可能是,存在着某些我们还未探明的中间反应"。如此等等不一而足。可见"问题"的出现频率真是不低,但是,在不同层面、不同场景下出现的"问题"一词却代表着不同的含义。

科学哲学意义上的问题。科学哲学家岩奇允胤等认为:"问题是基于一定的科学知识的完成、积累,为解决某种未知而提出的任务。"①

---

① 岩奇允胤,宫原将平.科学认识论[M].哈尔滨:黑龙江人民出版社,1984:312.

生活意义上的问题。真实或现实生活中大多数的典型问题都是界定不良的，它们通常是多侧面的、开放性的。这些问题通常很少会只有一个简单答案或一个最终答案，绝大部分此类问题会包含一系列可能的解决方法，而不会只有某一个确定的结果。有人认为，如果"教育是为生活做准备"[①]的话，教师应该提供机会让学生实践，因为问题解决技能的确应该成为优先考虑的领域，尤其是面对开放性问题时。

学校教学意义上的问题。由于学校教育特有的时空局限性，教学水平上的问题大多不会像现实生活中那样充满着无穷尽变数、依托着真实情境，在解决现实生活问题中，除了当事人主观能力外还可能受到其他多种外在条件的限制。所以说，学校教育教学中学生所面临的"问题"只可能是一些"类真实问题"或"虚拟问题"；但这类问题却具有与现实问题相同或相似的解决方法与解决策略。因此，应该尽量克服以往的那种过度重视考查知识的逻辑结构的"学科化"问题解决能力的偏执取向，适当加强某些教学问题的情境真实性、结构复杂性、结论开放性；"提供机会"让学生研究界定不良问题与开放性问题，学习怎样运用科学知识来"解决"至关重要的日常问题，把教学目标最终导向并落实为培养学生的创新精神与探究性实践能力。

(二) 问题定义与判断标准

格式塔心理学家敦刻尔曾提出过一个定义，他说："一个问题产生于一个活着的人，他有一个目标，但又不知道怎样做才能达到这个目标之时。每当他不能通过简单的行动从一种情境达到另一种需要到达的情境时，就要求助于思考……这种思考的任务是设计某种行动，这种行动能使其从当前的情境达到需要的情境。"[②]

心理学家玛耶尔认为："当问题解决者想经过某种情境从一种状态转变为另一种不同的状态，而且问题解决者不知道如何扫除两种状态之间的障碍时，就产生了问题……问题由三部分组成，即给定状态（或称初始状态、初始条件）、目标状态以及阻止由给定状态转变为目标状态的障碍。"[③]

纽厄尔和西蒙认为：问题是这样一种情景，个体想做某件事，但不能清

① 王凌皓，侯素芳，陈坚. 外国教育名著导读[M]. 北京：教育科学出版社，2016：330.
② S. lan Robertson. 问题解决心理学[M]. 张奇等，译. 北京：中国轻工业出版社，2004：4.
③ 何永红. 关于中学化学问题解决中表征和策略的初步研究[D]. 扬州大学，2002：5.

楚地知道这件事所须采取的一系列行动。①

海耶斯认为:问题就是"横亘在你所处现状与想要达到目的之间的鸿沟,而你并不知道怎样去跨越这条鸿沟"。这也意味着碰到问题时如果知道去做什么的话,它只是一个"练习"而非"问题"。②

从上述四个普遍被认同的定义可以看出,一个问题之所以能成为"问题",至少应具备三层含义:首先,问题必须与己相关,也就是问题必须是与人相关的问题,这是问题成立的前提,即"谁"的问题;某人成立的问题,对于其他人可能就不能成为问题。例如,简单加法问题对于正常水平的小学低年级学生来说就是问题,但对更高水平的初高中学生甚至数学家来说就不可能成为问题。第二,要有目的或目标。恰如海耶斯所说,目的就是消除那条"鸿沟",实现从"现状"到"目的"之间的成功过渡。如果目的或目标改变,该问题就可能会不再存在或不需要解决。第三,缺乏手段、方法或资源以消除"鸿沟"。从这层意义上说,只有当问题解决主体能清晰辨别出所要达到的目标与现状之间存在的差距时,问题才能成立。

简而言之,可以把上述三点归结为判断问题成立与否的三维标准(图2-3-1):相对性、指向性、未知性。相对性,即是"谁"的问题,也就是问题成立的"主体';指向性,即"问题"必须要有明确的目标指向;未知性,即"问题"解决所要借助的手段与方法的不确定性。

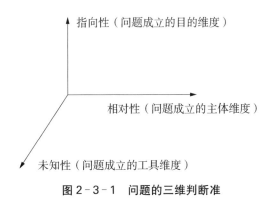

图 2-3-1 问题的三维判断准

① Newell, A. & Simon, H. A. (1972). Human Problem Solver. Englewood Cliffs, NJ and Hemel Hempstead, Prentice-Hall.
② 陈琦,刘儒德. 当代教育心理学[M].北京:北京师范大学出版社,1997:150.

（三）问题类型

罗伯逊认为,划分问题类型的方法有很多,而其中一种重要的方法是根据解决问题所需要的知识类型进行划分,并由此提出了问题分类的六条标准:第一,要用已有的知识来解决的问题;第二,设计目标性质的问题;第三,问题的复杂性;第四,问题本身是否告诉您解决问题所需要的一切,或者是否需要您自己得出您解决问题所需要的东西;第五,当前的问题是否与您以前解决过的问题相同;第六,如果您可以想出解决这个问题的步骤的话,那么它是需要多步骤还是一步解决。[①]

进而,罗伯逊据此提出六类问题:第一类,通用领域问题与特定领域问题;第二类,目标清晰问题、目标不现实问题与目标不能解决问题;第三类,定义明确问题与定义不明确问题;第四类,语义丰富问题与语义贫乏问题;第五类,结构相同问题与结构相异问题;第六类,多步骤问题与顿悟问题。

正如对个体学习者内部学习过程的解释五花八门一样,认知心理学家对问题的分类也是多种多样的。我们试着归纳出几种最常见也是应用最广泛的分类,并试图在众说纷纭的"问题"中,通过"两点定一线"或"多维交叉"的方式,初步确定开放性作业在其中的位置。

1. 按照数据或条件、途径或方法、目标或结果三者的确定性与否,可以把问题分为界定良好问题与界定不良问题

问题解决即通过一系列操作,从问题的初始状态,经过各种中间状态,达到问题的目标状态的过程。所有问题状态的集合即为问题空间,问题解决最重要的是对问题空间的心理建构和操作活动。根据问题空间是否明确,把问题划分为结构良好问题和结构不良问题。西蒙对结构不良问题的界定是这样的:开放的问题空间、没有确定的唯一答案来满足任务要求,没有确定的特点、信息与程序来解决该问题。有人也把它称为界定不良问题。前者指那些初始状态与目标状态,以及从初始状态达致目标状态所需的操作,这三者都有明确的限制性规定的问题,而后者则指那些三者之中任一、任二甚至都未进行明确限定的问题。

---

① S. lan Robertson. 问题解决心理学[M]. 张奇等,译. 北京:中国轻工业出版社,2004:7—13.

2. 按照问题解决所要依托的知识背景与解决技能,可以把问题分为专门领域问题与非专门领域问题

前者指那些必须依据某些特定的学科知识或某些特殊的教育训练才能够解决的问题,如某些具体的化学问题、物理问题等;后者指那些并不需要某些特定的学科知识或某些特殊的教育训练也能够解决的问题,如一些智力测验题目、数学河内塔问题等。

3. 从问题解决者自身具备的知识多少与认知技能等,可以把问题分为语义丰富问题与语义贫乏问题

这是目前较为"别致"的一种分类方法,说它别致主要是因为,在迄今为止的绝大部分问题的分类方法中,基本都是基于对问题本身引发的关注,而极少有从问题解决者的角度进行问题分类的做法。这种分类方法给问题解决研究提供了一个崭新的视界,而且也受到越来越多的承认与追捧。这种分类在专家与新手的相关研究中应用最为广泛。例如,一个驾驶经验丰富的老司机在遭遇到道路突发事件时,会调动既有的各种经验(当然也需要即时反应能力)作出瞬间反应,来避开危险;而对于一个刚上路的新手司机来说,其发生车祸的可能性就会增大许多,这和新手司机对此类问题的"语义贫乏"密切相关。

4. 按照问题所需要的算子的类型划分

格里诺于 1978 年曾将问题划分为 3 种类型:归纳结构问题、转换问题与排列组合问题。而格里诺和西蒙在 1988 年的研究又丰富了这一分类,他们建议把问题分为 4 种类型:归纳结构问题、演绎结构问题、转换问题与排列组合问题。归纳问题包括类比问题(如,1∶4∶3∶?)与系列推断问题(如,1,2,4,?,16),其目的主要是考查学习者根据已有信息之间的关系来推断所有元素之间的关系的能力。转换问题一般会提供初始状态与目标状态,以及一系列联系二者间的可能需要的操作,学习者需要对解决该问题的每一步骤进行分析,并确定选择那些最合适的操作。排列组合问题即是从所有给定的组合中发现符合标准的排列与组合,或不给出备选组合而由学习者自己创设最佳组合。

从以上分类标准来看,从"问题空间的完备性"来看,开放性作业理应属于界定不良问题,而后三种分类方法在某种层面、某些程度上与开放性作业

存在着重合性。正是基于这样的判断，在开放性作业研究中，我们需要更多地关注那些界定不良问题的相关研究成果，并从中汲取其问题设计理论的丰富营养。

三、关于任务设计的理论及其思考

在开放性作业中，"问题"的提出，理所当然已经成为题目的主要载体。而不可忽视的是，"任务"的提出，同样是作业的一种重要呈现方式。例如，"探寻勾股定理在生产与生活中的应用及其意义""收集日常生活中成语被异化的案例，并分析它们的语病所在与危害性"等。这些都是开放性作业中任务设计的范例。

（一）任务的定义

面对作业任务设计的问题，我们不得不谈及"任务"的定义。但究竟什么是任务呢？实际上，到现在为止，国内外对"任务"的定义都没有达成一致。下面，以语言学习的情形为例，来看一看专家学者从不同的角度对"任务"定义提出的见解。[①] 这里只列举出一些代表性定义。

《现代汉语词典》对"任务"的解释是"指定担任的工作"。这也是大多数人对任务的理解。

还有人认为，任务是为自己或他人，或为了某种回报而进行的一项工作。因此，人们在日常生活中做的大部分事情都可以作为任务来设计。

理查兹给"任务"下的定义是：学习者在处理或理解语言的基础上完成的活动或行为。这些任务要求教师知道判断任务是否成功的标准。许多活动可以称为任务，如绘制地图或根据订单操作。在语言教学中使用不同类型的活动可以使其更具可操作性，因为它提供的活动不仅仅是语言自身的实践活动。他们对任务的定义很简单易懂，学习者可以根据理解和处理语言完成各种任务，这个任务是学生在课堂上必须做的，而不是在现实世界中做的。

普拉布将任务定义为：要求学习者通过某种思维过程从给定的信息中得出结果的教学活动，并允许教师控制和规范该过程。

---

① 闫志洁,杜俊秀,谯菊梅. 初中英语词汇学教学策略探讨[M]. 长春:吉林人民出版社,2019:178—179.

　　威利斯认为,任务通常是学习者为了交际目的而使用目标语言以实现结果的活动。为了实现这些目标,学习者必须付出一些努力。

　　斯凯恩认为任务是一种活动,它具有许多特征。而其中它的意义是最重要的,它不是独立的,是与现实世界有关的。任务结果是任务绩效评估的基础,任务的完成至关重要。在这个定义中,任务是语言意义的排练,而不是语言功能。

　　努南则汲取了众多语言学家的研究,认为任务应是学习者接收信息,然后进行消化理解,最后再输出信息,在这中间配有一系列的学习活动,它关注的是语言的意义而非形式。

　　国内外学者的观点不尽相同,但他们所提的定义有一些共同之处:任务是一种真实性很强的交流活动,旨在完成具体的语言学习目标。也就是说,任务有明确的目标,并且着重于意义,一项任务要具有实际使用功能。根据威利斯的见解,他认为任务是使用目标语言进行的活动,以便获得结果。任务中的语言被定义为通过交换意义来获得结果。

　　根据不同学者的意见,可将作业中的任务定义如下:它指的是一项作业活动,学生注意到的是意义学习而不是形式学习,任务应在具有特定目标的课堂内外进行。为了促进他们的学习,必须通过完成任务来理解和获取知识。如果任务有效,那么达到作业目标将非常容易。成功的任务可以鼓励学生强化与聚焦意义学习,巩固与应用知识,发展认知与元认知而不是形式上的完成任务。所以为了培养他们的能力与素养,学生有必要参与和执行现实生活中的实际任务。而这些有益的活动往往都是在开放性作业平台上布置的。

(二) 任务设计需注意的问题

1. 任务的明确性

　　任务设置的关键是要具体、明确。从思维的角度讲,这个任务可能是记忆的任务、理解的任务或者是应用的任务;从学习的形式来说,这个任务可能是听说读写、计算、操作、实验或者小组讨论;从任务的容量上说,这个任务可能是比较单一的,也可能是几个任务综合起来的;从任务的作用上来说,这个任务可能是重点,也可能是作为下一个任务的基础与铺垫。[①]

---

① 张洪庭,顾晓东.回归童本的顺学课堂研究与实践[M].苏州:苏州大学出版社,2017:73.

2. 任务的驱动性

任务驱动理论认为,通过任务驱动学习的过程,可以使得学生能够积极主动地学习,以利于帮助学生养成主动学习的习惯。为了提高学生的自我求知愿望,就必须要给学生一个获得成就感的时间和机会,让其在这个过程中能够形成一种良性循环,从而培养学生形成积极向上的学习态度。[①] 任务驱动最大优点之一就是能够尽可能多地消除学生进行学习的盲目性,在其运用中能够极大地提高学生的学习效率。[②] 好的作业任务设计能够增强学生的内驱力,而这一内驱力是通过需求、兴趣、动机表现出来的。对学生来说,一旦任务能够体现个性需求、激发探究兴趣、强化活动动机,就会积极参与学习过程,不断提升学习质量,从而使"任务"驱动"发展"。

3. 任务的挑战性

中学生的一个特点就是喜欢寻求挑战、充满好奇心。同时,大脑也喜欢一定程度的挑战。没有挑战,我们就会回复到惯常的程序和旧有的环境中,而使很大一部分脑力处于休眠状态。[③] 而相反,有了挑战,大脑就会兴奋起来。为提高学习成绩、开发大脑潜能,学生就必须主动寻求挑战。因此,设计一些任务难度较大的习题、学习与应用一些跨学科、超范围的知识,是很有必要的。

4. 任务的新颖性

"中学生的头脑总是自然而然地寻找充满新奇性的刺激,所以,可以用好奇和新颖来保持其注意和兴趣。""中学生可以经常接受新观点、新知识、新事物。"[④]根据中学生的年龄特征与心理倾向,在开放性作业设计中,应该关注任务的新颖性。新视角、新形式、新提法、新内容等元素,都可能使任务变得新奇与新颖。例如,寻找家庭电费单与四季的相关性,画出西双版纳大象北行的路线并作出解释,为自己拍摄的小视频配上英语字幕,为某部电影"找错",为某游乐园提出改进意见等。这样的任务有一定的新鲜感,也许会

① 席瑶.基于任务驱动教学法的大学英语教学模式改革初探[J].教育教学论坛,2018(50):183—184.
② 顾丽英,沈理明.基于导学案的"任务驱动"化学教学实践[J].科教文汇(下旬刊),2012(09):136—138.
③ 何名申,李放.中学生全脑学习训练[M].北京:民主与建设出版社,2013:99.
④ 何名申,李放.中学生全脑学习训练[M].北京:民主与建设出版社,2013:99.

吸引学生去探究问题,获得发现。

5. 任务的分解性

开放性作业中的"任务设计应分解学习任务",以及"巧妙地分解学习任务能够提升教学效果"。[①] 开放性作业的任务设计过大,学生就难以下手,不易把握。例如,"根据对某区有关环境问题的材料分析,提出一份整治方案"。这样的题目比较大,学生解题会遇到一定困难。如果将此题改为"根据对某区有关环境问题的材料分析,提出二三项治理举措,并解释提出该项举措的理由、该项举措的具体做法、在实施中会遇到的问题"。如此改动,学生就容易下手,就会出现"八仙过海,各显神通"的情景,同时也会鉴别出学生之间的差距。

第四节　命题测试理论与开放性作业

开放性作业与试题一样,同样需要精心编制,同样要用于对学生的测试。因此,关于命题与测试的理论,非常有助于开放性作业的设计与研究。在这方面,有不少学者从理论上进行了梳理与分析。其中,张雨强的研究成果尤为突出。[②]

一、开放性作业命题的影响因素

开放性作业编制的影响因素很多,大到评价制度与命题制度等国家层面的政策制定,中到命题专业机构与教研部门,小到各级命题技术人员(包括教师)自身的专业生长与具体命题工具的开发与应用,无论是宏观还是微观层面,无论是制度、文本还是人力与技术,每一因素对命题质量的影响都是巨大的。下面我们从重要性与操作性等角度出发,对命题过程中的各类要素择其重点来讨论一二。

(一) 课程文本

之所以要在命题过程中讨论课程文本,主要是基于命题技术性因素考

---

① 张洪庭,顾晓东. 回归童本的顺学课堂研究与实践[M]. 苏州:苏州大学出版社,2017:78—79.
② 张雨强,冯翠典. 开放题编制的理论与技术研究[M]. 上海:华东师范大学出版社,2009:12—20.

虑的。我们知道,命题要依据一定的标准来进行,这个"标准"是什么呢,从近处说,它是"考试大纲"或"教学要求"(其中多有对学生学习目标与学业表现标准的具体阐释),或者说是"评价标准";从根本上讲,这个"标准"应该是国家课程标准,这应该是广大评价工作者的共识。

因此,无论是作为试题编制最为直接的参考——考试大纲或评价标准,还是作为命题根本依据的基准——国家课程标准,其开发的成功与否,特别是它们对于学习目标的具体规定与学业成就表现的陈述情况(由课程目标到教学与学习目标,进而到学业成就表现标准),毫无疑问地都会深刻而长远地影响开放性作业的命题工作。

(二) 命题者

命题工作者,也包括第一线直接的作业命题者——教师,是命题工作中最核心的也是充满灵性的特别因素,但同时他们又是主观性很强的"人"。命题者的素质对命题质量起着决定性作用,其专业技能的高低直接影响着命题质量;也正是基于此考虑,我们一直呼吁建设专业化程度高的命题队伍,努力促进我国命题专业化局面的形成。同时,我们也要关注一般教师命题水平的提高。

然而,与此同时,命题者的主观局限性必然会带来命题过程中一定程度上的主观倾向性,这种主观倾向性在开放性作业的设计过程中会体现得更为明显,这也是由于开放题自身的建构性与开放性等特点所决定的。开放题设计过程中的主观倾向性在很多情况下可能会造成不同被试群体间的评价(结果)差异,这也被称为"评价偏见(assessment bias)"现象。

这种"评价偏见"在某种程度上会对不同种族与民族、不同母语、不同经济与社会地位、不同成长经历、不同性别,甚至是不同性情的被评价者产生各不相同的影响。而且,这种影响对某些群体是正面的,也就是有利于该群体获得高分,从而在高利害测验中获得更好的教育条件与更多的教育机会;而对另外一些群体而言,其影响则是负面的,有时甚至是"毁灭性的",因为他们可能由此失去获得进一步发展的教育机会。可见,评价偏见不仅会歪曲学生的学业表现,更会造成据此做出的教育推论与决策的有效性缺失。

(三) 命题工具

相对于主观倾向性较重的命题者因素而言,命题工具的"客观性"意味明显浓郁了许多。这里谈到的"命题工具",也就是题目编制者进行试题编制时所依据的命题理论(如经典测验理论、项目反应理论等),以及命题程序、命题方法(如一般的经验性方法、数理分析方法等)等基础性工具与技术性工具。

经典测验理论(CTT)诞生于标准化测验形成的早期,其最初也是最为广泛的应用领域是标准化测验。CTT 对"真分数定义下的误差测量无法分解"以及"严格平行测验难以成为事实"等的规定性缺陷,造成了其应用的局限性;而概化理论则对其进行了相应的克服,它采用"随机平行测验"把测量误差来源分解为系统误差、项目难度误差(项目效应)、项目与评价者的交互作用(误差)以及随机误差等等,使得其应用范围变得更加广泛。

二、开放性作业命题的原则、策略与程序

三十多年前,罗伊德与哈拉杜娜在《试题编制技术》一书中,提出了一个对学习目标与试题的三维分类模型(图 2-4-1),三个维度分别是内容维度、任务维度、反应类型维度。其中,内容维度分为事实、概念与原理,反应类型根据试题答案的产生方式分为选择与建构,而任务则分为六种水平:重现、概括、展现、预测、评价与应用。这一模型为作业与试题的认知目标分类提供了理论分析框架,具有一定参考价值。

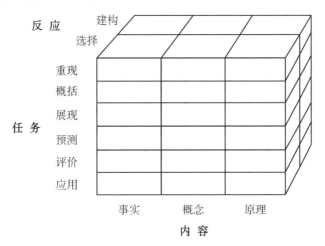

图 2-4-1　学习目标与试题的三维模型

　　但有不少学者认为，首先，布卢姆认知目标分类学是建构在心理学领域内的，这也决定了其局限性：通过不可观察的智力过程（intelligence processes）的形式来表述学习目标，而不是通过给学习者呈现的可观察的任务特征来表述。塞登的研究也显示了，大约只有 35.5％ 的研究者认为布卢姆认知目标分类学能够很好地用于对题目类型进行划分，而其余大部分被调查者都觉得，布卢姆认知目标分类方法很难在命题实践中直接运用。其次，布卢姆认知目标分类主要用于题目的回顾性分析，题目一旦编制完成，你可以运用目标分类学对题目进行分类。但是，布卢姆认知分类并未给作业与试题编制者提供更多指南，帮助他们去选择内容，以及把内容转化为测量各种思维的试题。

（一）命题原则与策略

1. 命题的共通原则

通常来讲，所有的作业与试题编制工作都要遵循某些共通的原则：

（1）保证概念与任务中表现的能力是相关的。题目编制必须能清晰地反映出可能实现的目标。陈述清楚题目，以便于让那些使用同样参考资料的学科内容专家们感觉到试题是有效而合理的。

（2）简明地陈述题目，但要提供所有的必需信息。最好的试题应该是表述清晰、语法正确、与正确答案没有线索暗示的，同时也应该符合被试的阅读水平。而某些人命制的题目则会假设某些情况是固有的，但事实却不然。让其他人检查你编制的试题的确很重要，这样可以确定题目是否涵盖了所有必需的信息，还能删除那些多余信息。（注：在开放题中，有时也故意呈现多余信息）你要问问自己：被试是否清楚地知道被期望做什么吗？他们是否拥有解答问题所需要的所有信息？（注：开放题也有例外，如信息不充分型开放题）解答该试题是否依赖于某些必须给出的假设？

（3）选择更高级别的认知水平。当有可能在两种认知水平中选择其一时，要选择更高水平。试题应该涵盖最适合的认知领域，测验应该包括高级认知水平的试题。

（4）确保题目与学习目标相匹配。使用一道试题去测验一个重要学习目标的一个琐碎方面，是很简单的。当检查同事们编制的试题时，应该问问自己，是否某些被试回答了题目但仍然无法达到学习目标或者无法完成任务。

（5）忽略不必要的困难题目或不相关题目。当检查同事们编制的试题时，应该问问自己，是否有些人可以安全有效地完成该相应工作却不能回答这个试题？如果是的话，是否是因为题目对应的内容不合适、陈述不清楚，还是所需的理解水平太高了？

（6）把试题限定在一个概念或主题内，除非所要测验的是概念综合能力。每个单独试题应该对应于一个主题，而且，对于主考人与被试而言，该主题以及该试题的意图也应该是清晰明了的。通常存在一个误区，就是认为一道题目中能测量多个主题是个省时高效的测验方法。其实，涵盖多个主题的试题只会迷惑被试，使他们不清楚试题的目的，因此，不确定所要求的正确反应究竟是啥样。

（7）避免直接从参考资料中照搬文本。这样编制的试题只会鼓励那些死记硬背的学习行为，而且，它还会导致混淆，因为，材料的意义大多由其依靠的背景所决定，原文中的重要假设或情境往往在照搬中被忽略了。

（8）避免逆逻辑问题（backwards logic）。

（9）把较容易的问题放在每一部分的开始。

（10）试题必须能够区分出已经掌握与尚未掌握学习目标的学生。

2. 开放题命题策略的注意要点

作为开放性作业与试题，在编制过程中需要注意以下几点：

（1）参考资料是被试用于解决问题或得出结论的工具。试题不应该直接测验参考资料包含的知识（这是封闭题所应该承担的事情），与之相反，它应该测量学习者对参考资料的合理使用程度。

（2）开放式参考试题也不应该是对参考资料的"直接查找"。例如，询问一个发动机的马力或是其他类似问题就是直接查找。恰恰相反，参考资料应该是做出"基于知识的决策"过程中的一个把手或辅助手段，从而达致正确结论或答案。

（3）开放式参考试题应该测验被试对参考资料中的信息的定位、利用与应用能力。

（4）试题应该包含被试从未碰到过的一种或多种环境。这时候，试题就成了被试通过利用参考资料，而非依靠从已有训练中获得的记忆性知识来应用知识情况的一个晴雨表。而对参考资料的常规应用会把学习水平降低到简单回忆的水平。

（5）开放式参考试题不应该比其他可比较的封闭式书本试题类型显得太难或太简单。虽然很难的试题能够用以区别出那些有能力的被试，但却不适合应用在基础水平测验中。

（6）应该尽可能地让试题接近于真实生活情境。

（7）必须对开放式参考试题提高关注。如果试题编制者的目的是为了测验被试应用地图的能力而不是定位能力，那么如果被试根本无法找到地图，让其展示对地图的应用能力就无从谈起了。

（二）命题程序

这里我们以论文题为例来简要说明开放性题目的编制程序。论文题分为结构化的论文题与非结构化的论文题。非结构化的论文题要求被试去组织思想、发起有逻辑性的争论、对某种思想做出评价、交流思想与情感，或者去展示其他的需要原创的书面表达，如"写出你支持或反对的理由"。非结构化的论文题的缺点是：要想客观地评价答案很难，而且费时。结构化的论文题不局限于测验回忆与理解，也能测验被试应用知识与技能解决新问题或分析新情景的能力。结构化的论文题的一个缺陷是，由于给出的测验情境被窄化为具体的、明确限定的行为，被试极有可能给出测验编制者预想的答案。结构化的论文题要求编制者提供更清晰的陈述与正确答案，这也利于评分的一致性。对于所有论文题而言，都存在一个共同的缺陷：相对于多项选择题而言，论文题的编制简单得多。运用恰当的论文题，尤其是非结构论文题，常用来给被试一个机会，让其展示书面写作、组织、表达各种观点与思想之间的关系的能力。而如果使用论文题来检验学习者的事实性知识，则属于运用不当了。

使用论文题时，试题的版面设计规划与措词清晰，对于被试理解试题要求来说至关重要。通常讲，"怎样""为什么"最好，也可是"什么""何时"等，虽然后两者更容易导向单一而短小的答案。作为开放性的论文题，其编制程序可以参考以下文本：

（1）在开始编制论文题之前，要界定被试需要展示的行为，或者描述要展示的过程。

（2）要有充分的时间来设计题目、答案样本与评分标准；在试题编制过程中,可能需要数次修改;要考虑可能需要的答题时间。

（3）参考学习目标,从中选择一个要测试的主题;只要求被试回答相关信息。

（4）保证试题在被试的成熟水平以内。

（5）根据确定的学习目标的相关主题,确定预期所测答案的学习水平。只有在测验目标定位于高级认知水平时,才去使用诸如"讨论""解释""比较"等词语。

（6）要清晰地界定问题。如果被试不能理解题目的话,论文题将变得毫无意义。论文题必须只对一个解释开放,这样所有被试才会在同一个主题内回答。

（7）题目应该要求被试展示应用核心知识的能力,尤其是在对被试来说是全新或新奇的情境中,而不仅仅是简单地回忆信息。

（8）要对问题进行限定,内容领域范围不应该太广泛。切记,被试花在回答问题上的时间肯定比编制者多。

（9）陈述清楚问题,让被试知道任务的限定、任务目的,以便能在规定时间内给出答案。

（10）所问问题要相对具体而详细、或较为聚焦,其所要求的回答也会相应简要。

（11）如果试题超出日常教学范围或要求的话,必须另行给出清晰具体的额外指导。

（12）某一具体试题的重要性及其与课程本身的相关与否,以及正确答案等,都必须征得课程内容专家的同意。

（13）开发试题评分标准。界定所期望答案中的核心要素,界定每一个必然的答案(如,通过对关键词、关键语句与段落、步骤等做下画线,或对图表、表格中的关键部分进行圈点)。

（14）依据评分标准对试题进行检查;试题是否清晰地要求了评分标准中认为重要的东西;答题时间与题目重要性是否相匹配(反思性目标通常需要更多时间);细节是否需要花费太多的时间(如拓展型计算题);试题和/或评分标准怎样修订才能更具有一致性。

（15）确保所有提问的顺序符合逻辑顺序(如从易到难,或后者以前者为基础等)。

（16）确保已经清晰地提供被试解答所需的所有数据。

（17）避免出现被试只是使用一个词语或简短句子就能回答试题。

（18）陈述清楚，是否需要给出精确答案，还是估计即可（如，清晰数字还是梗概与草图）。

（19）保证给出每一道题目或题目各部分的评分点。

（20）对每道题目都要填写相应的试题编制表。

（21）描述题目，以便被试能判断答案的大致长度，了解评分点的分配情况。

（22）让另一个命题者检查试题的清晰度、类型与可读性。

（23）描述题目，以便学科内容专家能正确判断学生的答案。

三、开放性作业质量分析的几个重要指标

（一）开放题的效度与信度

1. 效度与信度的概念

效度这一概念指称的是，一个测验或一道题目所测量到的学生学业成就结果正是测验或题目设计者所想要测量的学生学习目标。而信度则是指，一个测验或一道题目在测量学业成就时所表现出的稳定性与一致性。目前对效度这一概念较以往的认识有了较大变化：人们更倾向于把效度看作"基于评价结果所作推论解释的准确性"[1]。从中可以看出，效度已经走在"测验本身的效度"向"依据测验结果所作推论的效度"进行转变的路上。

效度与信度在开放题设计中具有重要的意义和价值，可以用一句话总结：没有效度的开放题必然发生扭曲，而没有信度的开放题必然导致混乱。[2]

2. 开放题的效度与信度表现

在此，我们重点讨论开放题效度的两个侧面：内容效度与结构效度。

内容效度指的是"一个指标的内容与它所要测量的理论概念内容的一致性程度"[3]。也就是测验内容对所要推论的评价范围的代表程度。在开放

---

[1] W. James Pophem. 促进教学的课堂评价[M]. 促进教师发展与学生成长的评价研究项目组，译. 北京：中国轻工业出版社，2003：42.

[2] 张雨强. 开放题编制的理论与技术研究[D]. 华东师范大学，2006：54.

[3] 胡森著，许建钺编译. 简明国际教育百科全书：教育测量与评价[M]. 北京：教育科学出版社，1992：341.

题编制过程中,严格遵循谨慎开发的完善的命题程序与相关规定,无疑是提高开放题内容效度的重要措施之一。

结构效度指的是测验与试题对所要测量的概念的真实反应程度。由于开放题所测概念一般是高级学习目标与复杂认知能力——具有高度抽象性与概括性,因此,对开放题而言,其结构效度变得比测量低级学习目标的试题显得更为"不可琢磨"。这需要对开放题所测目标——涉及的行为动词——进行一步步的阐释。下面的一些步骤可以在某种程度上大大提高开放题的结构效度:

(1) 明确评价内容范围。即对希望评价的认知活动类型进行说明。

(2) 尽可能多地提出反映评价内容的具体指标。

(3) 设计评价任务,使之只包括与评价内容相关的认知过程。即编制具体试题。

(4) 撰写任务指导语,说明你要评价的思维过程。

当前,开放题的命题信度往往难以把握,经常受到质疑。什么样的开放题具有良好信度,可以从以下几个特征去鉴别:

(1) 开放题受到多数被试的喜欢,而不是一部分喜欢,一部分不喜欢。

(2) 开放题所期望的被试思维活动路径、状态,表现出来比较一致。

(3) 开放题的难度能够被接受,被试能够上手操作,有自己较好的表现。

(4) 开放题可以让数届的被试做,并且具有稳定效果。

(5) 开放题的情境与内容较好地涉及了核心知识与关键能力,而不是漫无边际的。

(二) 开放题的难度与区分度

从评价与测验流程来看,如果说,效度与信度主要是在评价与测验编制时重点要考虑的重要因素的话,那么难度与区分度这两个因素,则是在评价与测验开发好并实施后,进行试题质量分析的主要指标。

1. 难度与区分度的含义

难度或称容易度,指学习者对某份试卷或某道题目所做回答的正确答案的比例或百分比。一般来讲,对于二分法(0 与 1,即通过与否)的试题记分方式,一般采用 $P = R/N$,其中 R 是指答对人数,N 则指参与测验的总人数。而对于连续记分方式,一般采用 $P = \overline{X}/W$,其中,$\overline{X}$ 是全体学生该题目的平均分,而 W 则是该题目的满分。所有试题的平均难度就是试卷的难度。

区分度指的是,测验试题对不同学生的实际水平的区分能力。如果采用区分度良好的试题,实际水平较高的学生一般会答对题目或得分较高,而实际水平较低的学生一般不能答对题目或得分较低。一般对区分度的要求在 0.4 以上。区分度通过积差相关法求得,即每道试题与试卷总分都是连续记分(如百分制)时,通过求得被试在某道题上的得分与其测验总分的积差相关系数,该系数就是该题目的区分度。

2. 开放题难度与区分度的衡量

在难度指标的衡量上,尽管封闭题与开放题二者都是以通过率的高低或者得分情况为参照,但与前者相比,开放题的难度呈现出很大不同,这主要体现在造成学习者得分率低的原因上具有很大的差异。开放题对建构性与探究性的要求,使得习惯了选择性与解释式学习方法的学习者在面对开放题时,往往显得手足无措。有时候,如果面对的是一个封闭题,学生可能知道怎么解答也能解答正确,但当面对同一类型的开放题时,由于其问题背景的实践性与解答途径的多元化特点,可能会给学生带来决策上的困难,学生有可能无从下手。其实这种情况也主要是由于在传统的"授受式教学"中,学生已经过分习惯了"解题"技巧训练,而在面对真实性问题时就根本没有了自我决策能力。

从这层意义上说,与封闭题相比而言,开放题的难度与区分度体现的有可能不是纯粹意义上的"不会做题"——即不能根据既定公式解答"学科问题"或"书本问题",而更可能是不能利用"学科知识与规则"解决多种情境下的"真实性问题"——这种问题体现了学生能否利用习得的学科知识与技能来解决实践性问题的能力,也就是学科知识与技能在其他领域内的迁移能力。而这种功能正是开放题的重要教育价值之一。因此,对开放题进行质量分析时,不光要看学生在回答题目上的成败或得分情况,更要分析成败的原因何在,并针对具体原因对学习进行补救、对教学进行改进,只有这样才能把开放题的教育价值最大化,从而真正实现其对学生的发展作用。这一特殊性也是在评分标准制定与应用过程中需要特别加以关注的。

第三章 开放性作业的特征、类型与设计

第一节 开放性作业的基本特征

一、情境性

作业的开放性首先体现在作业的情境性。所谓的"情境"是指在一定时间内各种情况的相对的或结合的境况,它是具体而形象的客观存在,也是维持某种任务完成的支撑。教学有教学情境,作业也有作业情境。作业中的地图、图像、数据、形象化的文字、案例,完成作业所需的器具、设备、场地,以及学生的生活经历经验等,都可能成为作业的情境。因此,教师尤其需要借助学生的学习和生活情境设计学科类或跨学科类作业,引导学生结合真实情境完成作业,让作业成为课堂教学与现实生活建立联系的有效桥梁。在完成情境性作业的过程中,学生通过运用多种学习方法,可以培养动手动脑等综合能力,激发创新意识,提升创造能力。同时,体现情境性的作业,还有利于将"抽象知识具象化"[1],有利于"左右半脑的协调发展"[2],有利于情感调动与审美品位的提升。

案例3-1-1

西延安中学的情境化作业

校园生活是作业的重要情境。"主题创意"作业就是利用学生毕业这个

---

[1] 苏易.教师如何掌握上好课的教学艺术[M].沈阳:万卷出版公司,2014:155.
[2] 黄宇星.现代教育技术学[M].福州:福建教育出版社,2007:116.

特定的情境,通过作业设计,激发学生的创造性和积极性。毕业生形象设计一个重要的方面是趣味高雅,为此,须借助一种艺术活动展露自己的智慧积累和情感积淀。我校的学生各有所长,结合初中生特有的新奇的思考方式,将充满创造性的主题活动加入传统学科之中,让学生自由发挥,展示所长,有利于促进学生的创新素养,使不同层次和个性的学生都能有适合的自主发展空间,培养跨学科综合素养。

　　创作剧本并进行表演,是情境性作业的重要类型。这一活动深受学生喜爱。九年级语文开放性作业要求将《橘逾淮为枳》改编为课本剧,这就需要在充分理解课文内容,学习运用课文语言的基础上,把原文的故事情节加以延伸和拓展。在编写过程中,学生将课文内容巧妙融入剧情,演绎成一幕幕动人的剧情,同时剧本的写作也将语文的基础知识融入其中,一举多得。英语组的开放性作业要求学生编写剧本或看图说话,在教学 8AU6　Gork 那个单元时,八年级的老师布置学生根据课本故事内容,发挥想象力,完成续写。最终评选出最受欢迎的几个版本,改编成短剧,进行小组表演。信息学科要求学生根据自己的特长大胆想象,创设一个充满幻想和奇幻色彩的文学世界,让学生变身为"一个白发苍苍的著名科学家",穿越到 2070 年的未来世界,讲述一个个"人脑与计算机孰优"的故事。

　　利用校内的场地开展作业活动,也是作业情境化的一种有效做法。地理学科以"关注贴近学生生活的地理"为理念,开展"地理小观察",如校内开展了"西延安中学学校地理位置小观察"的作业,教师给出两个任务单:一是描述学校的位置;二是画一张校园空间示意图。学生通过小组合作、讨论、实地考察和绘制简单示意图等活动,熟悉学校的地理位置。通过这类开放性作业促进学生观察身边地理现象的能力,提高学生收集信息能力,逐步形成和发展地理学习的能力。

（上海市西延安中学）

　　西延安中学的主题创意类作业体现了开放性作业的情境化特征。作业的设计与实施打破了学科壁垒,最大限度地扩展了不同个性学生学习的空间,培养了他们的创新精神和实践能力,发展他们的个性,从而为学生的终身学习、终身发展打下了良好的基础。

二、问题性

开放性作业的第二个特征是问题性。开放性作业设计要明确所解决的真实问题,尤其是与社会生活关系密切的真实性问题。注重问题解决的作业有助于课堂深度学习,也有助于"促进学生高端思维发展"[①]。通过这一类作业,引导学生关注生活、关注社会,从中发现真实的问题,激发学生运用所学知识解决问题的好奇心与成就感,在对问题的分析、理解与解决中提升自身的综合素养。

案例 3-1-2

"新闻观察"作业:基于问题的批判性思维

开放性作业要基于问题,聚焦批判性思维。为此,教师要赋予学生思考的方法、态度和技能。它包括能动性思维、独立思考、乐于接受他人的观点、以论据来支持自己的观点。市三女初八年级开设的"新闻观察"课程中的作业价值就在于此。

"新闻观察"由三个模块组成:新闻观察的一般方法、新闻观察的实践以及演讲与辩论。它提供学生学习新闻观察的方法和技能并付诸实践,养成观察、思考问题的能力,以及分析、推理形成观点的习惯。"新闻观察"作业要求学生掌握新闻观察的方法和技能并付诸实践。学生以小组拟定议题,搜集信息并进行分析整理论证形成报告,已形成从"从爱情天梯看非物质文化遗产背后的商业利益"到"出租车拒载如何治理"等丰富多样的学习成果。

为评价学生发现问题、解决问题的活动状况及学习成果,课程采取了纵向发展与横向综合相结合的评价方式,由多人从多个侧面、多个阶段对学生进行综合评价。

---

① 葛素儿,张君霞.基于图式的分数基本性质的教学研究[M].北京:知识产权出版社,2019:127.

表3-1-1　小组展示活动互评表

小组	A组	B组	C组	D组	E组	F组
话题有价值(10分)						
表述问题有针对性(10分)						
有明确的观点(10分)						
有充足的实证(10分)						
阐述观点系统、有逻辑性(10分)						
倾听并理解对方观点(10分)						
发现并指出对方观点的不足之处(10分)						
调试并完善自己的观点(10分)						
提出具体的解决方案和措施(10分)						
形成方案(10分)						
总　　分						

表3-1-2　对学生活动的评价

评价主体	参与热情	表达能力	创新能力	合作能力	遇到困难和分歧时的表现	能力和表现的进步程度	总评
学生自评							
组内互评							
教师评价							

（上海市第三女子初级中学）

　　通过新闻观察发现生活中的问题,在问题的研讨中培养学生的批判性思维能力。市三女初的开放性作业让学生在学习新闻观察的一般方法、新闻观察的实践以及演讲与辩论中,积极参与活动,增强实践能力。在完成一系列作业的过程中,养成问题意识以及观察、分析、推理形成观点的习惯,从而提升批判性思维能力。而作业评价又能"让他们看到自己的进步,感受到获得成功的喜悦,保护学生的学习热情和信心,从而激发新的学习动力,发展创造思维"①。

① 苏志贵.刍谈在数学课堂教学中培养学生的创新精神[J].都市家教(上半月),2016(06):6.

三、灵活性

开放性作业的第三个特征是灵活性。灵活性体现为,在作业的内容和形式上要不拘一格,结合学生的生活实际,为学生运用所学知识创造一定余地。开放性作业要给学生足够的时间和空间,激励学生灵活地处理问题,在作业设计中打破传统定势,鼓励学生的创造性思维,引导学生在完成作业的过程中展示开放性、发散性思维,在宽松积极的氛围中拓展学生的创造性。

案例 3-1-3

灵活多样的"乐学创意"课程作业

"乐学创意"课程建设作为学校的龙头项目,以"做中学"理论为指导,积极推进特色活动开发,通过编制校本学习资源,进行学科融合的主题型作业的探索、研究,将学科知识与日常生活有机结合,体现学生参与作业的开放性设计,激发学生学习热情,培养知识综合运用能力。

教研组依据"玩中做、做中用、用中学""以学科建设为特点"等从多个维度设计开放性作业,在开发"A4 纸创意制作""比特""3D"三个创意课程的基础上,又形成整合多门基础学科知识的,引导学生走向自主探究学习的"乐学创意"课程群:语文的"小剧场"、数学的"折纸与数学"、英语的"悦读联播"、理化生的"科技创意制作"、政史地的"乐游上海"、音体美的"变废为宝"等课程模块。在这些课程的作业设计实施的过程中,学生自主完成知识、能力的习得、内化,逐步形成乐学态度与善学能力,以期达到促进学生学习方式改变的目标。

教研组设计供学生自主选择(或教师布置)的主题式、体验式、探究式的长作业,将学科知识与日常生活有机结合。同时,还引导学生参与作业的开放性设计,激发学生学习热情,提高学习效率。"生活中的科学"课,让学生先认真观察生活中有趣的现象,随后为了揭示这些现象背后的科学道理,尝试了在教师的指导下,由学生自主设计、制作简易的实验,详细记录实验所获得的数据,然后通过整理、分析,得到结论,为学生能更深入、更多地研究科学奥秘奠定基础。"环保创意制作"课,在教师的指导下,鼓励学生"变废为宝",将日常生活中的废旧用品进行艺术再加工和创意组合,成为一件件创意艺术品和生活日用品,充分挖掘废旧物品的艺术内涵和实用价值,从而有效地培养了学生的艺术创造力和环保意识。

(上海市泸定中学)

泸定中学以"乐学创意课程"为依托设计的作业,典型地体现了开放性作业的灵活性特征。学校通过编制"乐学创意"校本学习资源,灵活运用多种途径进行学科融合的主题型作业的探索、研究,将学科知识与日常生活有机结合。在作业开放性研究实践中放手让学生参与作业的开放性设计,激发学生学习兴趣,培养他们逐步从被动学习走向"能动学习"①。

四、思维性

开放性作业的第四个特征是思维性。凡是开放性作业都是指向对学生思维的培养。学生核心素养的培育,思维品质是最重要的内容。在开放性作业的实践过程中,聚焦学生发散性、聚合性、创造性等思维的培养,对于促进学生思维品质的提升具有重要意义。

案例 3-1-4

"内省思辨"类作业的魅力

开放性作业的作用不应局限于提高学科内容学习的效率,更应当体现在学生全面发展上,设计精巧的开放性作业能提升学生的自我认知和思辨,从而帮助学生成为更好的自己。

英语组通过开放性作业加强学生之间的合作交流,例如,在教学 Class rules 这一课时,让学生分小组用英语讨论、制订班规和校规,并陈述其原因。最后每个小组以海报的形式在班级和校内展示其制定的班规和校规,征求广大师生的意见和建议,评出最佳班规和校规。又如教学 6AU9 International food festival 一单元时,教师让学生课后自由组合,在全班做一个调查,看看大家对国际美食节的意愿如何,如果要设摊,打算卖哪一个国家的食物? 为什么? 小组内根据调查结果选出最受同学喜爱的国际食品,为之后

---

① 钟启泉.核心素养十讲[M].福州:福建教育出版社,2018:45.

筹办美食节做好准备。这就锻炼了学生的交际能力,当学生在完成开放性作业的过程中与同学互相交流、互相帮助时,他们的合作意识、团结精神和集体荣誉感也相应地培养起来。

思品学科根据学校文化和育人目标,梳理、分析和提炼出初中思品学科学生必须具备的核心素养,即诚实正义与良好礼仪、人文思辨与实践合作、家国情怀与社会担当。结合学生核心素养,继续开发"实践与探究"项目,设计小课题探究、模拟法庭、课堂辩论、社会观察笔记、实践动手等活动形式,供学生小组选择与实践。在常态化实施过程中,将"实践与探究"活动要求分解、细化,嵌入每一课的教学要求与学习内容之中,使其与思品的课堂教学内容密切融合,将基于核心素养培养的"实践与探究"活动落实为课堂教学常态行为。

学生各项能力的发展也需要学生充分的自我认知,学生不断审视自身不足,并思考改进方法的过程正是成长的过程,因此有效的开放性作业往往不是一蹴而就的,它需要学生反复地修正,以达到进步。例如七年级学生们在完成了配乐朗诵诗歌的开放性作业后,需要挑选出若干优秀音频。老师故意提问学生,该怎么办呀?学生们在经历了一年的锻炼之后,自己设计评价表,确定评价的维度和分值,利用微信、百度云等软件,发起学生之间的互相评价,最终交出了一份令人满意的答卷。这个解决问题的过程也彰显着孩子们思维品质的提升。

(上海市西延安中学)

作业开放性设计紧紧围绕学科核心素养,通过"内省思辨"[1],促进学生自主发展,体现作业设计的思维性。对教师而言,进行作业开放性设计,提炼学科核心素养,提升自己专业水平,促进自身专业发展。对学生而言,参与作业开放性设计可以促进他们主动建构自己的知识体系,提升思维品质。

五、多元性

开放性作业的第五个特征是多元性。作业从前期设计、完成过程、作业

---

[1] 金胜昔,林正军.国内翻译认知研究的文献计量分析[J].外语教学,2016(05):96.

成果到作业评价都体现出多元性特征。作业要摆脱传统观念的束缚，切忌布置"一刀切"的作业。"实施多元化的作业，发掘学生的潜能.使不同学生得到相应的发展。"①作业的多元性表现在：作业内容涉及生活的各个方面，并不局限于某一学科的内容，基于某一学科设计的作业包含了多学科的元素；作业形式包括动手制作、查阅资料、撰写报告、参观考察、调查问卷、组织活动等多种类型；作业完成体现长时段与短时段、自主学习与小组合作的结合；作业成果体现个性化与多样化；作业评价体现多主体化与多手段化等。②

案例 3-1-5

多元化设计让作业充满生机

　　物理学科八年级的一次开放性作业以重力或摩擦力为主题，设计一幅漫画或小报，可以手绘，也可以电脑打印。学生的成果让老师大吃一惊，绘画水平或设计理念完全超出想象，作品中充分体现了物理知识的严密性和逻辑性，也凸显了学生的情趣性和审美性。语文学科则要求学生分别阅读《我家的春节》《史记》等内容，将阅读感悟和探究思考以小报的形式加以展示，获得了学生的积极响应。英语组则在编辑英语小报的基础上，力求增加学生的合作精神和组织能力，在教学 6A The food we eat 单元时，要求学生以小组为单位，办一份小报，介绍组员们最喜爱的食物的制作方法。从作业中可以欣喜地看到他们用英语去表达自己的喜好，用英语去描述制作某事物的过程，还配以可爱的手绘。体育学科通过体育节活动让体育运动和体育文化相结合，培养学生合作、自信、勇敢、公平竞争及团队精神等良好品质，要求全校班级参与"我心中的体育节"海报设计，六七年级学生还进行"我喜欢的运动项目"小报评比活动。这些体育与美术相结合的创意活动既激发了学生的想象力、审美情趣，也让他们的协作精神得以发展，体现了学科间的融合共生。

（上海市西延安中学）

---

① 张学桃.多元化设计让作业充满生机[J].新一代(下半月),2012(05):130.
② 马云梅.多元化多主体课堂教学评价尝试[J].课程教材教学研究(小教研究),,2005(06):15.

西延安中学的跨学科开放性作业非常典型,充分体现了开放性作业的多元化特点:一是不拘泥于学科,在一个学科内容作业切入的同时,鼓励学生运用不同学科的知识解决与生活密切联系的问题;二是不拘泥于形式,在开放的空间与时间中,让学生运用多种形式,综合运用听说读写做等各种形式,不拘一格地鼓励学生跨界融合,在融合中创新,在创新中成长。

六、跨界性

开放性作业的跨界性不仅体现在学科之间的跨界,也体现在各种学习方式的融合、认知深化与元认知能力提升的共进等方面。[①] 学生在完成开放性作业的过程中,可以体验跨越传统学科壁垒的学习方式,达到综合素养提升的目标。

案例 3-1-6

跨界类开放性作业有助开阔视野

开元学校在实施作业开放性研究的过程中,特别注重打破学科壁垒,设计跨界作业。知识的跨界与活学活用可以开拓学生的视野。学生在完成作业的过程中,会感受到自己所学知识内容可以贯通,同时更加整体地看待知识,初步形成整体系统、全面思考的思维方式,继而选择自己喜爱和擅长的形式进行探究、学习和交流。

八年级艺术(音乐+美术)"戏曲微舞台"作业。戏曲具有悠久的历史、独特的魅力和深厚的群众基础,是表现和传承中华优秀传统文化的重要载体。但是随着社会发展,近年来戏曲发展遇到了一些新的困难和问题,特别是当代学生对于中华国粹戏曲艺术相对比较陌生,他们对中华国粹戏曲艺术的认同,远远不如对歌星影星的追捧。本作业通过戏曲人偶的制作及演出,拉近学生与中华传统戏曲的距离,也增加了戏曲艺术对学生的亲和力。

作业内容和要求:挑一个戏种,选一个人物,学一段唱腔,做一个人偶。

七年级 HUI 学堂"创意设计综合体验"(劳技信息+)开放性作业。劳技学科是一门与生活和技术息息相关的综合性学科,具有综合性和实践性

[①] 郭海燕. 对培养元认知能力的思考[J]. 中学数学教学参考(下旬),2020(09):3.

的特点。它跨越了数学、物理、信息、美术等多个领域，目的就是让学生将自己的所想、所见、所学通过一个个作品进行展现。学生从一个个古代机械模型的先贤智慧中汲取养料，从现代生活中萌发灵感，运用 freehand 软件绘制，经由学校激光雕刻机雕刻，将自己的设计变成立体的作品。

作业内容和要求：运用木工知识和 freehand 软件绘制知识，将自己脑海中天马行空的设计落实成看得见摸得着的作品。

（上海市开元学校）

同时，开放性作业的跨界性不仅体现在打破学科之间的壁垒上，也体现在充填课堂内外之间的鸿沟上，倡导在课堂上研究生活中的学科知识，在社会生活中运用教室里学到的知识，鼓励学生走出校园，走进社会，通过形式多样的实践体验，获得新知，发展元认知，增强多方面的能力。实践证明，虽然这些跨出校门的活动使作业完成的时间变长了，作业的流程和环节都更加复杂多样，学生在作业完成过程中的体会却更深刻，收益也更广泛。

第二节　开放性作业的主要类型

一、阅读类作业

对于文科尤其是语言类学科的学习而言，阅读类作业是基本的作业类型，只有通过大量的阅读，才能培养语感，拓宽视野。通过开放性的作业设计，引导学生拓展阅读面，激发阅读兴趣。通过完成开放性的阅读类作业，"不仅可以帮助我们有效解决孩子阅读作业中的困扰，而且还可以提升他对阅读的兴趣，当然也能很有效地提升孩子做阅读类作业的兴趣"[①]。学生有了阅读兴趣，就会热爱阅读，养成阅读的良好的习惯，就会提高阅读能力，从阅读中汲取丰富营养。

---

① 沙沙心语.如何培养孩子的阅读力[M].苏州：古吴轩出版社，2017：162.

阅读类开放性作业

开元学校注重阅读类作业的设计与实施,将功夫下在培养自主学习能力上。为了让学生在规定时间内完成规定内容的阅读,激发学生的阅读兴趣,使学生在阅读中找到快乐,收获知识。语文组和英语组的老师们结合教学内容精心挑选了符合学生年龄和认知特点的阅读材料,并从了解作者简介、积累好词好句、分析人物性格、归纳主要内容、撰写阅读体会等多角度设计了作业表格,帮助学生理解阅读作品和人物。在自主阅读中学生良好的阅读习惯慢慢养成,并从课堂延伸到课外,延伸到学生的社会生活中。

1. 六年级语文学科《西游记》主题阅读作业

《语文课程标准》明确指出,语文教学应培养学生广泛的阅读兴趣,扩大阅读面,增加阅读量。在阅读材料中,经典名著总是最佳的选择。在中国古典小说名著中,《西游记》糅合了佛、道、儒三家之言,讲述了一个个扣人心弦的故事,展示了无数个个性鲜明的人物。为了更好地贯彻课标,着眼于学生的终身发展,六年级语文学科设计了《西游记》的主题阅读活动。

作业内容和要求:自选《西游记》中最喜欢的一个人物,并为其编写一份个人简历。

评价方式:从整体优秀、设计创新、文采出众三个角度设立独具匠心奖、卓越创意奖和妙笔生花奖。

2. 英语学科寒暑假阅读作业

《英语课程标准》明确指出,要提高学生的阅读能力,单纯地通过教科书的课文教学是远远不够的,还要根据学生的具体情况,有计划地指导学生在课外阅读一定数量的课外读物。课外阅读是学生英语素养提升的必由之路。在教学中,教师要认识到课外阅读训练的必要性,优化选材与具体的操作过程。牛津英语丛书系列内容丰富,有故事性、趣味性,有大量的人物描写、环境描写、内心活动的描写,这是我们教材所缺乏的,也是比较容易引起学生兴趣的,即使学生词汇量还不够多,也可以不太费劲地阅览世界名作。利用好学生的假期,为学生补充一些适合他们认知水平的原版读物,可以让学生在英语阅读中积累词汇、激发兴趣、树立自信。

表3-2-1   英语寒暑假阅读篇目一览表

年级	寒假	暑假
六年级	《侠盗罗宾汉》	《出租车惊魂》 《海盗的宝藏》
七年级	《阿拉丁和神灯》	《福尔摩斯和公爵的儿子》 《福尔摩斯与赛马》
八年级	《鲁滨逊漂流记》	《汤姆·索亚历险记》， 《绿野仙踪》

（上海市开元学校）

从开元学校的阅读类作业设计中，可以看出老师们的用心所在，通过开放作业的设计、实施与评价，引导学生阅读文学名著，使其在积累语言素材的同时，学会在阅读中探究问题，增强课题研究意识，在不知不觉中养成良好的阅读与思维习惯。

二、探究类作业

探究类作业是指学生以自主探究为主的一类作业。它要求学生在完成作业的过程中，推进探究任务的完成，并形成具有学生个性的作业成果。目前，探究类的作业形式正日趋增多，在长宁区的不少初中，这类作业已占学生回家作业总量的50%以上。通过完成探究作业，学生自主学习的意识和能力得到提升和加强，解决实际问题的能力有所提升。另外，探究类作业综合性较强，需要学生运用多种学习资源，对学生综合能力提升具有重要的促进意义。

案例3-2-2

探究类开放性作业

作文作为语文学科的半壁江山，举足轻重，针对作文考试的模式化作文训练，使学生写出的作文鲜见真情实感，千篇一律，缺乏对真实世界的观察、思考和表达，失去了作文原有的育人功能价值。因此语文组通过一年的校本研修和一年校级课题的研究成功立项了区级重点课题《指导初中生积累写作素材的策略研究》，关注作文的源头，指导学生学会"素材的积累"，经过几年的研究形成以下策略和成果，并获得第十七届教育学会征文一等奖：

1. 编写阅读小报——提升学生积累写作素材的兴趣（六、七年级为主）

编写阅读小报是一种直观又有强烈感官效应的学习方式。长期以来，六、七年级师生都非常热衷通过语文和美术的跨学科整合来呈现语文学习的效果。小报因其多样、生动、易操作的特点，也被纳入策略研究的范畴中。例如通过对唐诗宋词单元的学习来积累古诗句，了解古人是如何观察生活、理解生活、感受生活的，在积累中增强体验；或对课外阅读的精华进行整理提炼，制成图文并茂的作品，赏心悦目又增添趣味。

在实施过程中，教师的指导方法主要有以下几点：一是在内容上要求学生能够把所学习、积累的内容筛选出重点，古诗词和课内外现代文作品显然侧重点是不同的；二是要给学生一定发挥想象的空间，无论形式和内容都不能太局限于老师的要求；三是教师的指导还是要本着学科的属性，不能太重形式而忽视内容上的质量。小报的设计制作是非常有主观操作性的，对于美术较为擅长的学生，更愿意去尝试阅读更多作品来丰富自己的课余时间，而这无疑是双赢的。

学生能够运用美术来创作赏心悦目的作品，同时结合自己的阅读心得、语言材料积累等，创造出图文结合的积累成果。有待改进的是，对于作品的反馈、修改和评价，略显不足。且受限于作业时长和美术功底，不能成为日常的积累方法。

2. 创作素材卡——提升学生积累写作素材的意识（六、七、八年级为主）

我校初中学生在写作学习上缺乏自主性，本设计旨在通过"素材卡"的创作帮助学生养成定期积累写作素材的习惯，从而激发学生观察生活的意识。

"素材卡"其实是一种回顾式学习。学生们的大脑中潜藏着大量的生活记忆，而这些记忆就是写作的重要素材。因此，在写作过程中，学生面临的主要问题不是缺乏素材，而是缺乏回顾，以及缺少激活并整理信息的策略。"素材卡"可帮助学生打开记忆的大门。

在素材卡中，"主题"即为作文想表达的中心思想，"类别"来自于中考常见两大母题：我努力，我成功；我感受，我温暖。

表3-2-2 素材卡范例

日期	2016年11月14日		
主题	懂得耐心/坚持/磨砺自己	类别	我努力,我成功
内容	内容提要:磨刀老人借"磨刀"教我道理。 具体内容:每次放学,那位爷爷都在小区门口磨刀,我常常走近观摩,便和他互相熟悉了。我有时帮他在磨刀石上浇点水,亦或是陪他聊天、解闷。 一次考试失利,不愿回家挨批的我便在爷爷身旁多待了一会儿。"还不回家?有心事?"我向爷爷坦白一切,爷爷却还没听完我的话,就突然转移话题:"你看了好几次了,来试试吧。"说着把刀交给我。力度的难以掌控,让我很快就决定放弃,爷爷皱着眉头注视着我,拿回刀,边小心磨着,边说:"好刀也好坏刀也罢,总有钝了的一天,只要愿意耐心、坚持把它磨好,总能'咸鱼翻身'的。"于是我尝试磨刀,体会到了耐心、坚持的意义,一切事情要注重过程。		

借助"素材卡",发现学生在写作过程中生成素材的一般环节:第一步,搜索回忆,唤醒记忆。第二步,打开思路,进一步唤醒和生成信息。第三步,教师帮助学生对已经激活的丰富素材进行"筛选""组织"。通过列提纲、列要点、表格法、画草图等,或者用"问题支架",从几个方面写,从写出波折,写不同的人,写不寻常处,写路上的风景,写自己的心情,写过程,写细节,写小的步骤等角度提出问题,选择重点进行写作。

学生学会了通过理解表格内提示语,把生活经历用简明的语言进行概括。这项能力小学已经具备,因此六年级学生也可以驾驭。这项积累指导方式,教师在后期指导时,可从语言表述、思路条理、选材可行性等方式进行指导,较为有效。

3. 指导专题写作——架起学生生活与写作之间的桥梁(七、八年级为主)

通过记录一次活动、一次家庭旅游或一个感人的瞬间来生成学生写作素材的积累。专题写作的方式是从课内向课外拓展的有效途径,在限制与自由之间寻找到平衡点,让学生依据课内学习的规范,加上自己的理解和联想,去表达生活,抒写个性化的作文。

专题的分类可以从内容、形式分类。内容分类如"记一次篮球赛活动",形式分类如"运用三个成语、一句修辞写一段观景感受"。七年级经过一学年的积累,可以进行简单的专题写作,记录下日常生活,如校园活动、同伴趣事、师生深情、家庭回忆。教师在专题写作中可以内容型分类指导,如一次专题指导活动类——写人;活动类——记事;家庭类——写人;家庭类——写事。

专题写作是写作素材的高度展现，也是作文的缩影，专题写作训练有利于学生从积累转向加工，即筛选、组合、创造等。教师在指导时要把握住"专"字，切不可让学生随性而为，主题也可以给出一定的界限，"灵活驾驭写作素材，以单个素材创造多类作文"是可以追求的目标，从而促进学生时时留心生活，观察生活，养成一定的积累意识和习惯。

4. 设计思维导图——优化学生写作素材的品质（九年级为主）

思维导图是表达发散性思维的有效图形思维工具，它简单却又很有效，是一种实用性的思维工具。在语文写作中运用思维导图，能够快速、有效、科学地提炼、整合学生的写作素材，并且使得感性的认知和理性的逻辑思维相辅相成、相得益彰，这对于词语之间的勾连、内容之间的承接都有着巨大帮助。我们也在新教材的背景下积极探索思维导图积累策略，并在实践中列出成果。

例如，写"爱"的主题，教师带着学生围绕"爱的故事"（见图 3-2-1）中

《爱的故事》之母爱

——于别样之处显精神

上海西郊学校初中语文组　　罗琴琴

一、学情分析

　　在上一节课注重引导学生的发散性思维，围绕"爱"梳理了教材中有关"爱"题材。同学们的作文中，发现学生还是更多的写了母爱。也许母亲是他们最熟悉的人，也许母亲是对他们关爱至深的人，但是从学生所写的作文中，都有着关爱孩子的共性，但是所选的题材却还是老生常谈的下雨送衣物、生病照顾、关怀生活等。所以，学生需要重新审视自己的妈妈，并且从中挖掘出能彰显自己妈妈独特个性的题材，并显现出母亲别样的爱的方式。

二、教学目标

　　通过回忆和审视自己的母亲，挖掘母亲形象中能彰显母亲别样爱的方式的题材。

三、教学重难点

　　从日常生活中挖掘能显现母亲个性色彩的爱的方式。

四、教学课时

　　1 课时

五、教学过程

　　（一）导入新课

　　　　从学生的作品中，选取两篇样文，让学生说说这两位母亲的形象。

图 3-2-1　《爱的故事》教学设计截图

的"爱"对迄今所学的课文进行写作素材梳理，学生通过梳理能够了解"爱"的丰富性、广泛性，在积累写作素材的过程中也不仅局限于"母爱"这一类，而是关注更广泛，甚至逐渐关注到人生、理想，上升为对祖国、民族的"大爱"。

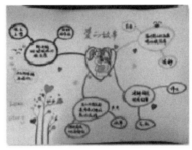

图3-2-2　学生完成的关于"爱"的思维导图设计成果展示

学生在专题写作前，先进行选材，再用条线分明的图谱将其组织，这样充分调动了学生学习的积极性，也能帮助其建立有序的思维，无论是写作素材的整体还是局部，都会有所思考和提取。思维导图这个积累策略既可以在写作前进行，帮助学生有效思考写作素材，也可以在写作后进行，帮助学生反思、完善素材。

思维品质的提升是中学生重要的语文素养能力之一，写作的好坏在一定程度上也是思维品质的优劣呈现。借助思维导图来积累写作素材，分类课内外积累，将所积累的内容呈现至写作审题之中，在积累强化的同时又是一种运用的体现。

5. 阅读摘抄——在传统积累方式中觅寻"新天地"（全学段）

作为一项较为传统的语文学习积累方式，阅读摘抄一直都是学生积累语文知识和养分的重要手段。但是,阅读摘抄并不是"抄写",它不能等同于机械化的重复,它一样可以鲜活、丰富,提升语文学习的质量。例如,教师定下主题,让学生回去阅读他人文章,进行梳理概括。再如,利用阅读卡片等方式进行摘录,并思考自己的收获。

教师对课外阅读积累的形式作出了相对规范的要求,学生从字词积累、人物分析、内容概括、好段品析到个人点评,让阅读摘抄不再是抄写或者剪报这类机械重复,一方面提升了学生的兴趣和探索欲望,一方面又使学生重视起积累这件事,以从文学作品中学习他人是如何观察生活、抒写生活、认识世界的。

相比小学阶段对于词句的摘抄,中学生在此基础上更着重于认识、看法的抒发,以及思维品质的提升。教师的设计既关注到了积累,也激发了学生鉴赏的乐趣。且这项常规积累方式的受众广泛,持续力强,受到学生喜爱。

6. 作文面批指导——解决写作素材"疑难杂症"(九年级为主)

九年级要面对的是即将来临的选拔考试,学生在写作水平上的提升需求是四年中最强烈的。教师要能够捕捉发现学生的写作素材特点、写作习惯、写作态度等因素,进行个别化、精细化指导,若能够做到面批指导,则更能"对症下药"。因而,我们将面批分成两类,一类是学生撰写自己的写作素材提纲,教师进行指点;另一类是习作完成后,针对选材的表现力、与命题的契合度等,进行指导评价。

(1)写作素材评语指导

为了使评语规范并针对每个学生不同的情况作出个性化评价,我们达成了统一的规范标准。

评语范例:

① 文章选材源于……(选材途径),主要叙述了……(简洁概括),优点是……(从是否切合主题,立意是否准确的角度评价)。

② 但是,……(主要评述选材和中心的不足之处,如表述逻辑是否清晰,详略安排是否得当,立意薄弱在何处)。

③ 我的建议是,……(教师给出中肯、有针对性的一到两点具体的建议,鼓励用思维导图或提纲的方式指导学生)。

学生根据评语所指导的内容进行习作修改,教师若有时间,可以循环往复和学生打磨素材,不断完善写作素材。

　　教师的个别化指导，可以利用面批手段来进行个性化指导。但要注意几点：第一是要帮助学生建立题眼和素材之间的联系；第二是要帮助学生建立素材和立意之间的联系；第三是要帮助学生通过思维导图优化事件主体；第四是教师要给出相对规范的指导评语，评语尽量从选材入手，多面评价，给出可操作的建议。

　　（2）写作素材提纲指导

　　要克服写作素材杂乱没有条理的毛病，写提纲是很有效的方法，因为提纲是思想组织的具体表现。先列好提纲，等于建筑时打好图样，轻重倒置、条理不清等等毛病都可以因此避免。而且列了提纲，你对于你将写的文章就有一个明晰而确实的"鸟瞰"。假使你发现有不合适的地方，可以随时修改你的提纲，等到你觉得这个提纲已经尽善尽美了，再下笔写。这样，在结构上就不会有什么大毛病了。总之，教师要帮助学生打好建立提纲思维的基础，并延展到记叙文阅读中的提炼概括来进行思维操练，从而使学生能够熟练地整合现实生活中的写作素材。

（上海市西郊学校）

　　西郊学校的这个关于作文的开放式作业设计，从素材积累到创意构思，从专题写作到面批修改，每个环节都突出学生参与式探究的作用，引导学生在一步步的探究过程中积累写作素材，习得写作技能，拓展写作思路，改正写作问题。让学生在探究中学习写作，在探究中善于写作，使开放式作业成为学生探究世界、发展自我的"修炼场"。[①]

三、操作类作业

　　操作类作业是体现作业开放性的重要形式。学生学习的过程中，动手操作是完成作业的重要手段，"做中学"是学生学习的基本方式，对于学生综合素质的提升具有特别重要的意义和价值。在作业开放性研究中，操作性作业也受到了学校的高度重视。教师在教学过程中需要重视实践教学，精心设计操作类作业，"加强操作类作业和生活间的联系，有效激发学生的学习兴趣和

---

① 张晓锋.理想的学习［M］.西安:西北大学出版社,2018:7.

学习动力,使学生更加积极、高效地完成作业,在实际操作的过程中形成完整的知识体系,提升实践水平"[1],从而为学生后续的学习奠定坚实的基础。

案例3-2-3

操作类开放性作业

通过一个阶段的开放性作业研究与实施,对于各学科课程标准中提出的"加深学生对所学内容的研究、提升学生自主学习的意识和能力、发展学生创新思维能力"等均有积极促进作用。学生在学科学习中表现得更积极、更富创造性;对学科基本内容和拓展内容的了解程度加深,知识面进一步扩大;同时,学生通过解决开放性作业中遇到的问题,锻炼了沟通合作的能力,减负增效的目标初步达成。

陈鹤琴先生说:"做中教,做中学,做中求进步。"学生应当在动手操作的过程中感受成长。因此各学科组利用开放性作业积极拓展学生动手操作的机会。如在《科学》教材中有一部分实验称为"科学家庭小实验",但在实际教学中,由于对这类实验缺乏系统的指导及反馈策略,这块内容被许多老师忽略了。然而家庭小实验事实上可以很好地辅助课堂教学,有助于提高学生的实验能力和思维能力。如上六年级第一学期《观察动物》这一内容时,要求以"蜗牛"作为观察对象,引导学生学会对活体进行有步骤的、有序的系统观察,有助于学生初步学会观察生物的基本方法。但40分钟的课堂时间只能让学生进行部分观察。对"蜗牛的生活环境、进食方式及可能存在的其他特征"进行观察是不可能在课堂内完成的。所以"饲养并观察蜗牛"这一家庭小实验就为课堂教学起到了很好的辅助作用。但教师发现学生的饲养热情很高,可持续时间不长。蜗牛运动缓慢,生性胆小,有些学生在饲养了几天之后,就感觉无所事事,把蜗牛交给了家长,总结时什么也没发现。究其原因是大部分学生缺少发现的眼光,不能关注到细节,不能主动发现问题,只是被动等待老师提供观察点。针对这些情况,教师们对这部分的记录方式进行了调整,请学生采用比较灵活的笔记式反馈方法。同学们可以采用多种选择进行记录。他们喜欢的四格漫画、观察日记、蜗牛照片都可以放

① 居佳佳. 初中物理操作类作业的设计策略[J]. 理科爱好者(教育教学),,2021(03):135.

入观察笔记。但要求学生完成的任务是要在整个饲养过程中发现有关蜗牛习性的1—2个教材中没有表述的特征。要完成这样的任务就一定要静下心来观察,于是在上交的作业中教师们看到了有趣的配文漫画、充满稚气的观察小日记、蜗牛的系列照片。学生发现的问题有些连老师都没有想到。比如蜗牛为什么总是爬到饲养盒的顶部,倒着贴在盖子上,不喜欢在饲养箱底? 蜗牛是吃叶子的但是把肉或胡萝卜切成很细很细的丝,为什么它也会吃呢? 等等。

（上海市西延安中学）

"做中学"是陈鹤琴先生的重要教育思想。通过设计开放性作业的方式,教师让学生在动手做实验的过程中体会学科知识的奥秘,提升学习的兴趣,增强动手能力。西延安中学的操作类开放性作业已成为学校的一大特色,各门学科结合学科特点,以学科核心素养为着力点,设计一系列倡导学生动手做的操作类开放性作业,促进学生综合素养的有效提升。

四、体验类作业

建构主义理论对知识和学习过程的一些新认识,对教师设计作业具有重要价值。建构主义认为:学习是个体建构自己知识的过程,是新旧经验之间双向的相互作用过程,学习者已有的直接经验对建构新知识具有重要影响作用。而纸笔类作业强化的是学生的间接经验,对于丰富学生的直接经验无能为力。为此,"教师就需要设计旨在加强丰富学生直接经验的体验类作业"①。在真实的场景中体验学习过程,通过实地考察、动手操作、社会调查、小组研讨等方式解决问题,体验知识学习与真实世界的密切联系。通过完成体验类作业,加强知识学习与现实生活的联系,使学生在实践体验中提升学习的成效,这是体验类作业的设计初衷。

案例3-2-4

体验类开放性作业

1. 华政附中的体验类作业"当艺术遇见邬达克——'各显神通',我们画

---

① 鲍建中,秦晓文.初中物理体验类作业设计的策略[J].中学物理,2021(02):21.

邬达克纪念馆"让学生在亲手描绘的过程中体验建筑美学的魅力。

走近建筑界的名师——邬达克,走进邬达克故居,了解邬达克,收集邬达克在上海的作品,"当艺术遇见邬达克——'各显神通',我们画邬达克纪念馆",用自己的画笔描绘邬达克的作品,感受建筑大师的思维视野,激起了我们探究建筑之美的好奇心。

2. 开元学校的九年级数学"测树高"作业

在九年级的数学教材中展示了用相似或锐角三角比测量埃及金字塔的方法。为了让学生有实物体验感,更好地理解这一知识,教师布置了"测树高"作业。

作业内容和要求:怎样测量某处一棵树的高度?试针对各种不同的实际情况,设计不同的测量方法。(提示:先分析需测量的数据,然后再进行计算)。

(华东政法大学附属中学　上海市开元学校)

不论是走进邬达克故居,亲身体验感受建筑艺术的魅力,还是在测量树高的实践中理解数学知识,都使学生通过实践体验并学到书本所不具备的知识。当今教育存在的一个大问题是学生只知道将知识用在考试中,而不知道怎样将知识用于生活,去解决生活中碰到的问题。基于生活实际问题,将学与用关联起来,让学生在实践体验中学习,不仅可以使其更好地理解、巩固书上的知识,同时还能使其体会到学习的价值和掌握知识后的自我价值,从而对学习和生活产生积极的态度。

五、讨论类作业

讨论类作业是"针对某一问题与同伴合作进行研讨,共同解决问题,最后形成小组共同结论"[1]的一类作业。讨论类作业体现的是学生完成作业过程的合作学习,并不是所有的作业都需要有标准答案,学生在讨论中切磋观点,激发灵感,拓展思维,是讨论类作业的重要出发点。讨论类作业的设计需要教师把脉学生关心的话题,让他们有兴趣参与,需要设计话题具有一定的开放性,让学生能够畅所欲言,同时需要形成一定的研究成果。

---

① 白絮飞. 创设情境——优化地理课堂作业设计[M]. 天津:天津大学出版社,2013:77.

案例 3-2-5

讨论类开放性作业

　　市三女初的开放性作业"模拟申遗"活动，就加入了讨论环节，让学生在讨论中完成作业。

　　模拟申遗是"模拟社会组织"的第一个主题活动。"申遗"是联合国教科文组织下的"世界遗产委员会"负责的重要活动。世界遗产包括世界文化遗产和世界自然遗产，以及文化自然双遗产，文化遗产与历史学科相关度较大，自然遗产与地理学科相关度较大，政策法规和社会管理与政治学科相关度较大，完成该项任务需运用史地政跨学科知识。

　　课程实施具体情况由 4 课时构成一个完整的主题活动，每课时的安排如下。

　　第一课时：了解世界遗产委员会、申遗活动和中国的世界遗产，由抽签获得每个小组的身份并进入角色，组成"＊＊申遗筹备委员会"，发放任务单；

　　第二课时：根据任务单各小组分别完成任务审议计划书（后附任务单）；

　　第三课时：根据任务单各小组分别完成任务答辩；

　　第四课时：各"申遗筹备委员会"展示并接受专家团质询。

　　第一课时，侧重于组织简介、活动规则、分组等，由政治学科教师承担。

　　第二课时和第三课时，学生根据任务单展开自主的学习活动，过程中需要史地教师提供专业知识，由历史和地理两个学科的教师分别承担。

　　第四课时为学生展示活动，该课程组的教师有空均需共同听课参与，既扮演"专家"听取"审议筹备委员会"的报告，对他们问题的解决情况给予评语，也是模拟"申遗"大会的主持人，掌控课程的进程和各个环节的衔接。

　　"模拟申遗"是一个需要多学科知识叠加运用的活动，单科知识不足以应对任务，学生在模拟活动的过程中，需要查阅多学科知识进行综合运用，也需要史地教师配合参与指导。文化遗产虽然是偏历史学科知识的，比如长城、兵马俑、云南普洱茶园、灵渠、蜀道等，但是首先要了解该项目所在的地理位置、环境、气候、水源情况等等，进行全方位的了解后才能制定出比较可行的、有创意的展示方案。

　　而抛给"申遗小组"的有些难题,是一个多学科知识运用的结果,例如,浙江泰顺廊桥,我们给申遗小组的问题是:"泰顺廊桥分布偏僻且分散,不易到达,使得旅游开发存在难度,造成依靠旅游业获得的保护资金不足,请问有什么解决办法?"有申遗小组提出了这样的解决方案:将泰顺廊桥按照不同的规模和特点编号分组,规划1—3条旅游线路,配备景区电瓶车,游客可以选择不同的线路进行参观,解决了景点分散、到达不便的问题。这个解决方案一定是需要打开地图来查看的,也一定需要管理智慧和生活经验。

　　【申遗计划书】

　　申遗代表:

　　我的申遗项目:

　　魅力宣传语:

　　项目简介:

表3-2-3　项目来源简介表

来自百度百科	
来自学术网站 (注明网站名称)	
书籍、杂志或其他途径,请注明出处	

　　我的独特展示方式:

　　【申遗答辩】

　　1. 故宫:故宫淘宝、故宫文创等好几家周边店,各自都说是获得了故宫的授权,是正宗,已经在网络上引起了消费者的不适,作为故宫博物院的管理者,打算怎么处理?

　　2. 长城:长城绵延上万里,有很多没有纳入保护的野外段,你们有什么保护措施?

　　3. 西夏王陵:西夏的知名度不高,你们有哪些推广策略,如何让更多人了解西夏历史?

　　4. 秦始皇陵兵马俑:最近网络上关于兵马俑主题酒店入住体验的视频

非常火,主题酒店的想法很好,但是设计上差强人意,主题酒店不是简单放置几个兵马俑就可以的,若要改进,你们会怎么做?

5. 西安古城:西安古城的古城墙,以及其他古建筑,仍旧难以避免乱涂乱画的现象,有什么好办法改善吗?

6. 丝绸之路:丝绸之路贯穿陕西、宁夏、甘肃、新疆等几个省、自治区,如何突出每个地方的旅游特色?

7. 云冈石窟:距离几个煤矿都非常近,煤矿烟尘对石窟的破坏很严重,很多造像难以清洗,请问有什么更好的保护措施吗?

8. 蜀道:古栈道遗址内有一座为了旅游需要而建造的石牌楼,上书"剑门"两字。此牌楼按照世界遗产委员会的要求必须拆除,但是它已经成为景区标志之一,请问你们有什么好主意解决这一问题?

9. 敦煌:申遗成功后得到一笔保护用资金,你们将如何使用?

10. 都江堰:前往都江堰的游客,大多数是冲着知名度去的,如果不请专业导游,对都江堰的奥妙可能不能深入领会,请问该如何解决这一问题,让更多的人了解都江堰?

(上海市第三女子初级中学)

在开放性作业中设计问题,引导学生在多种方法的运用中解决问题,通过讨论获取解决问题的路径与方法,寻找问题的答案。开放性的问题引发学生的讨论,模拟申遗可以让学生融合多学科知识,在讨论中激发灵感,在探究中深化对问题的理解。

六、表现类作业

表现类作业是指让学生在作业完成过程中有机会展示自我,获得表现机会的作业。这类作业也被称为"表现性作业"。通过学习任务的布置、方法与场景的创设,让学生有自我表现的机会,在自我表现与表达中展示学习成果和个人才干,是学生乐此不疲的作业形式。各个学科从学科特点出发,都有典型的表现类作业。有研究者以历史学科为例,将"历史演讲""历史影片观后感""历史专题资料收集与展示"列为历史学科三种主要的表现性作业。[①]

案例 3-2-6

表现类开放性作业

"以小组合作为基础的英语诗歌朗诵的微视频制作"作业,给了学生表现自我的舞台。

在拍摄英语微视频的过程中,收获的不仅仅是用英语大声表达的感受,还体会到了不同民族的不同语言的美丽。其实不仅仅是为了提高英语,更是为了让参与的同学们享受到团队合作的乐趣与永不放弃的精神。在团队活动中,我们绝不会放弃任何一个人,共同参与,合作分享。

(华东政法大学附属中学)

实践表明,表现类作业能够让学生深度参与其中,展示自我的多方面才能,受到学生的热情欢迎。通过诗歌朗诵与演讲的方式让学生体验英语学习的魅力,通过拍摄微视频的方式让学生"品尝到成功后的喜悦"[②],从而在开放性作业中放飞自我,增长才干。

第三节　开放性作业设计原则

一、开放性作业的内容开放

内容开放是作业开放性的重要体现,作业内容紧密联系现实生活,让学生在课堂上习得的知识能够在社会、自然的广阔环境中得到应用。开放性作业体现出来的内容开放,即不拘泥于课堂学习内容的记忆与理解,而是重在引导学生更多地进行分析与创造,在学习的场景上,也不拘泥于课内,而是打通课内课外的界限。

---

① 庞明凯.核心素养导向下的高中历史教学探索[M].长春:吉林人民出版社,2019:288.
② 谭红梅.引导学生正确表现自我[J].课堂内外(教师版),2013(08):18.

案例 3-3-1

内容开放的作业

牛津版六年级《科学》教材第五章中有一个关于"保温瓶"的拓展内容。以往，由于教师关注的主要对象是知识，所以作业设计缺乏弹性，总要把所需要的知识都先上完，然后再试图通过这部分拓展内容帮助学生理解与应用，这是单纯应用式的学习，并没有带动学生高阶思维的发展。仔细分析学生的已有认知，我们会发现这个作业任务背后隐藏着一个重要的概念——理解"热能的转移"，相比较于学生固化的认知"热需要通过某种介质传递"，这是一个非常好的深刻理解热传递的契机。

因此，在基于作业开放性的研究基础上，教师在学生学习第五章内容之初，就将"保温瓶的制作"这项作业布置给学生，这个作业任务看似简单，但并不是让学生匆忙地去做一个保温瓶，而是希望学生将生活中的物理现象和课堂所学的相关内容结合起来，通过观察、思考、讨论、争议，运用证据、实验、决策，去获得分析现象、解决问题的方法。教师并不提供全部的实验材料，而是鼓励学生挖掘生活用品加以合理使用，使学生在已有经验的基础上自由发挥、大胆猜想、小心求证、及时总结，亲身经历一次从任务分解到问题梳理，从方案设计到分步实施的有意义的学习过程。

沪教版八年级《生命科学》的学习重点是认识生物的基本类群，根据这一学习目标，教师引导学生理论联系实际，运用自然笔记的观察方式，以便学生更好地认识身边的动植物。通过大量观察、猜想、阅读与交流的启发性的学习活动，设计每个学习阶段的学生自我评价和同伴评价表，评价过程在课堂上就完成，每一个学习小任务结束后，就让学生进行自我评价和同伴评价，评价结束后再进行下一个任务，环环相扣，逐步"寻找校园内的四大类群植物"，感受学习的意义与价值。

（上海市虹桥中学）

在内容开放的作业设计与研究过程中，教师关注学生能力的培养，诸如探究过程中的记录是否详实、研究方法是否科学严谨、研究结果是否真实合理，既可以检验学科知识的掌握，更可以检验学科探究方法的整体实践效果。学生在认知意义建构过程中,逐步成为自主学习者,他们的"观察能力得以提高,学习方式得以优化,创新意识得以激发"①。

二、开放性作业的形式开放

"作业形式开放即作业的形式多种多样。"②作业形式的多元、开放,能够给学生提供多样的参与社会生活的平台,杜绝单一的纸笔练习类作业,鼓励学生在动手、动脑、社会参与的过程中完成形式多样的作业。作业形式的开放,体现在作业的表现形式可以是多样的、不拘一格的,例如,学生写周记、实地测量、做实验、做教具、写论文、写总结、讨论研究、调查走访、拍照摄影、方案设计、绘图等等。

案例 3-3-2

形式开放的作业

在作业设计中,教师往往过于强调学生的独立思考,而忽略了合作型作业这种形式。在设计作业时,可以阶段性地变个体型作业为合作型作业。如以小组形式开展一次社会调查(道法),完成一个小区绿化环境、噪音、消防安全等小课题研究(地理),这些作业都能让学生在合作中收获很多。

1. 九年级数学命题作业

为了培养九年学生自主学习的能力,使学生站在一个新的角度和高度来看待数学学习。由学生分组寻找作业中的常见错误,并汇总后形成错题集,进而在教师指导下,整理形成每题都有学生署名的试卷,最后由学生自行完成审卷工作。这一开放作业,不仅关注到了学生的易错问题,提高了学生的自省力、自主力,也为学生数学复习提供了很有价值的资料,很好地激发了学生学习积极性。

2. 八年级数学"我喜爱的勾股定理证明"作业

作业过程中,邀请家长自愿投入,也是别出心裁的一种形式。勾股定

① 王小柳. 厚积·致远——校长专业领导力核心素养培育研究[M]. 上海:上海教育出版社,2019:236.
② 李延彬,郑思东. 真光之爱,自能发展——探讨教育中的真理念[M]. 广州:暨南大学出版社,2016:28.

理是几何证明中一颗璀璨的明珠，有几百种证明方法。为了让学生感受数学之美、数学之妙，数学组设计了两个相关的开放作业：①鼓励有条件的家庭，家长和孩子一起阅读教师下发的勾股定理的相关微信资料；②选出最喜欢的一种证明方法，完成"我喜爱的勾股定理证明"这一开放作业。学生们纷纷写出了自己喜欢的证明方法，不少家长也纷纷写上了自己的精彩点评。开启了良好的亲子学习之旅，营造了良好的家校互动的学习氛围。

（上海市开元学校）

作业形式的开放，可以唤起学生对作业的新鲜感，有效调动学生"具身认知"[①]的积极性，激发能动学习的兴趣，也有利于在多种形式的作业中培养多种能力。

三、开放性作业的过程开放

作业过程的开放，现在的作业可以用多种活动的方式完成，而不只是传统知识类作业单纯的纸笔练习。作业过程的开放体现在可以是个体完成，也可以是小组团队合作完成，可以是多个环节不同的场景，也可以是采用不同的方式。

案例 3-3-3

过程开放的作业

1. 蓝盒子里的幸福——华东政法大学附属中学午休文化体育器材使用情况调查

这是来自校园生活的一项设计研究：蓝盒子里的幸福——华东政法大学附属中学午休文化体育器材使用情况调查。通过调查、问卷、数据分析，肯定了午休文化给同学们带来的幸福感。同时也就体育器材使用提出了建议：体育器材中可以适当增加一些项目，比如篮球之类。在这一过程中，学生先是分头自己撰写调查提纲，后经小组集体讨论将大家的提纲拼成一份相对完整、质

量较高的提纲。调查后,大家又分工完成各自的任务,有的进行调查统计,有的做 PPT,有的做调查结果汇报。

2. "不看红绿灯组团式过马路"的调查研究

对不看红绿灯组团式过马路的批评是当下热点现象,也是我们研究关注的重点,更是我们小公民社会意识的体现。用数学的眼光看世界道路交通中的数学问题,用数学的思维解决现实问题,在设计研究过程中,通过内轮差的数学建模,我们精确算出等在路口时,最好站在马路路沿上面,过马路要与机动车始终保持一定距离,2.5 米以上为最佳。这是我们关注社会、学以致用的范例。

(华东政法大学附属中学)

在完成作业的过程中,学生采用多种方法,在多种场景中合作完成。调查是学生综合运用多种方法完成作业的重要途径,华政附中的学生在对学生的午休情况进行的调查作业中,通过设计问卷、统计结果,得出结论,给学校提出了改进性建议。对"不看红绿灯组团式过马路"的调查,看似简单,但做起来并不简单。学生在过程中几次修改研究方案,最终用数学建模的方式得出了安全过马路的最佳方案。开放式的作业过程使学生不仅仅得到了作业的结论,更在完成作业的过程中得到了多方面的历练。

四、开放性作业的结论开放

"没有确定结果的开放性问题为结论开放题。"[1]对于这一类不预设确定结论的作业,"每个学生都可以根据自己的理解和自己熟悉的方式去解决问题,并允许得出不同的结论"[2]。有不同结论,就可以相互切磋与辩驳。对学生来说,相同的作业内容可以得出不同的结论,无疑具有巨大吸引力,可以激发他们做作业的热情,发展他们的发散思维能力。有的作业不仅结论开放,而且条件也是开放的,这对学生思维更具挑战性。

---

[1] 张远增,倪明,任升录. 对数学开放性问题的几点认识[J]. 数学教育学报,2000(04):25.
[2] 陈洪岩. 研究性学习的心理学意义探析[J]. 现代教育科学,2009(06):44.

案例 3 - 3 - 4

地理作业开放性作业——"我的足迹"

1. 作业内容

"我的足迹"到哪里,不做规定,要求写出自己任意想要旅游的国家或地方;围绕着自然和人文两方面要素设置旅游目的、环节;绘制旅游路线图。

2. 完成途径

(1) 查阅地图判读国家(或国内城市)的地理位置

学习一个地域的地理知识,首先要知道它的地理位置。了解一个地域的地理位置,最简单、最直接的方法是查阅地图,在地图上可以判别其海陆位置、经纬度位置等等。

(2) 查阅图像资料学习地域地理

查阅地图、地理统计图表和景观图是了解该国自然条件和社会经济等地域地理状况的重要途径。

(3) 多渠道搜集该地域地理资料,甚至实地考察

除了仔细阅读分析地理课本中有关该国的资料外,还可以通过网络、报纸杂志和书籍查询该国的地理资料,这些也是学习国家(城市)地理的重要途径。

(4) 利用假期和父母到外面旅游学习

这不仅开阔了学生的眼界,增长了学生的见识,也为学生学习预备年级《地理》中的国家、地方地理提供了丰富的素材。让学生更多地感受在不同的纬度位置形成的特殊气候、当地独特的饮食、独具风格的建筑、特有的动植物、异域风土人情等等。

(5) 归纳与整理

鼓励学生对自己获取的信息,用比较的方法进行归纳结论,最后建构出属于自己的学习国家地理(城市)的框架。

在学习国家(城市)地理时,常常可以运用比较的方法。比如比较找出两个国家的相同点或者不同点,并思考产生差异的原因,借助熟悉的内容与未知国家进行对比,初步形成知识框架,这样不仅能更好地掌握不同国家(城市)的地理特征,还能提高自己的思维能力。

(上海市天山初级中学)

结论开放是开放性作业最基本的特征。通过完成作业,学生可以得出个性化十足的结论,甚至可以创造出属于自己的研究成果。在天山初中的地理开放性作业设计中,学生可以结合自己的生活经验,通过实地考察、资料研究等综合手段,形成自己的研究结论,在完成作业的过程中提升综合素养。结论开放的作业,不受所谓"标准答案"的束缚,自由度大,学生可以根据自己的生活经历和兴趣个性,完成自己的作业,形成自己富有个性的研究成果。

五、开放性作业的评价开放

开放性的作业,必然有开放性的评价。开放而多元的"作业评价要符合儿童生理和心理的发展特点和发展趋势"[①]。评价不应是单一的对错判断的终结性评价,而应引入对学生的活动参与度、合作默契度、思维活跃度、操作熟练度等的过程性评价。评价的目的是发展性评价,重点突出表现性评价,主要是看学生在完成作业过程中的成长性指标。评价主体也不是教师一人的评价,同伴评价、自我评价成为重要的评价主体。开放性的多元评价有利于激励、促进学生的个性发展与自主成长。

案例 3-3-5

着力作业评价多维度,激发学生学习潜能

1. 自我评价:九年级化学"预习单"作业

在我校化学学科学习中,为了减轻学生在新课讲授过程中学习压力较大这一现象,化学备课组针对化学教材单元设计中以"物质"为主线而展开的特点,设计了预习单,对学生的课前预习准备工作和课后章节知识梳理工作起到"提速增效"的作用。这份预习单主要由三个部分组成:第一部分是对于学生现有知识的自主梳理,这部分内容既可以来自于学生已有的知识体系(在"自然""科学"课上学习过的知识等),也可以来自于学生阅读课本内容之后所获得的信息。第二部分则是希望学生思考对于该主题的信息缺

① 吴婷.作业评价:激励学生的绚烂花朵[J].基础教育课程,2016(08):31.

失,通过自己提问的方式来提高学生的思维品质,培养学生的求知欲。第三部分是由学生来充当"命题老师",设计一些问题来考考自己的同学。但是命题学生自己必须知道这些问题的答案,并能够清晰地阐述出来。完成这份预习单的过程其实既是学生自我诊断的过程,也是学生自我评价的过程。

2. 生生互评:八年级英语《Caught by Gork》课本剧朗诵作业

《Caught by Gork》是《牛津英语》八年级上册中的英语课文,讲述的是地球人来到外星球被外星人俘虏又逃脱的科幻故事,深受学生们的喜爱。其中有叙述者、聪明的队长、糊涂的领航员、沉着冷静的飞行员、凶残的外星人和可爱的袋鼠共6个角色。为了让学生能够更好地理解课文内容、领悟人物性格,教师布置了以小组形式朗读课本剧的作业,并要求学生对其他小组的朗读进行评价。

Group_____   小组总分_____

表 3-3-1 英语朗诵评价表

	叙述者	队长	领航员	飞行员	外星人	袋鼠
正确性(满分2分)						
流畅性(满分2分)						
语音语调(满分2分)						
语速节奏(满分2分)						
性格把握(满分2分)						
合计						

学生在参与评价的过程中既可以了解别人的情况,看到他人的长处,同时又可以对照自己,起到促进或互相了解的作用。

3. 教师评价和家长评价:六年级英语"小组相册"展板制作作业

本节课是 Oxford English 6B Module Two Unit Three 的第二教时,旨在让学生掌握 have/has been to_____,This is a photograph of_____,be doing_____这三个句型,并会用这三个句型来介绍自己旅游时拍摄的照片。

作业内容和要求:以小组形式完成小组相册展板。展板作业要求:①每位学生以第三人称的口吻对自己带来的照片进行描述。②将小组成员的照片与文字合理地布局到展板上。③对展板进行适当美化,使其图文并茂。

教师评价要求:教师对每张照片下方学生书写的文字内容进行检查,对平均语法错误最少的小组授予最佳语言描述奖。

家长评价要求:通过家长群邀请学生家长对最有设计感的展板进行投票,得票最多的小组获最佳设计奖。(为显示评比的公正性,家长不能投自己孩子所在的一组)

(上海市开元学校)

传统的评价过于单一、陈旧,学生往往处于被动地位,学生的作业似乎就是为了老师的检查而完成。这不利于学生主动地发现错误,不利于学生养成自主学习的习惯与责任心。而教师通过开放性作业,在教学评价上可以更多地体现发展性、过程性、多元性、主体性的统一,促进教学评价的完善。评价开放,意味着作业"评价不再是教师的专利"①,学生自评、生生互评、家长评价,都成为作业评价的重要组成部分。在整个评价的过程中,教师的评价可以反映出学生对所学知识点的掌握和运用情况,家长评价则能让家长更加关注和了解学校教学中开展的活动、孩子学习的情况,从而鼓励家长积极开启良好的亲子学习之旅,营造良好的家校互动的学习氛围。

第四节 开放性作业设计的主要策略

一、开放性作业的情境设计

开放性作业的情境设计是作业质量的重要保障。学生从开放性的情境入手,有利于感受真实情境中的问题,关注社会生活中的各种现象,通过思

---

① 李清季. 课堂评价的原则和技能培养[J]. 教育理论与实践,2012(08):52.

考学习知识和提升能力。

案例 3 - 4 - 1

开放性作业的情境设计"三化"

我校在作业的情境化设计中,主要突出了"三化":

一是形象化,指作业的呈现形式有具体可感的情境,设计的问题不是以纯粹专业知识或抽象概括的学理面目出现,而是有前提,有背景,有条件,甚至有时间地点的介绍,让学生产生代入感与实在感。

二是实践化,指作业的背景均涉及需要身体力行地投入,而不是坐在那里想想就可以解决问题的,一般侧重于提高学生自己搜集信息、整合资料、动手操作的能力,让学生在各个环节的互动中,主动构建自己的知识体系,提高自己的具身认知能力。

三是生活化,是指从学校、家庭、社会生活几个角度去寻找学科核心素养与生活的结合点,确定作业开放性设计的选材和范围,在课堂教学中,知识以生活化的面目出现,而在实际生活中则灵活变通地运用知识。这样就能更好提升学生分析问题、解决实际问题的能力。

（上海市复旦初级中学）

复旦初中从"三化"的角度总结了作业情境设计的经验,他们的做法具有借鉴意义。除此以外,还有以下方面的设计策略值得我们注意:

（一）情境需和作业目标一致

情境创设应和作业的目标一致,这是因为情境是为学习目标服务的。再引人入胜的情境,如果与目标达成是"南辕北辙"的,也要忍痛割爱。因此,我们在情境创设时,一定要对学习目标有清晰的认识,在目标的引导下去寻找与选择合适的情境。

（二）情境要含有丰富的信息

由于信息是解题与解决问题的条件,因此作业的情境要含有一定量的信息,尤其是开放性作业,如果信息少而简单,就达不到开放性学习的要求。为此,在情境设计时,要考虑情境的细节与呈现效果,可以明暗结合,有的信息明显一点，有的信息可以隐含一点，这样有利于学生捕捉信息，提高其对信息的收集与处理能力。

(三) 情境要有利于学生发现

一般来说，作业中的情境和课堂中直接印证知识的情境有所不同，前者是为了让学生解题，也就是说，是为了引导学生去思维而创设的，后者是为了加深对知识的事实与结论的印象而创设的。开放性作业的情境，其功能就是为了让学生去发现一些规律性的现象，发现事物的相互联系与因果关系，尤其要发现问题，为研究问题打基础。有不少开放性作业，往往是先让你发现问题。如果连问题都找不到，那么研究也就成为一句空话。因此，在情境创设中，要把那些"疑点"有目的地展示出来，也就是说，要把那些容易引起"认知冲突"的信息让学生观察到。

(四) 情境内容避免过于发散

作业情境要相对聚焦，这是因为初中生在情境感知上的选择性较差，不会主动选择有用的信息，而是会过多地去关注其他无关的信息。比如，"吐鲁番的葡萄熟了"的图片，有的学生会去注意少数民族姑娘的服饰与发型，而忽略了这里的地形、气候等环境特点。所以，情境呈现时要对不重要的信息进行必要的裁剪、淡化、虚化等处理，减少过多信息的干扰。

(五) 情境符合学生认知特点

作业的情境要符合学生认知的年龄特点，初中生比较喜欢感知形象动态的情境对象，容易引起兴趣的情境对他们有很强的吸引力。另外，陌生的、复杂的情境，可能会给学生解决问题带来一定的困难。

二、开放性作业的问题设计

通过开放性的问题设计引导学生拓宽视野，进行开放性的学习，这是作业改革的核心目标。问题引领是作业的基本要求，开放性的问题设计可以促使学生进行多角度思考，并应用多种方法去解决实践性问题。开放性作业的问题设计一般体现为引导学生指向真实问题的解决，激发学生的学习创造力，而且不为问题设置唯一标准答案。

案例 3-4-2

开放性作业中的结合活动的问题设计

学校语数外教研组在设计活动型的开放性作业时，从本学科的特点出发，特别注意设计"做中思"的问题，从而避免了"追求热闹活动，忽视思维留痕"的倾向。

【语文学科】

结合民主课堂推进活动，在小组合作学习活动的基础上设计开放性作业的问题。

1. 合作表演课本剧——展示学生的表演才能，设置角色式、思辨式作业。

问题举例："今天在表演中，我的角色理解与表演是否到位""我的表演创新亮点在哪里"等。

2. 通过"讲演小故事""今天我当记者"等形式，让学生体验合作探究式作业。

问题举例："我为什么要讲这个小故事""我的讲演还可以做哪些改进"等。

3. 每周一次的好句好段好文的积累。

问题举例："我是怎么积累好句好段好文的""突出的好句好段好文有哪些""例举一二进行剖析"等。

4. 每学期以小组为单位完成推荐书目的阅读小报制作及专题探究报告等。

问题举例："我们小组是怎么完成这些任务的""通过活动主要得到了哪些收获"等。

【数学学科】

选择部分年级和部分学习内容进行开放性作业的研修。

1. 初二、初三年级备课组设计指导学生针对章节复习设计思维导图。

问题举例："我设计的思维导图有什么优缺点""思维导图画与不画有什么不同"等。

2. 指导学生合作学习小组制作数学小报或 PPT，进行展示交流，以提高学生学习数学的兴趣,培养和锻炼学生数学学习和运用的能力。

问题举例:"对我们小组完成这些任务的评价""在制作与交流中,我得到了哪些提高"。

【英语学科】

根据学科的特点将开放性作业的设计及实践活动融入到校园文化节日活动中。

1. 分年级设计一年一度的英语演讲比赛,由年级初赛预选,优秀选手进入学校决赛。

问题举例:"对参加英语演讲比赛的自我评价""我听了英语演讲有什么感想"等。

2. 组织英语小报评选。

问题举例:"我们小组在参评英语小报的过程中是如何合作的""在编辑排版美化方面有哪些提高"等。

3. 英语配音表演等。

问题举例:"英语配音表演对我们的素养提高有哪些作用""在音准、语气、语速、节奏、声音、表情、气息等方面的把握上有了哪些认识"等。

(华东政法大学附属中学)

以上是学校从结合活动开展这一侧面设计作业问题的成功做法,其涉及的问题大部分是方法性、体验性、反思性、元认知方面的问题。这些问题的设计有特色、有亮点,值得推广学习。除此之外,还有一些开放性作业的问题设计策略归纳如下:

(一) 设计激发深度学习的驱动性问题

所谓的"驱动性问题"是能够使学生在学习过程中保持兴趣,并且具有挑战性,能够激发学生深度探究的问题。驱动性问题是相对于本质性问题而言的,例如"怎样安全过马路"的问题虽然是一个本质性问题,但问题比较笼统,不足以吸引学生投入探究,而"不看红绿灯组团式过马路有什么危害"这样的问题,不仅能促使学生了解交通安全的现状,也是一个很具有挑战性的问题,可以激发学生深入探究以这种方式过马路的危害、原因以及应对,能够鼓励学生积极参与这项作业活动。学科学习中的开放性作业的问题设计,应与课程标准的内容保持一致,驱动性问题仅仅符合"能够引起兴趣"是不够的,它还应该能引导学生掌握课程标准要求的知识、技能和方法,这些是课程标准对课程学习的要求。因此教师在引导学生设计驱动性问题时,要考虑到与课程标准的结合,确保驱动性问题能够引导学生树立正确的价值观及学到最必要的东西。驱动性问题应该不是轻易就能解决的。它要求学生具有高级思维,如对信息进行整理、综合、分析并做出批判性评价的思维。驱动性问题是开放性的问题,因而应该确保它的设计不仅仅停留在以"是"或"不是"就能回答的层面。如"中国的生肖年为什么在海外受到热捧"这个问题要求学生通过搜集相关资料,包括案例、图片与视频,并分析归纳。这个问题是开放性的,学生在听取他人的观点的基础上,根据自己的推理判断,提出自己的观点。同时,还要把握设计的难易度。过于简单的问题不利于激发学生探究的兴趣,超乎学生现有认知水平的问题又难以让学生体验成功的快乐。因此驱动性问题也可以是现实生活中两难的问题,这类问题会激发学生的学习兴趣。①

(二) 设计基于核心概念的关键性问题

属于学科教学范畴的作业要关注关键问题设计,而在教学实践中,往往会出现提问过偏过细的倾向。这是需要纠正的。在设计问题前,教师首先要厘清包含学科核心概念、核心技能在内的知识体系,要进行知识定位,即"我要设计的问题属于什么核心概念与技能范畴"。这样设计的问题才会有根基,不会偏离课程目标与方向。

(三) 设计联系生活实际的应用性问题

在开放性作业设计中注重引入联系生活的应用性问题,对于引导学生认识学习的意义与知识的价值具有明显效果,对培养学生灵活运用知识与动手操作也有很强的促进作用。比如,物理知识学生学起来很难,但是,生活中处处有物理,联系身边的现象,抽象的知识就会激活。"找找看,摩擦力在生产生活中有哪些现象与应用""上怪坡为何会溜车,怪在哪里"这一类问题很容易将学生的视野引向生活领域,从而激发他们的求知欲与探究欲。这就决定了我们的作业不能局限在教室与学校,而要走到社会与自然中

---

① 吴琼. 基于项目式学习的国家课程校本化重构[M].广东教育出版社,2016:47—48.

去,融入到生活中去,理论联系实际地展开实践探究。为此,教师要注意观察生活,收集知识与实际的联系点,多积累一些联系生活实际的应用性问题。

(四) 设计培养质疑精神的劣构性问题

学科教学中系统知识是一种结构良好的问题,传统作业一般关注良构的知识领域。而建构主义导向下的学习活动,包括开放性作业,关注的是劣构的知识领域,更多的是以问题解决的方式开展的学习,在获得发散的认知结果与质疑精神以及可迁移的能力方面,具有较高的优势。我们所面对的社会、生活中的问题大多是劣构的,是情境化的,是定义不明确或者目标不明确的,具有多种解决方法和途径,也没有唯一正确的答案。例如,"人之初,性本善还是性本恶""机器人能够代替生物人吗""如何看待克隆人的伦理问题""黄河裁弯取直行不行"等问题。数学中条件不确定,或者解题多元化的习题,语文中小说人物命运的重构(具有不确定性)等也属于劣构性问题。

(五) 引导学生提出开放的生成性问题

教师要设计一些让学生参与设计问题的开放性作业。学生设计问题的能力不是学生与生俱有的,需要教师培养与引导。我们应该在教授学科知识的同时,告诉学生如何提问,从哪些方面提问。要让学生知道,提问可以从多维度、多方面、多层次展开。学生鲜活的生成性问题如何产生,可以从"解释(5W)""阐明(用事实证明)""神入(换位思考)""自知(认知盲点)""洞察(质疑批判)""应用(生活情景)"等 6 个角度进行引导。① 从"解释"的角度发问,能够使学生对事件、行为和观点等进行恰当准确的解释和推理;从"阐明"的角度发问,使学生能够说明、解说、转述,从而阐明某种意义;从"神入"的角度去问,可以培养学生进入其他人情感和世界观内部的能力;从"自知"的角度发问,可以使学生知道自己无知的智慧,知道自己的思维模式和行为是如何达到或妨碍了理解;从"洞察"的角度提问,可以培养学生批判性的思维洞察力;从"应用"的角度提问,可以提高学生在不同情境

---

① 夏志芳. 教师有效引问才能促进学生爱问会问[J]. 江苏教育,2014(10):20.

中有效利用知识的能力。[1]　当然，教会学生提问是长期的任务，贵在坚持，重在有效。

三、开放性作业的任务设计

开放性作业之所以要强调任务设计，一是任务的驱动性是学生学习的动机来源之一，通过任务驱动引导学生完成作业，是实现作业开放性目标的重要手段。二是任务的指向性有利于学生将主要精力集中于主要的学习内容，教师通过设计要求明确、路径清晰的任务，可以让学生在作业完成的过程中真正发生学习行为，避免精力分散、走弯路。三是任务的牵引性可以将活动的开展、成果的呈现与过程的评价带动起来，因为有了明确任务的指引，所以就要通过各环节的具体学习行为来实现。

案例 3-4-3

开放性作业的任务设计的四个切入点

作业目的、学生思维、作业形式及结果呈现是开放性作业任务设计的四个切入点。

一是在任务设计前先明确作业的目的。要明确该作业的知识与技能指向是什么，过程中可运用什么方法，要关注哪些方面的情感态度与价值观的培养。目的一旦厘清了，作业所要完成的任务也就明确了，这样，作业的指导语以及要求也就更加清晰了。

二是依据学生思维状况制定不同的任务。学生在知识和思维能力上，明显地存在着层次差异，而设计作业任务时要"因人而异"。例如，语文学科可以是摘抄背诵等基础训练题，也可以是独立的单项训练题，还可以是灵活的综合训练题，当然也可以是具有创造性的扩展训练题。总而言之，就是尽量做到让所有的学生都能有选择地各尽所能，各有所得。

三是允许学生选择不同方式来完成作业规定的任务。作业的完成方式，要有意识地凸显多样性、丰富性、过程性。例如同样一个知识点，可以要求以撰写小论文、编辑小刊物、仿制小课件等形式来完成。

---

[1]　陈勇.问题教学的价值与操作[J].外国中小学教育，2005(10)：42.

　　四是作业任务完成后的结果呈现可由学生决定。即便同样是论文交流，最后可以是全班收看的主旨演讲，可以是同伴互评的小组交流，可以是大家评定的网页展示，也可以编成班级小报张贴出来。

　　由于任务布置得当，切合学生实际，学生大多能热情投入、积极完成开放性作业，取得了明显的学习效果。

（上海市复旦初级中学）

　　复旦初中和其他一些学校的经验告诉我们：任务驱动是开放性作业设计的重要内容。任务可以驱动学习，但这不等于任意一个任务就必然会驱动学习，有的任务可能学生不喜欢，甚至厌烦。因此，能否设计一个恰当的让学生乐意接受的好任务，是能不能真正调动学生的学习积极性，进而实现"任务驱动"的前提，而这就需要教师掌握任务设计的策略与艺术，在精心设计与实施上下功夫。

（一）了解各类任务的差异性

　　所谓的"任务"是指被指定担任的工作，被指定担负的责任。这里有两个含义：一是学习的任务就是学生被赋予的工作，是义不容辞的；二是学习的任务是学生肩负的责任，应勇于担当的。完成任务，既带有一定的被动性，又需要学生体现自己的能动性。作业通过任务可以唤起学生的任务意识，从而在各种任务中调动自己的身体与心智的功能。为此，教师要了解各类任务的性质与特点，有针对性地设计任务。学习任务大致可以划分为五类：认知性任务、探究性任务、操作性任务、体验性任务、伦理性任务。认知性任务主要指向"强有力的知识"的获得[①]，探究性任务主要指向创造性地解决问题，操作性任务主要指向带有很强具身性的活动开展以及实践能力提升，体验性任务主要指向学生在知识与情感上的感同身受的体会与体悟，伦理性任务主要指向学生在人与人、人与集体、人与社会、人与环境关系上正确观念的形成。由于它们的侧重点不同，任务布置的方式与要求也要有所不同，比如，认知性任务的完成需要强调理解与思辨，探究性任务的完成需要高端思维与高阶认知，体验性任务的完成需要氛围与浸润。

---

① 张建珍，郭婧.英国课程改革的"知识转向"[J].教育研究，2017（08）：157.

（二）凸显任务内含的驱动性

由任务产生的动机，可以称为"任务动机"，学者一般把它归为外部动机，是"外驱力"。它一般表现为"你必须要完成……""你只有……，才能……"的指令性语言，而不是"我想做……事情"的主观想法。由于"外驱力"是由外而内的，学习动机往往是不足的。"内在的任务动机是真正决定这个人将做什么的关键。"①因此，我们要挖掘任务中积极而有意义的元素，将"外驱力"转化为"内驱力"，即通过说明任务的意义与价值，让学生产生参与和完成任务的欲望，这种由内而外产生的动机力度就会更强烈。总之，我们在作业的任务设计中须两条腿走路，要完整地凸显任务内含的驱动性，既要发挥任务的外驱力作用，更要调动任务的内驱力因素。单纯靠强制性命令去逼迫学生完成任务，收效是不大的，讲清作业任务的内在意义，激发学生的兴趣，并适当注入一定的诱因（如口头表扬、评价加分、物质奖励等），则会收到明显效果。

（三）强化任务达标的规定性

如果把"任务"比作"干活"，那么任务设计的表述一般分为四步：一是"为何干"（任务的目的）；二是"干什么"（任务的内容）；三是"怎么干"（完成任务的方法与途径）；四是"干啥样"（任务达标的规定），也就是你这个活要获得怎样的一个结果。因为前三步的内容之前已有所论述，所以这里主要阐述任务达标的问题。第四步是任务的终极目标，前三步都是为第四步的达成服务的，如果口头上知道"为何干"，形式上也忙忙碌碌干了，但最后没有落实到干的结果，那么这样的任务充其量是"走过场"。为此，教师要认真设计任务达标的要求，让学生都心中有数，并朝着这样一种结果努力。结果可以分为"实质结果"与"形式结果"。前者如调查地方戏濒临灭绝情况时要求学生完成的实质内容：濒临绝种的地方戏的名称以及现状、不景气的原因、要不要挽救的理由、如何改造与挽救的建议等。后者即要求学生完成的作品形式，如必须完成调研报告（3 000 字左右），并配有问卷、数据统计以及照片等。可以将调研报告制作成为 PPT，让大家共享，也可以参加专题汇报演讲等等。任务达标的规定性明确了，学生就知道哪些是规定动作，哪些是

---

① 杨安.引爆潜能［M］.北京：中国财富出版社，2013：41.

选择项目,完成任务的方向就非常清楚了。

四、开放性作业的活动设计

活动是开放性作业的典型特征,活动也是完成任务的重要保障。教师在作业设计的过程中,要突出活动在开放性作业中的作用,引导学生在活动中体验、探索、合作,用多种方法学习与践行,提升开放性作业的成效。

案例 3-4-4

科创中心的开放性作业活动精彩纷呈

1. 研究背景

学校的科创中心开展开放性作业研究,其目的在于:培养勇于探索未知、体验研究乐趣、掌握信息技术、善于观察实验、懂得程序语言、能够撰写论文的建青学子。"创新是一个民族的灵魂,是国家兴旺发达的不竭动力。"增加作业的开放性与活动性,将有效培养学生的创新精神与实践才干。

2. 培养途径

中心的各门课程利用丰富的科技活动为培养途径,在老师的组织下开展作业开放性研究,已经取得显著的成果。

中心的乐高机器人课程,以乐高 EV3 套件为教具,以拓展课的形式开展教学活动。通过为学生提供各种开放性的实践活动和作业设计,培养其动手能力、逻辑思维能力和创新能力,满足学生自主学习和个性发展的需求。

DI 和 OM 课程,是旨在培养青少年创新能力的国际性教育项目,通过此课程,学生自己动手进行设计、制作、展示等活动,充分锻炼创新思维、动手能力、团队精神以及表演能力。

气象和环保课程,为培养学生的环境和自然保护观念,利用校园气象站和集雨亭等设施进行设备调试、观测记录、数据分析等活动,在管理、应用雨水回收装置的过程中培养了学生的可持续发展意识。

自创家具课程,该课程通过 3D 打印的方式,将同学们的奇思妙想通过计算机程序和软件变成一件件精巧的 3D 打印模型,在频繁的活动中培养了学生的编程技能、空间智能和设计才能。

STEM 课程，STEM 是科学（Science），技术（Technology），工程（Engineering），数学（Mathematics）四门学科英文首字母的缩写，中心为加强对学生科学素养、技术素养、工程素养、数学素养的培养，设计了丰富多彩的观察、实验、计算、设计、制作、展示、反思等活动，让学生在具体问题的解决过程中，体会到科学、技术、工程、数学之间的关联性、交互性与融合性，并逐渐培养起运用这四种素养解决真实复杂问题的能力。

3. 活动成果

近些年，科创中心开展作业开放性研究，充分发挥学生的想象力、设计能力、研究能力，在一些比赛和活动中成绩斐然：

表 3-4-1　建青实验学校在科技竞赛活动中取得的成绩一览表

序号	开放性作业	获得成绩
1	智能涂蜡打蜡机器人	第三十三届英特尔上海市青少年科技创新大赛科学论文与创新成果一等奖(工程)
2	基于深度学习框架 Caffe 的菜肴识别方法	第三十三届英特尔上海市青少年科技创新大赛科学论文与创新成果二等奖(计算机)
3	基于人工智能的牙科自动初诊系统	第三十三届英特尔上海市青少年科技创新大赛科学论文与创新成果二等奖(计算机)
4	基于视觉分析的拳赛计点系统	第三十四届英特尔上海市青少年科技创新大赛科学论文与创新成果二等奖(计算机)
5	室内低浓度苯的吸附和光催化降解研究	第三十四届英特尔上海市青少年科技创新大赛科学论文与创新成果二等奖(环境)
6	基于集雨亭的海绵校园创建分析	"可持续发展，青少年参与在行动"优秀项目
7	乐高积木机器人	第八届中国教育机器人大赛上海分区铜奖2 项和优秀指导奖

（上海市建青实验学校）

开放性作业的活动设计，应注意以下一些策略：

(一) 辩证认识"任务"与"活动"的关系

在这里，有必要理解活动与任务的关系，它们之间既有联系，又有区别。

笼统地讲,它们都是学生必须完成的"工作",有时候,人们会把它们混为一谈,或把任务称为活动,或把活动称为任务,没有严格的界限。但严格地讲,它们是有一定区别的,如果从大概念而论它们都是工作的话,那么从概念的从属关系来说,任务是大(统领性)工作,是上位概念,活动是小(具体性)工作,是下位概念,没有任务的提出就不会有完成任务过程中的一个个活动,而没有活动也就不可能支持任务的完成。比如,"如何美化校园"是一个大任务,为此,可以分解成若干活动:通过调查、座谈、问卷等活动,了解校园美化的问题及原因,征求大家的意见与建议;通过讨论、实地勘察、模拟设计等活动,制定美化(净化、绿化)校园的具体方案;通过表演、演讲、出墙报等活动,宣传美化校园的意义与鼓励大家积极参与;通过大扫除、绿地劳动、粉刷走廊、布置教室等实践活动,亲自体验美化校园的过程。

(二) 正确处理"活动"与"思维"的关联

开放性作业的活动设计,首先要将活动定位于"动"的、"做"的、有操作过程的,这些活动是来自生活的,是学生发生兴趣、喜闻乐见的。例如,"找到植物的老家""从信封的地址看三级行政关系""身份证蕴藏着什么密码""《西游记》西天取经的路线合理吗"等探究问题都是容易激起学生浓厚兴趣的,而这些问题的解决都有赖于信息收集、调查观察、证据查找、归类总结等研究活动的开展。其次要将"活动"与"思维"紧密结合起来,思维是研究活动的"魂",是学习解决问题的基础。"皮之不存,毛将焉附",如果忽视内在思维,仅有表面活动,学习的效果就会大打折扣。因此,在活动设计中,要将思维要求告诉学生,让他们做到"在做中学""在做中思",而不要皮毛分离,相互脱节。

(三) 高度重视"资源"对"活动"的保障

学生活动都是在一定的时空中推进的,为了促进学生身心健康发展,强化学生对自然、社会、自我的实际体验,就要有必要的学习资源条件。因此,学校场地建设和设施配备,如电脑房、图书馆、生物园、地理园、实验室、创客中心等,都需要进一步加强。我们还要重视校外学习资源的开发,加强与社区、家长的联系与合作,广泛利用社会上的各种公共设施,如博物馆、科技馆、植物园以及其他教育基地,还有工厂、农村、商店、港口、车站、机场、高校、研究单位、保税区、高新技术区以及野外考察基地等。这些都是保障各类活动开展的资源条件。

五、开放性作业的分层设计

分层分类是作业开放性的重要体现,教师应根据学生思维层次、学习能力、知识基础等各方面的不同,设计学生都能完成的分层作业,让每一个学生都能根据自己的能力水平,在完成作业的过程中体会到成就感,在作业成果的展示中得到认可,学习到属于自己的知识,提升能力。

案例3-4-5

根据学生能力差异设计层次型作业

学生在知识的接受能力和思维方式上有很大的差异,这种差异是不可忽视的客观存在。十根手指各有长短,一个班级也是这样,学生的能力是参差不齐的。所以在作业设计上也应适当考虑因材施教。不同的难度和层次可以激发学生的个性发展。因此,从考虑学生个体差异角度出发,教师可以将作业设计成自选菜单型或阶梯上升型等。如表3-4-2所展示的作业,从C→B→A是层次上升的,学生可以根据自己的程度与喜好任意选择。

表3-4-2　八年级物理"杠杆"作业

作业分层	作业内容
A	上网调查从古至今人类对杠杆的应用与研究(评价)
B	利用身边的器材探究杠杆平衡的条件(分析)
C	根据杠杆平衡原理制作小杆秤(运用)

（上海市开元学校）

(一) 开放性作业的层次性要呈现"学习梯度感"

开放性作业之所以要有层次,是为了给学生一定的选择余地,让每一位学生都有机会参与其中,在完成的过程中可满足不同学生的需要,使作业不再成为负担。为此,教师要了解、研究学生的学情,并熟悉有关学习分类的理论,以此来设计有层次的作业。有层次就是有梯度感,可以参照布鲁姆学习目标分类设计梯度:认知领域从识记、理解、运用到分析、评价、创新逐步递进;动作技能领域按照知觉、定势、指导下的反映、机械动作、复杂反映、适应、创造的序列向上提升;情感领域依据接受、反映、形成价值观念、组织价值观念系统、价值体系个性化的感悟程度体现深化。也可以参照 SOLO 分类评价理论,呈现"单点结构层次→多点结构层次→关联结构层次→抽象拓展层次"的作业分层的递进梯度。

(二) 开放性作业的层次性要守住"课标"的底线

为提高开放性作业分层设计的质量,教师要参考课程标准中的学业质量水平的分级描述,了解哪些学习行为与结果是高水平的,哪些是较低水平的。作业的高端可以适当放开,但作业的低端的"课标底线"要守住,不能随意减低作业难度、降低评价标准,从而导致教学质量下滑,这是在作业设计中须掌握的基本点。

(三) 开放性作业的层次性要依据"最近发展区"

"最近发展区"理论对开放性作业的分层设计有一定借鉴意义。所谓"最近发展区"是学生最适合自己学习的并且"跳一跳"能够达到的认知区域。具体而言,打个比方,如果站在墙边,手举高摸墙面,你手指达到的高度就是学生平均客观性认知水平线(假设是 2m),当你奋力向上一跳,又能达到的一个高度就是学生努力后的发展性认知水平线(假设是 2.2m),两条线之间(0.2m 高)的区域就是最近发展区。我们设计的分层作业基本应在该区域范围内,低于这个区域的学习太容易,没有挑战性,而超出这一区域的学习可能会难以胜任,影响学生的自信心。

六、开放性作业的单元设计

开放性作业设计要体现单元设计思想,应根据课程标准的单元设定,将教学单元作为一个整体,设计成相互有联系的结构性单元作业,让学生在完成作业的过程中系统理解、综合运用单元知识,以使其既有单元整体意识,又有解决具体问题的能力,达到全面发展的目标。

案例 3-4-6

开放性作业从课时设计转向单元设计

物理学科组通过一学年的"作业"专题的校本研修，又通过一年校级课题研究，成功立项区级一般课题《基于三维学习目标的初中物理开放式作业的设计与实践研究》。他们将单元"开放式作业"作为培养学生学科核心素养的重要组成部分，将作业内容、完成作业过程及评价结果进行单元整合，具体做法是：

1. 开展单元作业开放性框架设计，习题内容开放、形成过程开放和评价结果开放，保证作业的目标、过程、评价一致性的具体措施研究。

2. 开展将单元作业背景嵌入学生课堂学习、实验情景、课外小制作过程的途径研究。

3. 开展单元作业内容联系生活、科技和社会热点，培育学科素养和作业多元评价的研究。

（上海市西郊学校）

西郊学校物理学科组通过课题研究促进作业单元设计的做法，是非常成功的。此外，长宁区一些基层学校的经验还告诉我们：

（一）注重单元作业设计的整体性

原有的作业设计从课时、经验的角度设计比较多，重点考虑的是哪些是重点和难点，哪些知识点易错易混淆，哪些知识点可能是考点等，作业缺乏关联性、递进性，设计缺乏整体性思考，属于低阶层次的作业设计。而作业的单元设计，一是基于学科知识的整体性，须依据课程标准，在分析单元知识结构的基础上，进行通盘考虑与一体化编制，避免随意性太强的倾向。二是基于教学环节的整体性，保证在单元学习目标、单元教学方式以及单元检测评价的一致性前提下进行作业设计和实施。

（二）注重单元作业设计的素养性

当前，之所以强调作业单元设计，就是为了更好地关注学科核心素养的培养。过去往往只注重零碎的知识技能，缺乏学科素养培育的考量，如今的单元教学设计,就是要一揽子进行基于素养培育的单元作业设计,要认真考虑知识技能背后的素养元素,并将内隐的素养通过具体的作业与活动实现外显化与可视化。

(三) 注重单元作业设计的多样性

一个单元的作业就像一桌菜,全荤的不行,全素的也不行。就一个单元而言,作业既要有非开放性的作业,也要有一部分开放性作业;既要有偏思辨型的,也要有操作型的作业;既要有校内完成的,也要有校外进行的作业;既要有短作业,也要有长作业。作业的多样性能够保持学生的新鲜感,也有利于发展他们的多元智能。

七、开放性作业的系列设计

在开放性作业的设计中,应重视知识之间的连贯性,将相关的教学内容串联起来,形成彼此联系密切的系列化作业,引导学生在完成作业的过程中,建立起知识之间的内在联系,达到强化知识、熟练技能、深化思维之功效。这里所指的"系列"主要指纵向排列的系列作业,如语文、英语的阅读作业,物理、化学、生物的实验作业,地理读图作业都可以成为序列化作业。

案例 3-4-7

语文学科的"阅读"系列开放性作业

针对"语文教材缺乏序列性学习,课堂教学的作业训练零敲碎打"的倾向,我们四个年级备课组紧密结合学生年级特点来设计开放性作业,分别从"感知、呈现、分享、思辨"四个层级体现语文学习和语用训练的序列性和阶梯性,使得开放性作业设计经历了一个"从自由到自觉""从随性到有序""从分散到整合"的过程,避免了开放性作业设计中"非完备性""不确定性"等弊端,为后续开放性作业设计的发展、完善提供了研究平台。

1. 六年级:"感知诗词中的美"

六年级备课组四位老师,选择从诗歌这一文学体裁入手,结合课内的唐诗宋词,组织学生分组选择诗歌,借助工具书,透过语言文字,"观诗取象""立象尽意",提取诗歌中的意象,用绘画的形式,表达自己对于诗歌意境的理解。

这次开放性作业,培养了学生阅读诗歌的兴趣,使其领略诗歌之美,把握诗歌中的意象,画出诗歌语言之外的意境。从而达到了深入"感知"文学作品语言这一训练目的。

在这次开放性作业的完成过程中,出乎老师意料,六年级小朋友展现出了积极参与的热情、活力四射的朝气、多才多艺的表演、多维审美的能力。

2. 七年级:"呈现式阅读"

七年级备课组三位老师,从落实阅读过程这一着眼点入手,指导学生在阅读课内外文学作品时进行丰富的思维活动,例如"梳理作品的脉络""概括作品的主要内容",从而呈现阅读和思维齐头并进的过程,深化审美享受和思想认识。

这次开放性作业,使得学生对文学作品的阅读不再浮于文字表面,而是在感知的基础上,调动各种思维活动,进行分析、比较、联想、想象,领悟作品的生活内涵,从而达到了清晰"呈现"阅读心理、不断提高思维能力的训练目的。

尤其是"九宫格读书笔记"这一作业形式令人耳目一新,给语文作业设计注入了新鲜的血液。

3. 八年级:"分享式"悦读

八年级备课组三位老师,从阅读的广度和深度入手,指导学生对经典文学著作进行广泛浏览略读,主题探究精读,以及阅读方法互助借鉴等多种模式的悦读。

学生的作业成果有小报、读书感悟、读书交流会、视频展示等。

"分享式"悦读,让同学们分享了从书目到成果、从方法到习惯、从形式到内容的多维度阅读,达成了"分享"阅读的目的:养成广泛阅读的好习惯,提高深度阅读自信力,体会广泛阅读的乐趣。

八年级作业成果出现了视频展示等新的作业形式,体现作业"与时俱进"的新景象。

4. 九年级:"点评式"阅读

九年级备课组四位老师,着眼于发展学生的审美能力和对文学作品的鉴赏能力,指导学生对自我创作的优秀作品进行思辨式阅读和品鉴,培养学生表达阅读感受和心得的习惯,加强对母语的体悟品鉴能力,增强对母语表达的自信心。

这次"点评式"阅读，因为是海选学生自己的优秀习作，同学们积极性高，并且活用课内品鉴文学作品的方法，互相交流，思想碰撞，初步达成了"思辨"阅读的目的。

许多同题习作的点评成为同学们辩论、交流的热点，打破了固有思维，解放了思想，涌现出许多具有亮点的作业成果。

（上海市天山初级中学）

上述案例对我们有以下三方面的启发：

（一）通过系列化作业设计提升育人高度

建立作业之间的联系，使作业形成逻辑结构清晰的系列化，不仅帮助学生在完成作业的过程学到结构化的知识，而且渗透了学科核心素养的培育。由此可见，系列化作业的设计，与其说是在编制习题与布置任务，还不如说是在描绘育人的蓝图。天山初级中学的语文老师正是具有立德树人的意识与强烈的教育责任感，才能设计出这样高质量的阅读系列作业。

（二）通过系列化作业设计呈现思维深度

系列化作业的功能之一，就是帮助学生发展思维能力，让学生逐步学会运用所学原理知识去解决现实问题，并在实践过程中促进思维品质的培养。从阅读的感知→呈现→分享→评价一步一步走来，伴随着思维一阶一阶地在攀升，从而完成"理解意境""领悟作品""探究精读""思辨品鉴"的过程，足见天山初级中学的语文老师的设计是多么精细而有功底。

（三）通过系列化作业设计拓展视野宽度

系列化作业的设计与实施，有利于学生拓展视野，进一步丰富阅历，培养广泛的兴趣。天山初级中学的经验告诉我们，有效的系列阅读作业的推进，拓展了学生的阅读面，并让他们体会到广泛阅读的乐趣，逐步养成了广泛阅读的习惯。因此，引导学生积累知识与拓展知识面，不断开阔他们的视野，这是教师在系列作业设计中必须关注的问题。

第四章 开放性作业设计的学科实践(一)

第一节 语文学科的开放性作业设计

一、体现工具性和人文性相统一的语文开放性作业设计

"工具性与人文性的统一,是语文课程的基本特点。"①作为语文学习的重要组成部分,语文作业应该体现工具性和人文性统一的特点。上海市长宁区初中语文开放性作业在训练学生运用语言文字沟通交流的基础上,关注学生思想文化修养的培育、高尚思想道德和审美情趣的养成、良好个性和健全人格的形成。

(一) 在语言文字的运用过程中实现工具性和人文性的统一

"语言文字运用就是从话语的表层意义出发,逐步走向话语的深层意义,形成具有表层意义、深层意义的话语和对话语的表层意义、深层意义的理解就是人文性与工具性的统一。所以,语言文字的运用过程便是工具性与人文性相统一的过程。"②语文开放性作业就是要通过让学生对文字材料进行整理、加工,甚至创作,训练学生熟练运用语言文字实现表达、沟通的功能,同时培养其人文底蕴、思考习惯和质疑精神。

"读写结合的'微书'创编"这一开放性作业把阅读和写作以创作、编写的形式结合起来,以古代文学的阅读和再加工、再创作为主,让学生在大量

---

① 中华人民共和国教育部.普通高中语文课程标准(2017 年版 2020 年修订)[S].北京:人民教育出版社,2020:1.
② 陈剑泉.基于语文学科特点的思维素养[J].新课程研究(上旬刊),2018(07):36—39.

掌握资料的基础上,自主研读文本,自主解读文本,在此基础上自主创编新的文本。此项作业在设计之初,就设定了兼具工具性和人文性的培养目标。

案例4-1-1

读写结合的"微书"创编(节选)①

【培养目标】

1. 学生发展核心素养目标

(1) 具有一定人文底蕴,掌握经典人文基本知识;

(2) 具有问题意识,能独立思考、创新思想、具有理性思维与批判质疑的精神;

(3) 形成良好学习习惯,学会学习,勤于反思,自觉、有效获取多方面信息。

2. 学科教学目标

(1) 知道:了解诗文相关知识,了解作者生平和时代背景资料。

(2) 理解:理解作品的大意,体会有意味的字词。

(3) 应用:品味作品语言及写作特色,体会情感内涵。

(4) 综合:培养基本诗文鉴赏评价能力。

【作业设计】

1. 依据初中语文教材,梳理、筛选教材中适合拓展的内容,形成拓展专题。

(1) 分年级、分主题选取内容,拓展延伸课内篇目,以古诗文和小说为主。

六年级(上):唐诗等

六年级(下):唐诗、《西游记》等古典名著

七年级(上):唐诗、希腊神话等神话传说

七年级(下):宋词、外国长篇小说等

八年级(上):宋词、外国短篇小说等

---

① 后娟.读写结合的"微书"创编[M]//熊秋菊.学生创新素养培育的实践探索——上海市长宁区初中作业开放性研究成果汇编.上海:学林出版社,2019:24—27.

八年级(下)：元曲、经典古文等

九年级：经典古文等

(2) 根据课内篇目，梳理学校课外拓展阅读书目，包括：

A. 中国篇：中国古典诗文的选集、名家点评、作者传记、诗词赏鉴、中外历史等。围绕主题的多方面、深层次阅读材料，帮助学生借助大量的资料阅读，建立宏观视野，阅读材料的要求分为不同等级，对不同程度、不同兴趣的学生按照必读、选读、合作阅读等形式分类。力求材料丰富，选择性广，有层次性，如《古文观止》《国史大纲》《唐朝穿越指南》《宋代游历指南》等，再如叶嘉莹《唐宋词十七讲》《迦陵说词讲稿》、安意如《人生若只如初见》、林语堂《苏东坡传》、蒋勋《蒋勋说唐诗》《蒋勋说宋词》《蒋勋说文学》等。

B. 外国篇：外国名家经典作品、人物传记、文学史、作家评传等。可分国别推荐，也可分年代推荐，如上海译文出版社、人民文学出版社出版的经典名著系列等，让学生对世界经典文学作品有普遍的概念，形成文学思维导图。经典文学作品的影视资料也是一种直观、形象的阅读补充，如纪录片《唐之韵》《宋之韵》等。

2. 指导学生开放性阅读、个性化阅读、创意化设计，分小组合作创编开放、多元的文章。

(1) 以"创编"为切入口，围绕主题进行选本、选刊、鉴赏、点评、创作等多元化形式的文学创作。活用教材资源和课外资源，依托媒体资源，形成音频、视频、图文混编等多种开放形式的材料，让学生在新媒体环境中拥有自主发声的权利，我手写我口，我手编我书，开放作业完成环境，分小组合作创编多文体、多主题的文章，形成与课本教材相配套的学生作品与自编文集。

(2) 依据学生创编的文本，形成不同形式材料，开放多元评价途径。开放学生互评、老师点评、家长评价等多种评价途径，最后形成电子、纸质成品，激发学生参与热情。在班级设立"作品墙"，张贴学生优秀文本，进行生生互评。一阶段后把优秀作品按照主题，编成"书"的形式，在学校展示。同时不定期推出年级优秀作品，发布于微信公众号，请家长参与评价，并在学年末结集成电子书、纸质书留存。

（上海市复旦初级中学）

在作业实施过程中,首先依据初中语文教材,梳理、筛选教材中适合拓展的内容,形成拓展专题;然后指导学生开放性阅读、个性化阅读、创意化设计,分小组合作创编开放、多元的文章。在有方向、有范围、有目的的大量阅读基础上,学生可以对原诗词进行改写,把文体从诗歌变为散文,加入想象、描写;可以模仿诗词欣赏类文章作赏鉴;也可以学习诗词的创作方法,尝试着自己创作诗词。这样,让不同层次的学生都有话可说,让所有学生在阅读和写作的过程中,更加深入地理解古代文学,不仅从语文知识层面,更从文学意蕴层面有所收获。

（二）在作业评价导向中实现工具性和人文性的统一

为了确保过程尽可能地体现教育目标,往往运用过程性评估进行纠偏,同时运用结果性评价对过程进行引导。开放性作业经常用评价表的方式,提醒学生注意作业的要求,从而保障培养目标的实现。语文开放性作业评价表中,往往能够反映对学生语文基础和人文培养的双重要求。

"他山之石,可以攻玉——以广播剧改编促进文言文教学"这一开放性作业要求学生运用合理想象,适当增补情节,将《郑人买履》等故事性较强的文言文通过"提问—回答—判断—改编"的方式将原文旁白部分改写为对话,从而形成广播剧剧本,并进行表演。在作业布置时,就交给学生广播剧改变的评价表。

案例 4-1-2

他山之石,可以攻玉——以广播剧改编促进文言文教学(节选)①

【完成过程】

1. 学生圈画出《郑人买履》的旁白部分。

2. 四人小组轮流运用"提问—回答—判断—改编"的方式增补原文。

以第一句"郑人有欲买履者"为例,A 同学提问"郑人为什么要买鞋子""郑人在什么情况下说出自己要买鞋子""郑人原来的鞋子怎么样了"等。B

---

① 秦加怡.他山之石,可以攻玉——以广播剧改编促进文言文教学[M]//熊秋菊.学生创新素养培育的实践探索——上海市长宁区初中作业开放性研究成果汇编.上海:学林出版社,2019:40—43.

同学回答上述问题,如对于买鞋的原因回答有"原来的鞋子坏了""得到意外之财""郑国流行最新的款式""鞋店打折"等。C同学依据原文判断这些答案是否合理,如"打折"就因为太过现代而受到了反对。D同学根据上述判断,用对话或郑人自述的方式对这句进行改编,如"哎呦！冷死我了,冷死我了,鞋子上尽破洞！我这老农,就连双鞋都不舍得买！唉,也该去买双鞋了！"

第二句,A、B、C、D四位同学互换任务:B同学提问,C同学回答,D同学判断,A同学改编。以此类推,直至完成全文改编。

3. 对初稿进行润色,加上配乐和拟音,整理成文字稿。

例如加入"急促的脚步声"拟音来表现郑人往返匆匆,加入"小声""叫嚷""焦急"等舞台指令。

4. 第二周,小组交换剧本,其他小组和老师共同评价其优点和不足。

表4-1-1　广播剧剧本改编评价表

项目	要求	情况记录
合理性	情节完整,不偏离原文	
	用语规范,慎用流行语	
	对话为主,旁白为辅	
创新性	想象丰富,有创新情节	
	语言反映人物形象	
	配乐拟音生动	
其他亮点和不足：		

5. 再次修改,最终定稿并表演。

（上海市第三女子初级中学）

在这个评价表中,既有对文言文基本理解的要求,比如"情节完整,不偏离原文";也有对语言文字运用的基本要求,比如"用语规范,慎用流行语";还有体现广播剧特点的要求,比如"对话为主,旁白为辅";更有对学生分析文本、进行创作的更高要求,比如"语言反映人物形象""想象丰富,有创新情节"。在这个评价表的引导下,学生需要反复揣摩文言文的基本意思,才能进行再创作,从而不仅能更好地体会古代文学的文字魅力,而且现代汉语的运用也得到训练。

二、体现综合性和实践性相一致的语文开放性作业设计

"语文课程作为一门实践性课程,应着力在语文实践中培养学生的语言文字运用能力。"[①]语文开放性作业就是要让学生在综合运用语言文字的过程中培养良好的语感,提升对汉语的整体把握水平。

(一) 用"写"的实践增进"读"的效果

阅读和写作本身是初中阶段语文学习的重要组成部分。读写结合是初中语文一种重要的教学方法,也契合了语文的综合性特点。上海市长宁区语文开放性作业的设计强调促进学生的读写并进式发展,尤其是在古诗词学习这一难点上,往往通过写作的形式让学生更深入地理解诗词的意蕴。

"以'写画'激发读趣,在片段式写作中感悟诗情"[②]这一开放性作业针对引导学生体会古诗词意境美这一教学难题,要求学生"看诗写画"。"看"要求读懂、读精。"画"要求学生在表达时要生动、形象地将自己在诗中读到的景色、性情描绘出来,要让语言具有画面感。学生完成作业后,教师在课堂上不急于点评,而是抛出两个问题供学生思考:第一,读一读,比较译文和看诗写画有什么不同;第二,用下横线标出"看诗写画"中自己最欣赏的两三句话,说说理由。这样,每次"写画"反馈时,师生互相激发、生生激发的次数逐渐增多,课堂内的古诗学习热情也持续高涨,学生逐渐明白了想象对于诗歌意境理解的意义,尤其是合理的想象是怎样随着诗句而产生的,他们经过"写画"实践潜移默化地调整着课上学习状态和回答问题的思路,发展着古诗欣赏能力。

(二) 用多样的方式完成和展示作业

培养学生的语文素养,要靠大量的语文实践,让学生在语文使用过程中体验语言魅力。为了丰富动态的语言实践过程,语文开放性作业的完成不仅仅限于听说读写,还根据需要辅助以表演、地图等手段,让语言文字实践

---

① 中华人民共和国教育部. 普通高中语文课程标准(2017 年版 2020 年修订)[S]. 北京:人民教育出版社,2020:3.

② 姚瑶. 以"写画"激发读趣,在片段式写作中感悟诗情[M]//熊秋菊. 学生创新素养培育的实践探索——上海市长宁区初中作业开放性研究成果汇编. 上海:学林出版社,2019:13—15.

运用更真实。

"初中低年级学生的长篇小说阅读应该如何引导？——以六年级学生‘《西游记》阅读与探究’的开放性作业探索为例"①针对学生整本阅读明代白话小说有些吃力的问题，通过分主题探究的形式，组织学生合作阅读《西游记》。这项作业的完成分为四个环节：分组并选题、确定各主题探究内容、教师指导下的分组探究、成果展示。在成果展示环节，针对"《西游记》中的国度"这一主题，探究小组以"唐僧西行地图"为主要框架进行汇报。通过这张地图，"《西游记》中的国度"探究小组首先展示了唐僧西行的路线，然后用自己的语言对各国度的服饰、饮食、出行方式等进行介绍。简洁明了，让人印象深刻。

（三）用阶梯式作业融合多种语言运用实践

语文的学习在不同的阶段有不同的侧重点。从阅读到表达，从品评到创作，语言文字运用的能力是螺旋上升的过程。语文开放性作业的设计应尊重语文学习的规律，尊重学生各有特点的学习基础和风格，常常用分层、分类的方式融合多种语言运用实践，给予学生主动选择学习重点的权力。

"寻找诗与远方——以现代诗赏析为例的开放性作业设计"案例以"现代诗主要流派的知识性梳理""在与散文比较中理解现代诗的特点""从文中选句作诗"三个层次的目标要求，设计了系列作业。

案例 4-1-3

寻找诗与远方——以现代诗赏析为例的开放性作业设计（节选）②

【培养目标】

1. 学生发展核心素养目标

语言的组织及表达能力，形象思维的培养，由"读"到"写"的转化能力是语文学科的核心能力，语文教学不仅仅是知识的灌输，更应该是人文精神的浸润。

---

① 陈思思.初中低年级学生的长篇小说阅读应该如何引导？——以六年级学生"《西游记》阅读与探究"的开放性作业探索为例[M]//熊秋菊.学生创新素养培育的实践探索——上海市长宁区初中作业开放性研究成果汇编.上海：学林出版社，2019：20—23.

② 华琨.寻找诗与远方——以现代诗赏析为例的开放性作业设计[M]//熊秋菊.学生创新素养培育的实践探索——上海市长宁区初中作业开放性研究成果汇编.上海：学林出版社，2019：3—7.

2. 学科教学目标

通过自主了解、学习现代诗主要流派及代表人物、代表作,感受同一主题下的诗歌与散文的区别;围绕一个主题,从文中选句作诗,前后句衔接自然,做到语句凝练。

【作业设计】

1. 必选作业:通过网络及下列表格,了解现代诗。

表 4-1-2　填空作业

现代诗简介		
现代诗主要流派	代表人物	代表作
新月派		
		《雨巷》《断章》
九叶派	辛笛、穆旦等	
	北岛、舒婷等	
我最喜欢的一首现代诗:		

2. 自选作业:

作业 A:以图文形式介绍现代诗流派、代表人物及代表作,以及我最喜欢的一首现代诗。

作业 B:以图文形式介绍同一主题的文章及诗歌。例如,对比阅读《枣核》与《乡愁》。

散文《枣核》节选(萧乾):

可是我心上总像是缺点什么。也许是没出息,怎么年纪越大,思乡越切。我现在可充分体会出游子的心境了。我想厂甸,想隆福寺。这里一过圣诞,我就想旧历年。近来,我老是想总布胡同院里那棵枣树。所以才托你带几颗种子,试种一下。

诗歌:《乡愁》(余光中)

小时候/乡愁是一枚小小的邮票/我在这头/母亲在那头

长大后/乡愁是一张窄窄的船票/我在这头/新娘在那头

后来啊/乡愁是一方矮矮的坟墓/我在外头/母亲在里头

而现在/乡愁是一湾浅浅的海峡/我在这头/大陆在那头

作业 C:以图文形式呈现"以文作诗",将学过的美文凝练成一首现代诗。

【完成过程】

1. 本次开放性作业以小组为单位，每小组自主选择作业类型，选出组长一名统筹规划。其他成员各尽其能，从选材、书写、绘画等方面明确分工。

2. 作业 A 选择熟悉的诗人或自己喜欢的诗歌风格，配图要与诗歌内容匹配、协调；作业 B 选择的散文或散文片段，其主题要与诗歌主题一致；作业 C"以文作诗"需主题明确，语言凝练、优美。

3. 呈现方式：课堂展示。

4. 制图要求：

（1）以 A3 纸进行绘制。

（2）符合所选的作业要求：配图要与诗文的内容匹配、协调；作业 C 需主题明确，语言凝练、优美。

（3）发挥想象力，注意诗配画的整体观感，强调图文的美感效果。

（上海市娄山中学）

在四项作业中，有对语文知识的梳理，有对现代诗的品味和鉴赏，有以文章为基础的诗歌创作，层层递进，涵盖了多种语言文字运用的能力和实践。作业一步步引导学生在探究和实践的过程中了解和深入理解现代诗，让学生在多种语文实践运用中获得收益。

三、体现学习内容和生活拓展相结合的语文开放性作业设计

"语言文字的运用，包括生活、工作和学习中的听说读写活动以及文学活动，存在于人类社会的各个领域。"[①]因此，才有学者提出"语文教学不等于课堂教学、课本教学，要实行'大语文'教育"[②]。可见，语文学习必然从课内拓展到课外，从教材拓展入生活。语文开放性作业正体现了语文学习的这一特点。

（一）从初中语文教学规划中拓展作业内容

作业是课堂教学的延伸和拓展，开放性作业亦是如此。与其他学科一样，语文教学也遵循着学科逻辑，不同年级的学习重点各有侧重。开放性作

---

① 中华人民共和国教育部.普通高中语文课程标准（2017 年版 2020 年修订）[S].北京：人民教育出版社，2020：1.

② 董稚.丁培忠眼中的语文学科特点[J].内蒙古教育，2014(07)：22—25.

业也是在语文学习规划的大框架下拓展开去,用更灵活的方式和更丰富的内容充实学生的语文学习生活。

"循序渐进,写有所得——以记叙文写作训练为例的开放性作业设计"①采用长短结合、环环相扣的渐进式模式,以短的片段写作训练提升语言,以长的全篇幅写作训练提升结构,以短片段与短片段之间、短片段与全篇幅之间主题、训练要求相联系的方式,训练学生写记叙文。

案例4-1-4

"有家真好"渐进式记叙文作业

【作业设计】

1. 短片段训练(不少于200字)

(1)"亲人画像"

要求:

找到一位你熟悉的、有较鲜明特点的亲人;

这位亲人最突出的特点是_____(写出关键词);

通过一个场景描写这位亲人最突出的特点。

(2)"亲人对我"

要求:

通过一个场景描写片段一中的这位亲人对自己的关爱;

这份关爱的特点是_____(与片段一中提到的人物特点相同/相反)。

(3)"亲人之间"

要求:通过一个场景描写片段一、二中的这位亲人与其他亲人之间的情感,表现出情感的互动。

2. 全篇幅训练(不少于600字)

"_____的_____"

要求:

补全题目,第一条横线填一位亲人,第二条横线填亲人的某一特征或某

---

① 王晨璐.循序渐进,写有所得——以记叙文写作训练为例的开放性作业设计[M]//熊秋菊.学生创新素养培育的实践探索——上海市长宁区初中作业开放性研究成果汇编.上海:学林出版社,2019:8—12.

一事物，可以是具体事物也可以是抽象特征。

将第二条横线所填的人物特征或某事物作为文章线索，贯穿全文。

（上海市延安初级中学）

之所以这样设计开放性作业，与初中学段语文写作学习的整体教学规划有关系。根据《上海市初中语文学科教学基本要求（实验本）》所提出的"审题""立意与选材""谋篇布局""语言表达""评价与修改"五个维度的习作教学要求，学校设置了不同年级的训练重点：初预年级重点训练"叙事完整"的要求，初一年级重点训练"详略得当"的要求，初二年级重点训练"描写细腻，主题鲜明"的要求。作业设计者认为，初二年级的写作教学重点对学生的写作语言和行文结构都提出了新的要求。因此，才设计出分层递进的开放性作业，帮助学生在对周遭事物有所感的前提下走向更细腻、多层次的表述。

（二）从教材内容中拓展开放性作业

教材是经过精心挑选的学习材料，是语文学习的重要媒介。但是语文学习不止于此，它以学校学习为根基，通过开放性作业拓展到生活的方方面面，从而使得初中语文教育有精心规划的主干，也有拓展补充的枝丫，有侧重于学科知识的教学，也有侧重语言实际运用的活动。

"萤窗且读 芳华自来——开放性阅读作业设计与实践"针对学生只见"课文"，不见其"文章"的问题，基于语文学习需要大量阅读的特点，为学生挑选课外阅读文章，并设置一个开放式问题或仿写任务，让学生用批注法阅读、分析课外文章，进行思考、形成自己的见解。

> **案例4-1-5**

萤窗且读　芳华自来——开放性阅读作业设计与实践（节选）[①]

【作业设计】

1. 作业内容

每周选取一篇文章，让学生保持对这一作业的"新鲜感"与"期待"。选

[①] 徐婧苇.萤窗且读　芳华自来——开放性阅读作业设计与实践[M]//熊秋菊.学生创新素养培育的实践探索——上海市长宁区初中作业开放性研究成果汇编.上海：学林出版社,2019:36—39.

文有经典文学作品中的部分章节、网友创作的无名氏散文、社会热点的新闻报道、优秀的影评书评，也有大家散文之作、微型小说、诗歌、歌词……

表4-1-3 单元选文举例

教材内容	《萤窗且读》选文
第五单元——《藏羚羊的跪拜》《松鼠》	《白象》丰子恺
第六单元——童心是诗	《向着明亮那方》金子美玲等童诗辑录
第七单元——《为学》	《西南联大的中文系(节选)》汪曾祺
我校特色课程广播剧——配音艺术章节	《远去的回响——邱岳峰》(《峰华毕叙》选段)
期末考试前	《谈考试》梁文道

2. 开放形式

基本采用批注法。偶尔在选文之后附一个问题，完全为主观开放式问题。允许学生有个性的自由解读空间。避免一些浅层次的、有具体考点的提问。

3. 呈现形式

采用批注文章的方式完成作业，每周一次。根据选文的不同，会在文章最后附上一道问题或是仿写。

4. 评价方式

评价分为两个层面：第一层面为阅读驱动力检验——"诚"、第二层面为阅读能力检验——"佳"。满分为五，最低为一。文章中有出色的批注会加一个五角星以标示。

第一层面的"诚"立足于学生完成作业的态度。

第二层面的"佳"则是基于学生的批注和之后整体感想的思考之上的结果反馈。批注是否有发散性的思考，是否有了独特深刻的见解，还是一味重复文本内容，泛泛而谈。

【完成过程】

1. 开端

六年级第一学期期中考试之后，发下第一份"萤窗且读"。

第一篇，《淡》，从中华的五味谈起，读着读着，学生忍不住笑起来。我知道他们"入境"了，赶快轻声提醒：哪里觉得好笑了，圈出来，写一写。

目光所及之处，有孩子已经埋头圈下了一些语句，在旁边"唰唰"动笔写起来了。

"厨师炒菜怎么就'可怕'了呢？""我吃西餐时，也不喜欢过重的调味！"

看似随意的只言片语，恰恰证明孩子和文本有了基本的联结了！

第二篇，是汪曾祺的《西南联大的中文系》，难度着实不小。但恰好和《为学》的主题相映——若欲为学，何惧风雨？

2. 分层

不久前有家长来找我，和我沟通孩子面对"且读"作业实在是不知从何下手。自己的孩子每周完成这一项作业都要拖延，一句话反反复复想个几遍才动笔写下来。我好奇又困惑，明明只要求孩子一篇文章写六七处批注即可，为何会花费过长的时间。

于是，参考区分层的做法，"且读"有了 A、B 两档。

连续几次"佳"和"诚"都在满分的同学约有五人，被归为 A 档。A 档的选文较难，内涵与解读空间也更丰富。选文需满足他们借由文字，探求深层世界的渴望；B 档的选文较浅，关注内容是否能够吸引学生，有趣但不庸俗。

3. 坚持

两年下来，每周一次的"且读"，已经厚厚一本。在这份作业中，我和学生们一起，不断将我们对世界的认识丰富起来——正逢巴黎恐怖袭击事件发生，我选择了一篇微博上较热门、转发次数过千的新闻报道，一同感受人性在"人为灾害"面前的力量，我让学生们思考你们会用怎样的配乐来播报这一则新闻，他们回答我——不用任何背景音乐；《百鸟朝凤》上映时，我选择了一篇影评，孩子们被影评打动，周末纷纷去看了这一部电影，回来在"且读"的感想中写下了大段对"传统文化"的思想……孩子的一些点评，竟是我自己在读文章时完全忽略的。不得不赞叹孩子们的发现力！

（上海市第三女子初级中学）

《萤窗且读》每周选取一篇文章，选文既有经典文学作品章节、网友创作的无名氏散文、有关社会热点的新闻报道、优秀的影评书评，也有大家散文之作、微型小说、诗歌、歌词等等。可以看出，选文都是根据教学的节奏，与教材内容匹配的，目的就是要让学生更多地阅读，更好地理解学习内容和侧重点。这种从教材内容中拓展阅读文章的形式,既给予学生更多的补充材料,开阔学生的视野,又围绕学习主题,不至于让学生进行线索过多的多头并进,受到学生的欢迎和好评。

四、体现过程指导和结果评价相补充的语文开放性作业设计

开放性作业作为作业的形式之一,发挥着训练、巩固、拓展课堂所学的功能。为了更好地实现这个作用,过程指导和结果评价是两大有效手段。由于开放性作业具有"开放性"特点,因此,通过过程指导避免学生偏离学习轨道,通过展示结果评价引导学习方向,就显得更为重要。

(一) 为开放性作业提供多角度的脚手架

语文开放性作业在语文学习、社会性交往、探索精神和方法等方面均对学生发展有促进作用。根据不同作业的特点和学生的学习基础,在开放性作业完成过程中,教师为学生搭建的"脚手架"也各不相同。

在"循序渐进,写有所得——以记叙文写作训练为例的开放性作业设计"案例中,教师在学生完成作业的过程中,从语文学习的角度给学生以阶段性指导,引导学生攻克一道道关卡,最终完成记叙文写作任务。

案例 4-1-6

循序渐进,写有所得——以记叙文写作训练为例的开放性作业设计(节选)①

【作业过程】

任务一

找到一位你熟悉的、有较鲜明特点的亲人;这位亲人最突出的特点是_____(写出关键词);通过一个场景描写这位亲人最突出的特点。

教师指导:(1)什么叫"特点"? 人的特点可以有哪些? (2)如何将亲人的特点与"有家真好"的主题呼应起来? (3)怎么通过一个场景表现人物特点?

---

① 王晨璐. 循序渐进,写有所得——以记叙文写作训练为例的开放性作业设计[M]//熊秋菊. 学生创新素养培育的实践探索——上海市长宁区初中作业开放性研究成果汇编. 上海:学林出版社,2019:8—12.

学生完成:(1)思考身边哪位亲人有较鲜明的特点;(2)填写特点词;(3)思考后选择一个最能体现亲人这个特点的场景,并组织语言加以表现。

任务二

通过一个场景描写片段一中的这位亲人对自己的关爱,这份关爱的特点是＿＿＿＿(与片段一中提到的人物特点相同/相反)。

教师指导:为什么在这一片段写作中选择与片段一特点相同/相反的关爱方式?

学生完成:(1)根据评价修改片段一;(2)结合片段一,填写亲人对自己的关爱特点;(3)思考、选择一个最能体现这位亲人这个关爱特点的场景,并组织语言加以表现。

任务三

通过一个场景描写片段一、二中的这位亲人与其他亲人之间的情感,表现出情感的互动。

教师指导:作为旁观者,生活中你看到过哪些亲人间的情感互动?

学生完成:(1)根据评价修改片段二;(2)结合片段一、二,思考、选择一个亲人与其他亲人间的情感互动场景,并组织语言加以表现。

任务四

阅读三篇范文,画出文中出现线索词的内容;体会并写下线索词在文中的含义——浅层和深层。

教师指导:(1)线索词在每篇范文中出现的频率怎样?(2)三篇范文线索词在文中是否都具有深层含义?是什么?

学生完成:(1)根据评价修改片段三;(2)阅读范文,圈画线索词;(3)记录对线索词含义的理解。

任务五

补全题目;列出写作内容的时间线。

教师指导:(1)通过解读范文线索词的深层含义,明确第二条横线应填一个最能代表"亲情之爱"的事物;(2)通过比较三篇范文,学习利用时间线将线索词的含义由浅入深,娓娓道来。

学生完成:(1)思考寻找自己生活中最能代表亲情之爱的事物,补全题目;(2)初步构思文章内容与推进方式,列出时间线。

任务六

完成写作。

教师指导：归纳分享学生补全的题目，以帮助开拓、修正思路。

学生完成：结合提纲、分享，完成写作。

（上海市延安初级中学）

"《西游记》专题研究"这一开放性作业让学生阅读《西游记》，并用小组合作的方式选择专题，完成专题研究报告。为了确保小组能够高效、高质量地完成任务，作业规定了小组合作的形式和步骤。

案例 4-1-7

《西游记》专题研究(节选)的过程要求①

1. 布置作业及要求。本单元教学伊始就进行了作业的布置，让每位同学都明了作业的要求。

2. 各小组一起探讨完成阅读计划，要求每个小组具体到每天读多少。

3. 每天各小组组长汇总本小组阅读进度等，并在下午放学前报告给老师。

4. 完成专题报告，交给老师。在各个小组都完成阅读之后，要求小组讨论确定本小组的研究专题，并进行分工制作。作品完成后，上交给老师。

5. 老师在初步查阅完作品之后将作品展示在教室后面软板上，各小组互评打分。

（上海市建青实验学校）

(二) 为开放性作业提供多类型的结果评价

为了让结果评价对学习过程起到引导作用，开放性作业的设计一般都包括作业评价维度，并做成表格的形式，让学生一目了然。为了体现开放性作业的特点，作业评价一般都包括对学习知识和能力的评估、对思维水平和

---

① 王建军.《西游记》专题研究[M]//熊秋菊.学生创新素养培育的实践探索——上海市长宁区初中作业开放性研究成果汇编.上海：学林出版社，2019：32—35.

社会性水准等多方面的评估。

"我读，我思，我分享——六年级语文'悦读成长'开放作业"让学生在阅读的基础上进行分组主题探究，从而更深入地理解文本。这份开放性作业对学生个人和小组均设计了评估量表。

案例 4-1-8

我读，我思，我分享——六年级语文"悦读成长"开放作业成绩单

（个人、小组评价量表）①

表4-1-4　个人评价量表

班级 _____　姓名 _____　得分 _____

阶段一（3分） 阅读速度和阅读量	阶段二（3分） 提问质疑能力	阶段三（4分） 展示活动参与
能按时完成阅读任务（3分）	能提出问题（2分） 且有质量（1分）	能参与小组活动（2分） 小组优（2分）良（1分）

表4-1-5　小组评价量表

班级 _____　小组 _____　得分 _____

合作精神（3分）	表现形式（3分）	展示内容（4分）
小组成员均能完成各自的任务（搜集资料、做PPT、讲解等）	形式活泼（1分） 形式能为内容服务（2分）	内容丰富（2分） 内容有深度（2分）

备注：9—10分为"优"，7—8分为"良"，5—6分为"合格"，5分以下为不合格。

（上海市天山初级中学）

---

① 项晓红.我读，我思，我分享——六年级语文"悦读成长"开放作业叙事案例［M］//熊秋菊.学生创新素养培育的实践探索——上海市长宁区初中作业开放性研究成果汇编.上海：学林出版社，2019：44—48.

在这两份评价量表中,隐含着这份开放性作业的目标和要求:一是对阅读速度和阅读量的要求,二是对提问质疑能力的要求,三是对活动参与的要求,四是对展示解说水准的要求。同时,在整个评价中,参与的过程分值较大,展示的结果分值较小。评价侧重的是"过程",鼓励学生积极参与,学会合作。

第二节　数学学科的开放性作业设计

一、体现数量关系和空间形式相结合的数学开放性作业设计

"数学是研究数量关系和空间形式的科学。"①将数量关系和空间形式相结合是数学的一种重要的思维方法。我国著名数学家华罗庚曾说过:"数缺形时少直观,形少数时难入微;数形结合百般好,隔裂分家万事休。"上海市长宁区数学开放性作业注重训练学生数形结合的数学思维,培养学生将抽象的数学语言、数量关系与直观的几何图形、位置关系结合起来,以增进学生对数和形的深入理解,使其能更便捷地解决实际问题。

(一) 以形助数,增强结果的直观性

数量关系虽然具有准确的特点,但是也非常抽象。"相比于小学数学,初中阶段的数学更具抽象性和系统性,更加强调形式化和符号化,由侧重于形象思维向抽象思维和辩证思维转移。"②即便如此,在初中数学的学习过程中,很多情况下仍需借助图形,增进对数量关系的理解。数学开放性作业通过以形助数的形式,让学生对数量关系有更加直观的感受,帮助学生从具象思维向抽象思维顺利过渡。

"与实际生活相结合的《小小气象员》作业设计"以天气预报涉及的一些数据(最高气温、最低气温和平均气温)和气象专有名称(风向、风力和天气现象等)为切入点,让学生当一回天气预报员,来记录和整理气象数据。在记录和整理气象数据的过程中,学生要运用数学中百分比、有理数计算和平

---

① 中华人民共和国教育部. 义务教育数学课程标准(2011 版)[M]. 北京:北京师范大学出版集团,2017:1.
② 陆军. 有效设计初中数学作业,推动学生数学能力的发展[J]. 数学教学通讯,2016(35):33—34.

均数等知识。为了更直观地反映天气的变化情况，要求把整理出的温度数据用折线图的方式表示出来。

案例 4-2-1

与实际生活相结合的《小小气象员》作业设计（节选）①

连续 5 天平均气温高于 10℃，便可理解为气象学上的入春；连续 5 天平均气温高于 22℃，便可理解为气象学上的入夏；连续 5 天平均气温低于 22℃，便可理解为气象学上的入秋。结合最近几天的身体感受，如：自身清早起来感觉怎样？到了中午呢？你能从气温中找到答案吗？上述各天，每天的温差是多少？你的体感怎么样？在此基础上让学生记录最近几天的温度，并画出折线图，最后让学生自己得出目前是什么季节的结论。填一填最近几天的温度，并画出折线图。

表 4-2-1　气温统计表

日期	10 月 14 日	10 月 15 日	10 月 16 日	10 月 17 日	10 月 18 日	10 月 19 日
最高气温						
最低气温						
平均值						

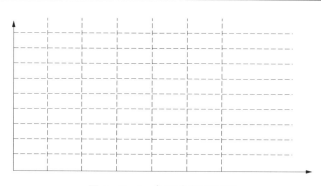

图 4-2-1　气温变化折线图

（上海市第三女子初级中学）

① 王志成.与实际生活相结合的《小小气象员》作业设计［M］//熊秋菊.学生创新素养培育的实践探索——上海市长宁区初中作业开放性研究成果汇编.上海:学林出版社,2019:95—99.

这项作业要求学生通过观察测量将数字准确地填写到表格中,再将数字所代表的变化趋势在坐标系中用图形表示出来。在学生做出的图形中,可以清晰地看出温度的变化。有的学生还将最高温度、最低温度和平均值的变化用不同颜色的线表示,将三者之间的对比表示得更加明显。有了图形的直观印象,再反观表格中代表温度的数字信息,可以使学生更深地理解数量关系所代表的实际生活中温度的变化。

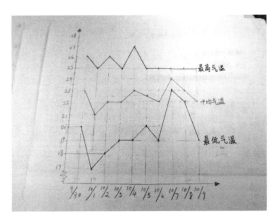

图4-2-2　"与实际生活相结合的《小小气象员》作业设计"成果摘录

(二) 以数解形,增强结果的准确性

数和形是数学表达世界的两个重要工具。在一定条件下,图形也需要数字来标注,以进行计算,增进准确性。数学开放性作业很多时候都需要学生运用以数助形的思维,尤其在实际问题的解决过程中,需要运用数字进行图形中各种关系的计算,得出准确的结论。

"道路交通安全中的数学问题——内轮差"这一开放性作业围绕"机动车右转弯时,行人(或非机动车)与机动车的距离为多少时是安全的?"这一问题,让学生通过搜集资料、实地探测、实验操作、数学建模等方式和方法,经历将道路交通中的问题转化为数学模型的过程,开放性地进行内轮差公式的推导,用数学来验证交通法规中的相关规定的科学性和严谨性。在作业完成过程中,教师指导学生完美地运用了数形结合的方法来解决问题。

案例4-2-2

道路交通安全中的数学问题——内轮差(节选)①

1. 资料收集,实地观测。通过网络搜索车辆转弯交通事故,学生发现每年都有很多此类重大交通事故发生,尤其是大型卡车。这引发了学生思考,造成此类交通事故的原因是什么？通过实地观测,发现车辆转弯时前轮会发生一定角度的转向,而后轮与车身始终平行,不转向。前后两只轮子并不是走在同一条轨迹上,而是有一定距离差别的。内轮差就是机动车转弯时内前轮和内后轮轨迹所在圆弧半径的差。

2. 实验操作。通过小组合作模型车操作模拟,利用模型车进行试验操作,模拟马路上转弯情景,前后轮用不同颜色染料染色,感受到车辆转弯时前后轮的运动轨迹都是圆弧,观察前后轮的运动的轨迹是不重合的；更清晰地观察和了解内轮差的存在。内轮差曾经造成那么多的事故,所以计算一下汽车的最大内轮差,是非常有意义的。

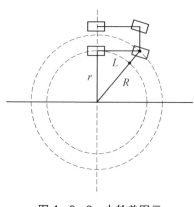

图4-2-3　内轮差图示

3. 绘制图像。通过试验操作后,对车辆转弯时的车轮运行痕迹进行分析,查阅资料利用平面绘图,画出车辆转弯的转向分析图；学生一起绘制车辆转弯简易平面分析图。

---

① 朱雯珺.道路交通安全中的数学问题——内轮差[M]//熊秋菊.学生创新素养培育的实践探索——上海市长宁区初中作业开放性研究成果汇编.上海:学林出版社,2019:74—78.

4. 数学建模

(1) 通过前面的探究活动,小组合作,探究收集到的车辆哪些数据可用于计算出车辆转弯时的内轮差,建立数学模型,利用数学知识解决内轮差的公式推导。

①轴距 L:汽车前后轮圆心之间的距离;

②右前内轮最小半径 R:右转弯时,右前轮行驶时的最小半径;

(小组交流,共同说理)

L、R 与 r 构成了以 R 为斜边的直角三角形,已知数据 L 和 R,利用勾股定理的性质定理,可以计算出 r,最后将 $R-r$,即为内轮差。

(2) 收集不同卡车的相应数据,利用模型解决内轮差的计算问题。

备注:需要使用计算器,结果保留两位小数。

表4-2-2　关于内轮差的数据统计表

右前内轮最小半径 R	轴距 L	右后内轮最小半径 r	内轮差
8.761	5.17	7.072	1.69
9.156	6.2	6.738	2.42
8.976	5.62	6.999	1.98
8.924	5.8	6.782	2.14
8.822	5.83	6.621	2.20
8.740	5.84	6.503	2.24

(3) 归纳形成内轮差计算公式:内轮差 $= R - r = R - \sqrt{R^2 - l^2}$

5. 提出安全出行小建议

(1) 通过计算,你觉得过马路要与机动车始终保持多少距离才比较安全? 2.5 米以上。

(2) 为了避免发生案例这样的交通事故,说说你的一些行车、行人注意事项。

非机动车:绿灯时,不要抢超正在转弯的车辆,更别在红灯时超越斑马线。

行人:过马路要与机动车始终保持 2.5 米以上距离。

机动车:前后轮的轨迹,永远存在内轮差,转弯永远有警戒!

(华东政法大学附属中学)

　　在这份作业实施过程中，通过实际观察，绘制了内轮差产生的图形，证明了内轮差产生的原因。但这一步与"机动车右转弯时，行人（或非机动车）与机动车的距离为多少时是安全的"这一问题的答案，还有很大距离。接着，通过数学建模将图形和问题相联系，归纳了内轮差计算公式，将图形上的问题转化为数量关系问题。在数据收集的基础上，最终得到问题的答案，即 2.5 米以上。在这个过程中，学生经历了用图形反映实际问题，再通过对数量关系的探究得出准确结论的过程，这是他们在数学学习过程中获得的宝贵财富。

二、体现学科强逻辑性特点的数学开放性作业设计

　　"数学是建立在逻辑基础上的一门学科，它的概念、法则的建立，定理的论证，公式的推导无不处于一定的逻辑体系之中。"[①]因此，数学知识绝不是靠死记硬背可以获得的，需要在理解的基础上建立结构体系。数学开放性作业正是抓住这一点，通过逻辑的推理来巩固数学知识，同时在推理过程中培养学生严密的逻辑思维。

（一）凸显思维过程，强化逻辑推理

　　数学"课程内容的组织要重视过程，处理好过程与结果的关系"[②]，"它不仅包括数学的结果，也包括数学结果的形成过程和蕴涵的数学思想方法"[③]。之所以如此重视学习过程，是因为数学注重逻辑性的思维方式主要是在推理的过程中体现。数学开放性作业要求学生通过书写或者口头汇报的方式，将数学推理的过程展现出来，就是为了培养学生严密的逻辑思维。

　　"以平行线为背景的数学说题作业"为学生布置与平行线相关的作业题目，要求学生将解题思路、书写过程和启发均展示出来，从而让学生逐步养成"想题→做题→说题→反思"的良好数学学习习惯。

---

① 陈叶琼.抓住数学学科特点，提高教学效果[J].数学学习与研究，2012(08)：15.
② 中华人民共和国教育部.义务教育数学课程标准（2011 年版）[M].北京：北京师范大学出版社，2011：2.
③ 中华人民共和国教育部.义务教育数学课程标准（2011 年版）[M].北京：北京师范大学出版社，2011：2.

案例 4-2-3

以平行线为背景的数学说题作业(节选)①

【作业设计】

在以下二道题中任选一道题,说一说你的解题思路、书写过程及其带给你的启发。

表 4-2-3　关于以平行线为背景的说题作业

题目	解题思路、书写过程	启发
如图,已知∠1+∠2=180°,∠DAB=∠BCD,DA 平分∠BDF.那么 BC 平分∠DBE 吗?请说明理由。 		
如图,已知∠ABC=∠ADC,BE、DF 分别平分∠ABC、∠ADC,且∠1=∠2,请说明 AB // CD 的理由。 		

(上海市新泾中学)

通过这种要求写明思维过程的作业,让学生逐步了解几何推理要步步有据,让学生感受推理过程的严谨性,提高学生直观想象、逻辑推理方面的数学核心素养。

---

① 丁洁雁.以平行线为背景的数学说题作业[M]//熊秋菊.学生创新素养培育的实践探索——上海市长宁区初中作业开放性研究成果汇编.上海:学林出版社,2019:91—94.

（二）关注前后联系，强化知识体系

正因为数学严密的逻辑性，所以数学知识与知识之间联系非常密切，每一个概念又都有严格的界定。与其他学科相比，数学的学习最注重知识基础和知识体系。因此，数学开放性作业的设计一方面针对学生基础，让学生运用已有知识解决新的问题；一方面让学生专门对某个数学概念或是某一阶段的数学知识进行梳理，了解知识间的关系，为问题解决奠定基础。

案例 4-2-4

授人以鱼不如授人以渔——以六年级学生
运用思维导图进行知识结构整理为例（节选）[①]

这份开放性作业让学生选择一个数学概念，用思维导图的形式绘制其相关的知识体系，要求尽可能体现整个单元的知识结构以及概念间联系。目的是利用思维导图，让学生用最简练的语言概括复杂的概念，自主理清思路，张扬学习个性。有同学以"有理数"为关键词绘制了这样一份思维导图：

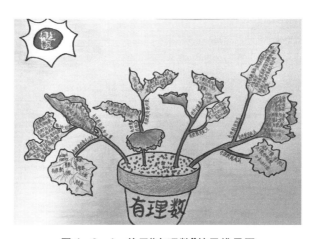

图 4-2-4　关于"有理数"的思维导图

有位同学说："运用思维导图，可以把各级主题的关系用相互隶属与相关的层级图表现出来。我在绘制"有理数"章节时，运用思维导图理清了有

---

① 李一佳.授人以鱼不如授人以渔——以六年级学生运用思维导图进行知识结构整理为例[M]//熊秋菊.学生创新素养培育的实践探索——上海市长宁区初中作业开放性研究成果汇编.上海：学林出版社，2019：109—112.

理数之间的关系:从认识有理数到分辨有理数,认识了数轴,延伸到有理数之间的大小比较,又想到有理数的加减乘除、乘方、综合运算再到科学计数法。在制作思维导图的同时,我知道了许多知识点如加减乘除法的运算法则和综合运算的顺序,都是至关重要的。做完思维导图,我进一步加深了对有理数的印象和认识,我不明白的,有缺陷的,都一一被列举了出来,可见,思维导图的作用不容小觑。"

　　学生的感悟证明这份数学开放性作业实现了它的目的,帮助学生构建了更加完整的知识框架,强化分类和序列化思想,让学生体会到数学逻辑的严密性。

(上海市西延安中学)

(三)运用一题多解,强化本质理解

　　数学是思维的体操。一题多解的开放性作业无疑是最大限度地锻炼对数学知识的运用,强化知识间联系,锻炼学生数学思维的良好途径。上海市长宁区数学开放性作业通常都会为学生设置作业结果的开放空间,鼓励学生运用多种方法解决数学问题。

　　"尺规作图:三等分线段作图方法知多少"是数学开放性作业倡导一题多解的典型代表。在学生已经知道并已能用尺规作图法将一条给定线段进行 2^n(n 为正整数)等分的基础上,让学生用尺规作图法将一条给定线段 AB 进行三等分,要求方法越多越好。

案例4-2-5

尺规作图:三等分线段作图方法知多少(节选)[①]

【设计背景】

　　"尺规作图:三等分线段作图方法知多少"问题的提出,从数学知识掌握及应用、能力培养和素养培育角度看,主要依据有:

　　1. 数学能力发展。《上海市中小学数学课程标准》在"课程定位"中明确

---

① 李正辉.尺规作图:三等分线段作图方法知多少[M]//熊秋菊.学生创新素养培育的实践探索——上海市长宁区初中作业开放性研究成果汇编.上海:学林出版社,2019:67.

指出，要培养学生的抽象能力、推理能力、创造能力，培养学生运用数学的思想方法分析问题和解决问题。

2. 数学知识应用。《上海市中小学数学课程标准》在"能力培养与方法习得"部分着重强调，培养学生在实践应用中逐步积累有关发现、叙述、总结数学规律的经验，知道一些基本的数学模型，初步形成数学建模能力，能解决一些简单的实际问题，从而培养探究能力、应用能力和创新能力。

3. 数学策略形成。数学抽象、探索和应用的过程，需要掌握观察、操作、比较、分析、类比、归纳等数学实验研究方法，需要懂得"从特殊到一般""从一般到特殊"以及"转化"等数学思维策略。经历"数学地"思考、判断和决策的过程，才能更好地抓住实物的本质，培育数学素养。

【结果呈现】

已知事实：

1. 可作给定线段的垂直平分线；

2. 可过某一点作已知直线的垂线；

3. 可作已知角的平分线；

4. 可作一个角等于已知角；

5. 可过某一点作已知直线的平行线；

6. 可作度数分别为 $15°$、$30°$、$45°$、$60°$、$75°$ 的角；

7. 可作给定圆心和半径的圆。

在这个脚手架的支持下，有同学想出 15 种不同的方法，有的同学想出的方法很新颖很独特。全班同学共想出 24 种不同的解决办法。这里展示一份优秀作业：

表 4-2-4　尺规作图的优秀作业展示

方法序号	图形示例	主要作图步骤	主要知识概述
18		① 任意作线段 BP ② 作线段 BP 的中点 O ③ 连接 AO，并作其中点 E ④ 连接 PE 并延长交 AB 于点 C ⑤ 点 C 三等分线段 AB	相似三角形及其运算

（上海市娄山中学）

从这份作业可以看出,"尺规作图"的开放性作业一方面让学生发散思维,寻求更多的解题方法,另一方面也从中评选出最优作业,鼓励学生琢磨最好的解题办法。同时,要求学生在解题时展示"图形示例""作图步骤"和"主要知识概述"。这就是让学生关注知识的运用和知识间的联系,并将解题的思维过程显性化,关注逻辑推演的严密性。这本身就是让学生在数学思维的运用中进一步巩固和强化这种思维方式。

三、体现学科高度抽象概括特点的数学开放性作业设计

高度的抽象性作为数学的学科特点,主要体现在:第一,研究对象的特殊性,数学只思考最一般的数与形的规律;第二,数学中多数概念是在原始概念的基础上定义的,这些概念越远离现实世界就越抽象;第三,研究方法的抽象性,主要用数学符号和表达式表达被研究对象,进行形式演算。① 基于此,数学开放性作业着重规范数学语言的准确运用,让学生体会数学抽象性的特点;培养学生建立数学模型来表达和解决实际问题的能力,以增强数学的现实感,同时让学生体会数学的抽象简约之美。

(一) 规范数学语言,体会学科特点

数学语言是数学思维的载体,高度凝练的语言是其抽象概括特点的重要体现。数学开放性作业要求学生用准确、规范的数学语言展现思维过程,让学生体会数学语言科学、简洁、通用的特点,以及其所代表的高度抽象、逻辑严密的学科特点。

"以图形为载体,规范几何书写——初二第一学期几何知识点开放性作业设计"让学生独立或者小组完成一份以图形为载体,结合文字语言和符号语言释意的几何知识点梳理作业。目的是为了规范数学语言,让学生熟悉几何中文字语言、图形语言和符号语言的一致性和相互转化。

---

① 李宗铎,向昭红.浅谈数学的特点与数学教学改革[J].数学理论与应用,2002(04):5—8.

案例 4-2-6

以图形为载体，规范几何书写——初二第一学期几何知识点
开放性作业设计（节选）①

【完成过程】

第一阶段　开放性作业任务布置

每学期几何教学开始时，布置开放作业要求。为期两个月左右的开放性作业，在几何单元教学结束后每位同学应交一份独立完成的学期几何知识点集合，手写稿也可以，鼓励电子稿。

第二阶段　课堂指导

在开展几何教学的初期，教师将每一个几何知识点化解为文字语言、图形语言、符号语言，三位一体，对学生进行有效有序的指导，以后逐渐放手，让学生独立完成几何知识点文字语言、图形语言、符号语言的转化，同时教会学生使用几何画板和数学符号的输入。

第三阶段　收集材料

将学生完成的材料手写稿或电子稿，进行一对一分析点评，提出修改意见，鼓励学生再修改，再总结上交，教师进行整理归纳。

第四阶段　师生共同评价

教师对学生上交的几何知识点电子稿进行初步评价，根据文字表述的内容，图形绘制的效果和符号语言的匹配程度等挑选出典型的作品，利用课堂时间与学生一起分享交流，对于好的作品进行鼓励，对于有不完善的作品引导学生找出不足之处，让学生加以改进. 最后挑选出较为优质的作品在走廊展示墙上进行展示。

---

① 夏良芳. 以图形为载体，规范几何书写[M]//熊秋菊. 学生创新素养培育的实践探索——上海市长宁区初中作业开放性研究成果汇编. 上海：学林出版社，2019：100—104.

【成果摘录】

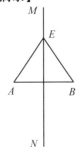

1. 线段的垂直平分线的性质：
线段的垂直平分线上的点到线段两个端点的距离相等
符号表达式：∵点 E 在 AB 垂直平分线 MN 上　∴$EA=EB$

图 4-2-5　学生作业展示

（上海市姚连生中学）

上面这份作业,学生能够画出正确的图形,并且用简洁的文字语言表述图形的特征,还准确地写出其符号表达式。通过这份作业,学生在知识梳理的过程中,恰当地运用了图形语言、文字语言和符号语言,同时又将三者相互印证,可以体会图形的直观、文字的严密、式子的简明和对关系的展示,三种语言的特点了然于胸。

(二) 培养建模能力,体会数学应用

模型思想是义务教育阶段数学课程培养学生的重点块面。这是因为,模型思想的建立是学生体会和理解数学与外部世界联系的基本途径。[①] 数学建模就是将生活实际问题转化为数学问题的过程,进而能够进行计算求解,从而解决实际问题。数学开放性作业要求学生用数学知识解决生活问题,就是要让学生细致观察现实问题,灵活使用数学知识建立与实际问题相适应的模型,再通过数学计算解决更多的实际问题。

"测量校园国旗旗杆高度"这一开放性作业让学生以小组为单位,以操场为水平面测量校园国旗旗杆的高度。希望学生从实际问题中建立数学模型,经历观察、操作、推理、交流解决实际问题,同时在实际背景中理解数学基本知识,从而使得数学学习活动成为一个生动活泼的、主动的和富有个性的过程。在作业实施过程中,学生通过小组自主探究,出现了完全不同的四种方法：

---

① 中华人民共和国教育部. 义务教育数学课程标准(2011 年版)[M].北京:北京师范大学出版社,2011:7.

案例 4-2-7

测量校园国旗旗杆高度(节选)①

A组学生:利用物长和影长的比例关系

学生首先快速精确地在同一时刻测量出阳光下站在操场上的某学生和旗杆的影子长度,再根据该学生的身高,便可以利用相似三角形的知识计算出旗杆的高度。那天上午九点,他们在操场上量得某同学影子长度是2米,旗杆的影子长度是15米,该同学知道自己的身高是1.6米,这样就能知道旗杆的高度了。该同学身影长度与实际身高之比,等于旗杆影子长度与实际杆高之比。身影长度2米,实际身高1.6米,杆影长度15米,则可以知道旗杆的高度是12米。

B组学生:利用勾股定理的知识

他们测得旗杆上面用来升国旗的绳子垂到旗杆底端还多出1米,再把绳子斜向拉直到末端紧贴地面,可以测到绳子触地的末端到旗杆底端的距离是5米。同样,可以测算旗杆的高度是多少米。他们先设旗杆高度为 x 米,再根据勾股定理得 $x^2+5^2=(x+1)^2$,不难得出结论:旗杆的高度是12米。

C组学生:利用光的直线传播和等腰直角三角形知识

某学生在测量时向前伸直手臂,使之与地面平行,手持一支长度为20厘米的铅笔,使之与地面垂直。接着,该学生不断地调整他与旗杆的距离,等到铅笔恰好完全遮挡住旗杆时,量得他到旗杆的距离是30米,他知道自己的胳膊长是50厘米,此时,他就能测算出旗杆长度了。先设旗杆的高度为 x 米,根据题意得到几个数据:铅笔长度20厘米＝0.2米,该生手臂长度50厘米＝0.5米,该生与旗杆间距离30米,就能够知道旗杆的高度是12米。

D组学生:利用 45°三角板和光的直线传播

某学生把自己坐的课椅凳和教学用的三角板拿到操场上,要量旗杆的长度,这个学生使用的是底角为45°的三角板,他的课椅凳宽度是0.5米,他把三角板放在板凳上,他观察到三角板的斜边和旗杆的顶端在一条直线上,然后量

---

① 朱燕敏.测量校园国旗旗杆高度[M]//熊秋菊.学生创新素养培育的实践探索——上海市长宁区初中作业开放性研究成果汇编.上海:学林出版社,2019:83—86.

得板凳与旗杆距离是 11.5 米,这样可推断旗杆高度为 12 米,问题迎刃而解。

(上海市泸定中学)

事实证明,这份开放性作业得到不同学习基础的学生的积极参与,他们发掘各自的潜力,发挥各自的作用,用数学的眼光观察现实世界,用数学的语言表达现实世界,"数学地"思考问题,并利用数学解决问题。最终每个学生的学习兴趣、学习能力、数学素养都得到了明显提升。

四、体现科学精神培养的数学开放性作业设计

"数学在人类文明中一直是一种主要的文化力量。"[①]其高度的抽象、严谨的体系、广泛的应用无时无刻不在影响着人们。上海市长宁区数学开放性作业注重数学思想的渗透,弘扬数学文化,培养实证、严谨的科学精神和态度。

"思维导图在数学复习中的应用——八年级数学代数方程复习"这一开放性作业让学生以"代数方程"为核心词制作思维导图。其评价标准如下:

案例 4-2-8

思维导图在数学复习中的应用——八年级数学代数方程复习(节选)[②]

表 4-2-5 数学复习型思维导图评价标准

	观察点	评价指标	评价等级标准				评价主体	评价方式
			A	B	C	D		
数学复习模块学习策略	思维导图	知识点覆盖面	知识点覆盖全面,无遗漏,有一定的知识整合结构	知识点覆盖全面,无遗漏	知识点覆盖较全面,有少许遗漏	知识点覆盖不全面,有较多遗漏	教师评价 学生互评 家长评价	活动评价法 作品展示法
		条理性	条理清晰,有一定独到见解	条理清晰,无错误	条理不够清晰,存在一些小错误	条理不清晰,存在较多错误		

----

① 李宗铎,向昭红.浅谈数学的特点与数学教学改革[J].数学理论与应用,2002(04):5—8.

② 余青.思维导图在数学复习中的应用——八年级数学代数方程复习[M]//熊秋菊.学生创新素养培育的实践探索——上海市长宁区初中作业开放性研究成果汇编.上海:学林出版社,2019:105—108.

续 表

观察点	评价指标	评价等级标准				评价主体	评价方式
		A	B	C	D		
	美观性	分支有颜色，有恰当的图案，能突出主题	分支有颜色，有恰当的图案	分支有颜色	分支没有颜色		

（上海市天山初级中学）

在这个评价标准中，"无遗漏""条理清晰"是重要的两项，非常契合数学学科特别要求的认真、严谨的态度。这样的例子还有很多，"与实际生活相结合的《小小气象员》作业设计"[①]让学生记录气温数据，依此了解气温的变化，判断季节的转换。作业实施过程中，要求学生在记录温度数据的同时，记录体感变化，相互印证，有助于培养实证意识和严谨的求知态度。再如"我能行——铺地砖活动方案设计"[②]等开放性作业，均从生活中的实际问题出发，构建数学模型，通过数学计算解决问题。不仅如此，教师鼓励学生运用不同的数学模型和计算完成作业。这样，让学生体会数学源于生活并运用于生活的本质，并且在数学应用的过程中体会精确计算和推理的意义。

第三节 英语学科的开放性作业设计

一、体现语言工具性的英语开放性作业设计

"义务教育阶段的英语课程具有工具性和人文性双重性质。就工具性而言，英语课程承担着培养学生基本英语素养和发展学生思维能力的任务，即学生通过英语课程掌握基本的英语语言知识，发展基本的听、说、读、写技

① 王志成. 与实际生活相结合的《小小气象员》作业设计[M]//熊秋菊. 学生创新素养培育的实践探索——上海市长宁区初中作业开放性研究成果汇编. 上海：学林出版社,2019:95—99.
② 曾怡娟. 我能行——铺地砖活动方案设计[M]//熊秋菊. 学生创新素养培育的实践探索——上海市长宁区初中作业开放性研究成果汇编. 上海：学林出版社,2019:127—130.

能,初步形成用英语与他人交流的能力,进一步促进思维能力的发展。"①上海市长宁区初中英语开放性作业首先关注学生英语语言能力的锻炼和培养,为英语的继续学习和运用奠定基础。

(一) 聚焦英语语言能力,设置阶梯性任务

国家英语义务教育课程标准将语言能力分为语音、词汇、语法、语篇知识、语用知识。语篇知识是关于语篇是如何构成、如何表达意义及人们在交流过程中如何使用语篇的知识。语用知识是指在特定语境中准确理解他人和得体自我表达的知识。② 英语开放性作业关注提升学生语言能力的某一个或某些侧面,让学生在完成任务的过程中,纠正语音、增加词汇量、熟悉语法、了解语篇知识、学会恰当地运用语言。

"初中低年级阶段以'读书笔记'引领英语阅读的探究",为学生布置阅读任务,让学生做阅读笔记,从而使学生不断积累词、句、段落,养成对阅读材料独立思考的习惯。这个开放性作业通过对"阅读笔记"内容的限定,要求学生完成"Crazy words""Practical phrases""Useful sentences""Meaningful passages""Attractive character"五个部分要素的记录,以达到提高学生英语语言能力的目的。

案例 4-3-1

初中低年级阶段以"读书笔记"引领英语阅读的探究(节选)③

"Crazy words":指导学生在阅读过程中对生词或影响阅读的单词进行圈画,在阅读后整理成影响阅读的词汇手册。引导学生将这些单词做好记录、查阅单词的音标、词性,独立将单词按照字母表整理成册,最后形成自己的生词表。

"Practical phrases":让学生在阅读过程中对一些自己感兴趣的,或者陌生的短语做摘抄。在阅读后,通过查字典对短语有进一步的了解后,可以选

---

① 中华人民共和国教育部. 义务教育英语课程标准(2011 年版)[M]. 北京:北京师范大学出版社,2011:2.

② 郭百学,罗晶晶. 英语学科核心素养之语言能力内涵解读[J]. 英语教师,2020(08):12—14.

③ 黄静萍. 初中低年级阶段以"读书笔记"引领英语阅读的探究[M]//熊秋菊. 学生创新素养培育的实践探索——上海市长宁区初中作业开放性研究成果汇编. 上海:学林出版社,2019:167—170.

择一些短语进行造句，提高对短语的理解能力。

"Useful sentences"：让学生摘抄新句型或者是一些地道的英语表达方式。在阅读后，对于这些句型加以背诵，可用于学生日常交流和平时的写作中。

"Meaningful passages"：引导学生对有意思的段落进行摘抄，可以是对话，可以是人物描写或者是事件的描述。在阅读后，可以由老师组织进行专题仿写，旨在提高学生的写作能力。

"Attractive character"：学生在阅读的基础上，对文本中最吸引自己的角色（可以是人、物或事）加以提炼描述，以展现自己在阅读中的思维过程和自己的观点和看法。其展现的形式不限，可以是画作、思维导图、对话等。

（上海市新泾中学）

这个开放性作业为学生的阅读设置了阶梯性的要求，让学生带着思考学习词汇、短语、句子、段落，进而分析篇章的任务完成阅读笔记。为了更好地发挥阅读作业对语言能力提升的效力，设计这份作业的教师后续进行了一些调整，增加了对语篇和语用能力的训练：

（1）帮助学生对文章的整体理解。可以通过"文章主线"的模板设置帮助学生整体理解文章。说明：让学生找出文章的主线（Main Route），再找出支持文章主线的细节描写，可以从主要思想、细节信息、中心句子和主要人物（Main Idea, Detail Information, Key Sentence, Main Character）四个方面入手。让学生学会对文章的整体把握和关键信息获得，从而提炼自己对文章的看法，形成良好的思维品质。

（2）帮助学生学会表达自己。在阅读过程中的思维变化会让学生有表达自己的冲动，但是往往受限于自己的语言能力，教师可以设计一些环节帮助学生从容面对。可以将最后一块 Attractive Character 做个调整。将原先的内容细化成对 Attractive Character 的描述并找到文中的细节信息。这样会帮助学生对自己感兴趣的角色进行更立体、更有逻辑性的描述。

（3）提高学生的语用能力。在学生认真阅读和完成笔记的基础上，以年级为单位的备课组应当为学生搭设展现自己的平台。可以利用年级每周五的英语角，让学生把自己的想法从笔端演变成自己的口头表达能力，形成一个学生自己的"读书会"。同时,邀请外教参与,让学生的表达更地道。

(二) 聚焦英语语言能力,进行过程性指导

听、说、读、写是英语语言的基本技能,初中学生的语言基础还不够丰厚,写作是其弱项。写作不仅是语言输出的过程,也是练习语言运用的过程。初中英语开放性作业在涉及写作训练时,针对初中学生英语基础偏弱的特点,加强过程性指导,让学生通过写作,进行词汇、语篇等方面的学习和练习。

如在"不断探索,优化初中英语写作——浅谈提高初中英语写作作业的开放性"这一案例中,教师将一篇英语作文的完成过程分成七个环节,每一个环节都跟进教师指导,让学生积累写作资料、学习写作方法、留下写作痕迹。

案例 4-3-2

不断探索,优化初中英语写作——浅谈提高初中英语写作作业的开放性(节选)[①]

第一环节:写作前头脑风暴,帮助学生充分联想,把头脑中闪现的,凡是与英语主题相关的表达都说出来。采取竞赛的机制又更能调动学生参与的积极性。如在写 My Last Weekend 这篇作文时,教师让学生们进行小组讨论,把想到的有关 Weekend 时能做的所有活动的英语表达都写在一张纸上,比比哪个小组写出的最多,最后让写出最多的一组把词写在黑板上。

第二环节:把所有学生给出的有关活动的词进行梳理分类,小组合作,比赛看哪个小组最先分好。比如分成:1. 有关公园的(walk a dog, have a picnic, etc);2. 有关在家休闲的(do some sewing, listen to music, etc);3. 有关课外学习的(watch English programs, join a club, see English films, etc)。

第三环节:利用预制语块,构建写作的框架。教师给出英语模版:I had a really busy weekend. In the morning, I went to the library to read some

---

① 万宇.不断探索,优化初中英语写作——浅谈提高初中英语写作作业的开放性[M]//熊秋菊.学生创新素养培育的实践探索——上海市长宁区初中作业开放性研究成果汇编.上海:学林出版社,2019:133—135.

books. I also borrowed some books from the library. In the afternoon, I did homework until 5 o'clock, It was a little tiring. At night, I stayed at home. My parents went to visit friends, so I had to cook dinner myself.

第四环节：让学生在小组内利用模板进行小组交流，得出修改建议。有的同学说加上连接词 first, then, finally. 有的同学说句式如果更丰富一些会更好，如 After I read books, I borrowed some other books home. 或 I spent 5 hours doing my homework, so I felt badly tired! 有的同学说要加结尾，如 I had a good time. I enjoyed myself. What a wonderful weekend!

第五环节：独立完成小作文，词数不少于50词。学生在有前面几个环节的铺垫后，写作文会更加有方向感，层次会更清楚。字数不达标的同学就此减少了，语句不丰富的学生也会尝试用不同的句型。

第六环节：总结如何才能写好英语作文：①平时要多练习造句；②注意特殊句型和优美句型的积累；③大量阅读，多积累英语作文的好素材；④养成写英语日记的习惯。

第七环节：修改作文，并建作文档案袋。档案袋的使用使学生有机会做一些写作练习，使他们有机会写出他们知道的和让别人知道他们对所学的有多少理解。

（上海姚连生中学）

在这份开放性作业中，写作前的头脑风暴帮助学生打开思路，收集与主题相关的词汇。然后将这些词汇分类整理，并在此基础上构建写作框架，由教师给出写作模板。学生再修改、完善写作模板，独立完成小作文。最后总结作文写作的方法，学生修改自己的作文，充实个人写作档案袋。教师不仅在作业完成的各个环节有具体的指导，而且为学生建立写作档案袋，记录不同类型的写作任务、学生的进步和反思、教师的评价，有助于学生回顾学习历程，自主复习总结。

二、体现语言人文性的英语开放性作业设计

"就人文性而言，英语课程承担着提高学生综合人文素养的任务，即学生通过英语课程能够开阔视野，丰富生活经历，形成跨文化意识，增强爱国

主义精神,发展创新能力,形成良好的品格和正确的人生观与价值观。"①上海市长宁区初中英语开放性作业巧妙地设计作业内容,运用开放的形式,增进学生的跨文化理解和交流,让学生在语言技能提升过程中得到更多成长。

(一) 用英语表达文本主题,增进跨文化理解

英语是交流的工具,同时也承载着以英语为母语的人的思维方式、文化和习惯。围绕西方文化中的主题进行英语学习,能够让学生更好地体味英语语言的风格特点。基于这样的考虑,初中英语开放性作业就让学生在英语国家的常用话题下进行英语训练,加深英语语感,增进对英语文化的理解。

"'走进迪士尼'——英语小报制作"②这份开放性作业让学生通过网络搜索各地迪士尼乐园的英语介绍,设定不同主题,如迪士尼概况、各国迪士尼简介、上海迪士尼的开幕等。根据收集的信息编写成英语短文,配插图,以电子或手绘形式制作英语小报。完成这样的作业,学生不仅在语言技能上有所提高,而且在对西方文化的理解上也更进了一层。有学生说:"我这次制作的'迪士尼'主题小报是一个充满着梦幻色彩的童话世界。用英语来诠释它的特点,这既让我在查找资料的同时了解了更多,又让我获得了关于迪士尼的英语方面的文词知识。我觉得十分有趣、有益!"

(二) 用英语表达东方主题,增进跨文化交流

跨文化交流是英语学习的目的之一,增进跨文化意识是义务教育阶段英语学习的重要目标之一。初中英语开放性作业让孩子练习用英语表达和介绍中国传统文化,在提高学生语言能力的同时,从小培养学生向世界推介中国文化的意识和能力,增进其跨文化沟通能力。

"这次,我们这样写作文"这份开放性作业让学生根据所看到的关于中国传统文化的视频内容,为视频撰写解说词并配音。教师对作业的完成要求有几大步骤:

---

① 中华人民共和国教育部. 义务教育英语课程标准(2011 年版)[M]. 北京:北京师范大学出版社,2011:4.
② 金敏. "走进迪士尼"——英语小报制作[M]//熊秋菊. 学生创新素养培育的实践探索——上海市长宁区初中作业开放性研究成果汇编. 上海:学林出版社,2019:136—138.

案例 4 - 3 - 3

这次，我们这样写作文(节选)①

步骤一：提供有关中国传统技艺的中文视频，如刺绣、中国结、捏泥人、剪纸、篆刻、制作凉席等。视频中主人公详细地介绍他们所擅长的传统技艺。

步骤二：学生分组，以小组为单位观看视频，挑选传统技艺最主要的内容和步骤，确定叙述内容和选用词汇，撰写任务分工。

步骤三：撰写内容拼接，集体修改、润色。

步骤四：尝试用英语为视频配音，发现问题。看经典纪录片，学习纪录片配音要点。修改文章，再次配音。

步骤五：全班展示。

（上海市复旦初级中学）

从中文到英文，从英文写作到英文讲解。学生在实践的过程中，不断修改和排练，从开始的不自信到最后能够自信地进行讲解，体会到中华文化的博大精深，通过技术和能力的提升增进跨文化交流的成效。

(三) 推进语言技能之外的教育

英语是初中教育中的一门重要学科，英语教育是教育的重要组成部分。在学习英语的过程中，除了语言技能的掌握和跨文化理解力、沟通能力的培养，学生对本国文化的热爱、社会交往能力等也能够得到增强。初中英语开放性作业充分利用小组合作学习、成果展示等方式，让语言的学习更加富有教育的意义。

"学生主导的开放性英语报刊阅读"这份开放性作业要求学生自由组成3—5 人的合作小组，选择报纸上的文章进行自主拓展，制作 PPT 并在班级中展示分享。有一组学生选择了"The XX is back"这篇文章，讲述有关乐队的故事。

---

① 谷莉.这次,我们这样写作文[M]//熊秋菊.学生创新素养培育的实践探索——上海市长宁区初中作业开放性研究成果汇编.上海:学林出版社,2019:139—141.

案例 4-3-4

学生主导的开放性英语报刊阅读（节选）①

四位学生上台，通过"Which band do you like best?"的问题迅速将班级同学的积极性调动起来。……最令人意想不到的是，在几位一贯英语很好、表达能力很强的同学中还有 A 同学，她的英语程度一直较弱，要让她独立用英语表达想法，是比较困难的。而这组同学邀请了 A 同学的参与，并有意让她讲较为简单和基础的部分，还将需要讲的部分以大纲形式展现在 PPT 上，A 同学的尝试和进步让人欣喜，这样的展示，让在英语上并不擅长的 A 同学，在同伴的帮助下，也可以有她发挥的空间。

当介绍完这个乐队的相关信息后，他们向同学提问："Why did they continue playing music together? what is the reason behind their success and failure?"有一位同学举手答到"Friendship!"我看到讲台上四位同学瞬间的激动，我想到他们最初设计的时候，就一直担心，同学不能很好理解这个问题，所以介绍乐队成员时，他们一直在强调这几位乐手还是很好的朋友。最后，他们阐述了自己的观点："Whatever we do, whenever it is, wherever we are, our friendship will never change, and it won't fade."在报刊阅读的课堂上，介绍乐队的并不鲜见，而真正从乐队本身入手，挖掘乐队背后故事的，他们是第一组。

（上海市建青实验学校）

在这份开放性作业完成的过程中，在语言学习之外，四位同学强调了乐队能够持续的重要原因，即成员间的友谊。在展示交流过程中，这个小组也用对 A 同学的帮助这种实际行动证明了彼此间的"友谊"。这样的做法和展示比说教更能深深地打动同学。之所以产生这样的效果，与教师的引导密不可分——"我想起刚开始进行报刊阅读课的开放性作业展示时，我总是要提醒学生，要挖掘除了语言以外的内容，要关注文章的内涵，要用英语作为载体

① 刘喆. 学生主导的开放性英语报刊阅读[M]//熊秋菊. 学生创新素养培育的实践探索——上海市长宁区初中作业开放性研究成果汇编. 上海:学林出版社,2019:144—146.

表达自己的观点,经过一次次的尝试,我终于看到了他们的实践和进步。"

三、让学生在语境中学习的英语开放性作业设计

现代外语教育"主张学生在语境中接触、体验和理解真实语言"[①],"尽可能多地为学生创造在真实语境中运用语言的机会"[②]。长宁英语开放性作业强调语言的实践性,尽可能地为学生构建语言运用的情境,不断提升学生的语用能力,增进学生的英语敏感度,更深入地掌握语言知识和技能。

(一) 借助英语戏剧,让学生在语境中学习

英语戏剧是创造语境的重要途径和载体。它通过表演的方法将学生带入情境之中,体会那时那景中的语言运用,加深学生对语言的理解。长宁英语开放性作业用课本剧等戏剧表演的方式,让学生通过阅读文本、欣赏影视作品、改编剧本、模仿排练、展示演出等环节让孩子用英语和肢体语言呈现故事情节,在不断推进的语境中练习英语语言的运用。

"兴趣是孩子最好的老师——英语课本剧的模仿与创编"就是让学生将自己的奇思妙想加在剧本上进行创编,最终以表演的形式呈现,激发学生英语学习的兴趣和能力,增强自信。作业的实施分为四个阶段。

案例 4-3-5

兴趣是孩子最好的老师——英语课本剧的模仿与创编(节选)[③]

第一阶段是欣赏和输入。 在课堂上阅读《白雪公主》的故事选段,使得学生大致了解故事的主线、人物等。课后,让学生利用周末观看原版动画《白雪公主》并搜索《白雪公主》英语剧本。这样一来培养了孩子的听、读的能力,使得孩子们对原有故事静态的理解转为动态的影像输入,让孩子们进一步了解故事的情节,也通过影像的方式,提升他们对于该课程的兴趣。动

---

① 中华人民共和国教育部. 义务教育英语课程标准(2011 年版)[M]. 北京:北京师范大学出版社,2011:5.

② 中华人民共和国教育部. 义务教育英语课程标准(2011 年版)[M]. 北京:北京师范大学出版社,2011:5.

③ 朱小菁. 兴趣是孩子最好的老师——英语课本剧的模仿与创编[M]//熊秋菊. 学生创新素养培育的实践探索——上海市长宁区初中作业开放性研究成果汇编. 上海:学林出版社,2019:150—151.

画中还涉猎了一些与故事书上不同的情节和细节,同时也为今后他们自己的剧本创编增添了思路。

第二阶段是整理和创编。 在课堂上进行角色分配、讨论、整理剧本和创编。课后让学生按照各自角色,熟悉剧本和熟读台词。并思考如何创编剧本,加入时下流行的元素如穿越、反串等。在整个过程中,不仅培养了学生创新思维能力,也培养了学生的写作能力。运用故事线、穿越、反串等创新思维加入课本剧的创编。通过师生合作,生生合作,让每个参与课程的学生都能在英语编写叙事上得到锻炼,真正做到了学有所得,学有所用。

第三阶段是模仿与实践。 在教师指导下,利用课堂进行互动和分场景剧本排演。课后要求学生熟读、背诵剧本。以及模仿原版影片中各角色的语音语调。每个孩子都有自己的一份剧本,教师要求孩子们先熟读剧本,模仿原版电影的语音语调,然后一个个到教师这里矫正他们的语音语调,师生再一起对脚本、对台词、对角色、矫正肢体语言、舞台走位等等。在读顺读准剧本台词后,再让孩子们利用课后的时间背出台词。

第四阶段是作业展示。 在我们最终的剧本中,孩子们想到运用时下十分流行的穿越元素,以梦为主线,女主人公是一个在校中学生,在课堂上阅读课外书《白雪公主》时睡着了,然后梦见自己穿越成了白雪公主,遇到了七个巨人,女主在吃了毒皇后给的紫色香蕉后昏迷了。之后遇到了反串王子,被王子一咬便醒来,才发现是老师在叫醒她。整个故事脑洞大开,在我校每年一次的英语节上做了展示。虽然一整年的努力只是缩减在 15 分钟的表演时间内,可他们的完美呈现和喜剧效果赢得了全校老师和学生的好评和笑声。

(上海市泸定中学)

教师正是运用这样的情景化教学,让学生浸润在英语运用的环境和氛围之中,自然地学习和使用英语。简言之,在运用中激发兴趣、提高能力。

(二) 构建具体情境,让学生聚焦真实的话题

用英语进行真实话题的讨论,让学生进入真实的情境,运用英语,并在准备的过程中学习英语。长宁初中英语开放性作业借助牛津教材中的"项目"作为深度学习的载体,设计动手实践、编剧表演等综合实践活动,让学生在问题解决中提高英语语言能力。

　　"'走进迪士尼'——英语小报制作"要求学生通过网络搜索各地迪士尼乐园的英语介绍，设定不同主题，如迪士尼概况、各国迪士尼简介、上海迪士尼的开幕等。根据收集的信息编写成英语短文，配插图，以电子或手绘形式制作英语小报。

案例4-3-6

"走进迪士尼"——英语小报制作(节选)①

【完成过程】

1. 教师分别在各班布置作业任务和要求。

2. 收集学生小报作品。

3. 学生在课堂上交流各自制作的小报。

4. 张贴小报在走廊文化墙上，学生和老师共同评选优秀作品。

【学生作业成果摘录】

图4-3-1　英语小报制作图示

（上海市长宁中学）

　　迪士尼是学生感兴趣的话题。这次作业让学生回想起迪士尼乐园、迪士尼电影的情境，有话可说，具有较强的兴趣。同时，学生们也认为，用英语

---

① 金敏."走进迪士尼"——英语小报制作[M]//熊秋菊.学生创新素养培育的实践探索——上海市长宁区初中作业开放性研究成果汇编.上海：学林出版社，2019：136—138.

来诠释迪士尼的特点,普及了关于迪士尼的英语方面的文词知识,对迪士尼有了更深的了解,十分有趣、有益。

四、让学生在语言运用中学习的英语开放性作业设计

现代外语教育"强调语言学习的实践性"①,"鼓励学生在教师的指导下,通过体验、实践、参与、探究和合作等方式,发现语言规律"②。长宁英语开放性作业尊重语言学习的基本规律,为学生提供更多运用语言的机会。

(一) 构建全面的评价,引导英语语言运用

评价维度和标准引导着教授和学习的方向和过程。英语学习不仅对学生的语音语调、语法词汇等有要求,还对篇章、语用等方面提出要求。这些英语语言能力,都能够在语言运用过程中得到锻炼和提高。长宁初中英语开放性作业不仅从内容上强调英语的运用,而且从评价标准上细化和强化语言运用的要求,给学生正向的引导。

"学生主导的开放性英语报刊阅读"这份开放性作业要求学生小组阅读报刊文章并展示介绍。这份作业设计的目的"并不过度着眼于字词语法,而是强调阅读篇章的整体性和阅读的有效性,鼓励学生通过自由组合的形式,提高作业的品质"。这种理念体现在作业的评价量表之中。

案例 4-3-7

学生主导的开放性英语报刊阅读(节选)③

表 4-3-1　关于英语报刊阅读评价量表

Evaluation of ＿＿＿＿＿＿		
Content　10% （内容）	Is it interesting and attractive?	2%	
	Is it too difficult / easy?	2%	

① 中华人民共和国教育部. 义务教育英语课程标准(2011 年版)[M]. 北京:北京师范大学出版社, 2011:5.

② 中华人民共和国教育部. 义务教育英语课程标准(2011 年版)[M]. 北京:北京师范大学出版社, 2011:5.

③ 刘喆. 学生主导的开放性英语报刊阅读[M]//熊秋菊. 学生创新素养培育的实践探索——上海市长宁区初中作业开放性研究成果汇编. 上海:学林出版社,2019:144—146.

续　表

Evaluation of ＿＿＿＿＿＿			
	Is it logical（逻辑性）?	2%	
	Do they have their own ideas?	4%	
Pronunciation and Intonation 4%（语音语调）	Do they speak fluently and accurately?	2%	
	Do they speak loudly and clearly	2%	
Appearance（仪态仪表）		2%	
Cooperation and Engagement（合作与参与度）		2%	
Time control		2%	
Total		20%	

（上海市建青实验学校）

这个评价量表的评价维度非常全面，从内容到语音语调，再到仪态仪表、小组合作、实践控制等都有涉及。其中，比重最大的是"内容"，说明作业评价强调逻辑性的表达和个人观点的阐述，要求学生有自己的分析和想法。这样的评价量表，有助于引导学生更加关注语言的综合运用，尤其关注语篇和表达的逻辑性，以及自己的判断分析，更有深度地提升学生英语运用的能力水平。

（二）设置主题作业，训练英语语言运用

围绕主题凝聚学习内容是英语教育的主流形式，也是目前初中英语教材编写的主要形式。长宁初中英语开放性作业充分利用这种主题性的教学内容组织方式，根据教学单元开发若干主题性作业，让学生在语言运用中巩固和拓展学习内容。

"基于单元视角的学生开放性小项目的设计与实施"，根据教学单元的主题，让学生配以文字和图片，制作海报，最后在课上进行海报制作的说明和展示。

案例 4 - 3 - 8

基于单元视角的学生开放性小项目的设计与实施(节选)①

第六单元主题是 seasonal changes。第一第二课时探讨的是 Rose Garden School 的冬季和夏季校服。以此为切入口，让学生对比我校和 Rose Garden School 的校服，并且畅谈自己最爱的校服是什么样子。通过课堂上的探讨，学生掌握了一些关于衣着的基本词汇。回家作业即画出自己心目中的夏季或冬季校服，并制作成海报。

在展示课上，我们请做出优秀作品的同学上台介绍自己的服装，其中不乏一些英语能力较为薄弱但喜欢绘画的同学。她们会利用课后时间查阅大量资料，以求在课堂上有个较为完美的表现，这在一定程度上帮助这类同学巩固了所学的课堂知识，而且激发了其学习英语的信心和兴趣。

(上海市第三女子初级中学)

这份围绕课内教学内容，设计制作校服设计海报的作业，一方面巩固了课堂学习内容，另一方面给予学生拓展练习英语的机会。这样的作业让学生有使用英语的迫切需要，使其能够主动查找、学习英语，进而恰当地运用英语，在这个过程中语言能力自然得到提升。

---

① 黄悦,胡佳丽.基于单元视角的学生开放性小项目的设计与实施[M]//熊秋菊.学生创新素养培育的实践探索——上海市长宁区初中作业开放性研究成果汇编.上海:学林出版社,2019:152—155.

第五章 开放性作业设计的学科实践(二)

第一节 自然学科的开放性作业设计

一、体现实验性特点的自然学科开放性作业设计

实验是自然科学最主要的研究方式,因此在初中的自然学科开放性作业设计中,涉及实验的作业最多。一方面是通过实验重走知识归纳产生的道路,另一方面是通过实验验证科学结论,让学生对科学原理有更深刻的体验。这也恰恰应和了人类思维的两个最重要的路径:归纳推理和演绎推理。

(一) 依托实验引导学生重走知识归纳推理之路

提出科学假设→用实验验证或者证伪假设(实验可重复)→形成科学观点,这是一般自然科学知识产生的路径。每一个科学原理的发现都经过很长时间的观察和经验总结才得以实现,凝结着数代人的心血。但是知识学习的效率要求不可能等待学生自己发现,必须凝练原理发现的过程,并引导学生关注关键因素。对于简单的科学原理,初中自然学科开放性作业简化知识发现的过程,运用学习任务单等支持工具,让学生观察最关键的变量,引导学生高效地重新体验知识的产生,总结规律习得知识,实现深度学习。

"无动力小车"这一物理学科的开放性作业为了让学生知道影响物体重力势能和动能大小的因素,知道重力势能和动能间可以相互转化,能判断重力势能和动能大小的变化,要求学生用废弃的饮料瓶自主设计一辆能够滑动的小车,并让其从标准统一的测试平台上沿轨道自由滑落。为了让学生

了解物体所处高度、物体质量是影响小车滑行距离的重要因素,教师设计了"学习活动卡",让学生记录关键要素。

案例 5-1-1

无动力小车(节选)[①]

【完成过程】

每班级学生分 3—4 人成为活动小队。学生在老师的指导下,学习制作无动力小车的基本步骤和方法。自己准备饮料瓶和瓶盖若干只,小车主体部分除教师提供的轮轴外,只能使用饮料瓶所包含的材料。配重部分可自行选择。学生自主设计小车。实验室开放,学生可在课后自行调试小车。

1. 了解"无动力小车"的制作方法和要素。

2. 探究"无动力小车"的滑行距离与哪些因素有关(附件)。

3. 小车制作初步完成后,再对小车外形进行造型设计和美化。

4. 让其在统一制定的测试平台上从最顶端沿轨道自由滑落下来,记录滑行直线距离,滑行距离越长的成绩越好。

附件:

学习活动卡(探究《无动力小车》的滑行距离)

班级:＿＿＿＿＿＿　小队名称:＿＿＿＿＿＿＿＿

活动 1:探究小车滑行的距离与所处高度的关系

表 5-1-1　滑行距离与所处高度关系

实验序号	物体质量	物体所处高度	小车滑行的距离 (选填:越近或越远)
1	保持不变	增大	
2		增大	
3		增大	

---

① 郭惠萍,罗世蕾,王俊俊.无动力小车[M]//熊秋菊.学生创新素养培育的实践探索——上海市长宁区初中作业开放性研究成果汇编.上海:学林出版社,2019:191—193.

活动2：探究小车滑行的距离与质量的关系

表5-1-2　滑行距离与质量关系

实验序号	物体所处高度	物体质量	小车滑行的距离 （选填：越近或越远）
1	保持不变	增大	
2		增大	
3		增大	

活动3：大组交流。根据实验方案动手实验，并在数据表格中记录实验现象。

实验结论：＿＿＿＿＿＿＿＿＿＿＿＿＿＿＿＿＿＿＿＿＿＿＿＿＿。

（上海市泸定中学）

通过"学习活动卡"上的记录，学生可以一目了然地知道小车所处位置越高、质量越大，滑行的距离就越大。最后，再通过大组讨论，得出实验结论，感受能量的转化。

（二）依托实验指导学生进行原理演绎验证

根据已经学习过的科学原理，用实验的方法模拟解决生活中的实际问题，是将知识与生活紧密结合的过程，也是深入理解、掌握知识的过程。但是，抽象的知识原理相对简练纯粹，实际问题的解决则更加复杂多变。因此，这一类的开放性作业设计，教师在步骤和关键点上会用多样的方式给予支持和提示。

"探究铁在不同环境中的生锈情况"这一作业要求学生体验生活，观察身边的铁制品，收集铁生锈造成经济损失的有关资料；形成假设，对铁生锈的原因做出合理推测；设计方案，选择合适的仪器和药品完成实验并观察记录；得出结论，归纳引起铁生锈的因素，推知钢铁防腐蚀的原理；分析评价，评述铁制品的应用现状并尝试寻觅或预测新型材料。

案例 5-1-2

探究铁在不同环境中的生锈情况(节选)[①]

【完成过程】

观察发现,提出问题。 观察身边的铸像,思考选材的理由。搜集金属腐蚀造成经济损失的数据资料,感受其对生产生活的影响。比较不同环境下铁制品的生锈情况,自主选定若干环境进行探究。

依据实际,提出假设。 根据生活经验和知识储备,猜测不同环境中引起铁生锈的具体物质。对于相似度较大的环境(如雨水、海水)进一步分析比较,辨析两种环境中含有的特征性物质,形成合理推测。

设计方案,实践探究。 运用控制变量法、对比法等科学方法设计并进行实验。建议放置2—3天后仔细观察现象,客观记录。

分析现象,得出结论。 依据实验现象确定铁生锈的原因,推知钢铁的防腐蚀原理,整理并完成实验报告。

扩展思路,开拓创新。 紧扣性质决定用途的学科思想,结合价格、外观、资源储量、环境可持续性等因素,对铁制品的应用现状展开综合评价。同时,也可联系科学前沿尝试寻觅或预测未来新材料。

(上海市复旦初级中学)

在这份开放性作业完成的过程中,教师给予了诸多方面的引导,比如高度社会责任感、积极科技价值观的培育。另外,性质决定用途这一学科思想的凝练和点拨,对"探究既是科学学习的目标,又是科学学习的方式"这一理性认识的认可等等,让学生经历体验依托实验产生知识的过程,达成在综合素养、学科核心素养等方面的培养。

(三) 依托实验鼓励学生从习得知识走向创新探索

开放性作业给学生更宽广的学习和实践的时空。广阔的时空正是创新创造得以实现的前提,这也是开放性作业的优势。不仅在作业设计环节,而

---

① 施昼悦.探究铁在不同环境中的生锈情况[M]//熊秋菊.学生创新素养培育的实践探索——上海市长宁区初中作业开放性研究成果汇编.上海:学林出版社,2019:223—226.

且在作业完成过程中，教师的适时鼓励和指导，成为学生深入探索、创新实践的激发器。

在"给学生一滴水，他会还你一片海洋——八年级物理'声'单元开放性作业设计"中，"水杯的音调"这项作业本来只要求研究敲击水杯发出声音的音调与盛水的质量、敲击部位的关系，并且根据实验结论，理论分析成因。但是，学生有很大的探索热情，要进行更具挑战性的实验。

案例 5-1-3

给学生一滴水，他会还你一片海洋——八年级物理
"声"单元开放性作业设计（节选）[①]

　　没有几天，该小组成员就遇到了问题，觉得这样的项目太简单了，听一听盛有不同水的玻璃杯的音调高低就可以得出结论了。于是他们就吵着要换一个更具挑战性的项目。于是我向这些学生提出了一个问题，你们觉得该如何更客观地观察音调的高低。这一句话，果然问到了要点。学生们面面相觑。"直接用耳朵听不客观吗？"有个小男生轻轻地嘀咕着。于是我拿来了两个装水差不多的烧杯，分别敲击烧杯壁。"你们觉得哪个音调高？"我问。这时学生们才恍然大悟。"我觉得应该用示波器来看看哪个音调高。"又是那个男生说道。"那老师就借给你们一个示波器吧"。学生们捧着我的电脑示波器到隔壁实验室去实验了。

　　午后的时光总是让人犯困，也不知道过了多久，隔壁实验室传来了一段音乐，虽然音色不那么优美，但确实是一首完整的曲子——《小星星》。我推开实验室的门，几个学生正拿着金属棒敲击着水杯，这曲子正是这些杯子发出的。"这是你们的研究成果？脑洞大开啊！"我啧啧称奇。学生们更是欢欣鼓舞，热情地招呼着我过来。其中一位女生，向我介绍着刚才发生的一切。他们在实验中发现，通过调节玻璃杯中水的多少，可以调制出不同的音阶，而且比较准。然后又利用示波器，研究了不同水杯盛水时，不同音调下的波形图。甚至还发现了不同杯子的音色差异。不管是否有科

---

① 申健.给学生一滴水，他会还你一片海洋——八年级物理"声"单元开放性作业设计[M]//熊秋菊.学生创新素养培育的实践探索——上海市长宁区初中作业开放性研究成果汇编.上海：学林出版社，2019：198—201.

学依据,他们发现高杯子要比矮杯子敲击出的音色更好。真的很难想象,一个多小时前,这一群毫无研究方向的孩子,现在已然成为玻璃杯音乐达人了。

(上海市延安初级中学)

在这个作业超额完成过程中,我们惊叹于学生的探究动力、创新能力,同时也看到了教师的及时鼓励和点拨。他没有把示波器直接交给学生,让他们根据示波器的显示完成若干任务,而是在学生有需求的时候,引导学生探索更加精准的观察音调的方式。可以说,教师的一个关键性问题,为后来《小星星》的成功演奏奠定了基础。教师把握时机进行关键引导,学生的研究还给教师一个惊喜。

二、体现生活实用性的自然学科开放性作业设计

知识通过对现实的观察、思考、凝练、抽象而形成,然后在人与人之间传播,再通过运用帮助解决现实生活中的问题。学校教育的任务之一就是让知识在师生之间、生生之间传播,让学生掌握运用知识解决问题的能力,并在此过程中体会知识的意义。在知识与生活联系这一环节上,开放性作业充分发挥了其有益价值。

(一) 从跨学科探索中寻找知识与生活的结合点

知识的分门别类是人为的结果。生活现象的解释和问题的解决本来就需要综合多学科的知识得以完成。在知识与生活相结合的道路上,跨学科知识融合是重要的发展趋势之一。一些开放性作业也尝试采用跨学科的方法,做到自然学科、其他学科、生活现实的自然结合。

"语文中隐藏的物理知识——初中八年级物理开放性作业设计"针对学生普遍存在审题不清和篇幅较长题目没有耐心阅读的情况,设法让学生认真阅读文学段落,然后从中发现物理现象。这样一方面训练学生认真阅读的习惯,另一方面也检验学生对物理概念的理解。

案例 5-1-4

语文中隐藏的物理知识——初中八年级物理开放性作业设计(节选)①

阅读下面短文,要求从中找出 2 个跟物理知识有关的短语和句子,并分别将涉及的物理知识填入下表的空格内。

烟花三月,"两堤花柳全依水,一路楼台直到山"的瘦西湖披上了节日的盛装,芍药、杜鹃与琼花争奇斗艳,散发出沁人的芳香。儿童们在自己的乐园里尽情嬉戏,有的在蹦床上弹跳,有的沿滑梯滑下,有的驾驶碰碰车左撞右碰,妙趣横生,一旁观看孩子玩耍的父母们不时发出阵阵笑声,纷纷举起照相机留下这美好的一刻。站在钓鱼台上,只见清澈的湖水中鱼儿游得正欢。向西看,约 200 米处,古老的玉亭桥与白塔倒映在水中,构成一道独特的风景。一只只脚踏游船在平静的湖面上,击起阵阵涟漪。夜幕降临,园中万灯齐放,流光溢彩。"轰、轰、轰"各式礼花被送上夜空,绽放出五彩缤纷的色彩。

表 5-1-3 找出语句并写出物理原理

语句	物理规律
驾驶碰碰车左撞右碰	力可以改变物体运动状态
白塔倒映在水中	平面镜成像

(上海市新泾中学)

在作业完成和展示过程中,教师运用小组 PK 的方式,看谁找出的物理现象准确并且丰富。可以想见,在这样的任务设计下,学生的学习热情被调动,认真阅读对学生语文学习有所裨益,寻找物理现象并阐释规律又让学生对物理知识产生更深的体悟,而且文中所描写的蕴含物理规律的现实场景还能让学生体味生活的奥妙,以及人类智慧和知识的伟大。

---

① 邹林.语文中隐藏的物理知识——初中八年级物理开放性作业设计[M]//熊秋菊.学生创新素养培育的实践探索——上海市长宁区初中作业开放性研究成果汇编.上海:学林出版社,2019:209—211.

(二) 鼓励学生思考知识对生活赋予的意义

知识的力量在于解释现象背后的原理,从而不仅能够解释为什么,更重要的是可以预测将会怎样,指导怎么做。一些开放性作业的设计考虑到知识对生活的重要意义,不仅引导学生通过生活实践归纳总结原理,而且鼓励学生根据原理指导生活实践。

九年级化学开放性作业《探究铁钉在不同环境中的生锈情况》的实施,让学生针对"日常生活中最常用到的金属铁在什么样的环境中容易生锈"这一问题进行实验探索,并要求学生写出实验结论和进一步的思考。

案例5-1-5

《探究铁钉在不同环境中的生锈情况》的实施(节选)[①]

主题:化学探究实验——铁在哪里会生锈

【作业完成过程】

发现问题:浴室放东西的铁架子锈得很厉害。外面晾衣服的铁架,也经常锈迹斑斑。

引发思考:铁会在什么情况下生锈呢?

假设:铁在空气中、水中、泥土中可能会生锈。铁在真空中不会生锈。

实验准备:选四个质量体积差不多的铁钩。

在泥土中放入一个铁钩。

拿一个可以密封的塑料袋,放入第二个铁钩,排出空气,尽可能模拟真空环境。

将第三个铁钩放置在空气中。

拿一个有盖玻璃杯,放入第四个铁钩,倒入足量的水淹没铁钩,拧上盖子。

实验记录:

第一天:并没有什么太大的改变,只有放在泥土中的铁钩有点生锈。

第三天:泥土中的铁钩生锈更加明显,水中和空气中的铁钩也开始生

---

① 周书静. 多维度开放,综合性改变——九年级化学开放性作业《探究铁钉在不同环境中的生锈情况》的实施[M]//熊秋菊.学生创新素养培育的实践探索——上海市长宁区初中作业开放性研究成果汇编.上海:学林出版社,2019:215—219.

锈，"真空"中的铁钩毫无反应。

第五天：在空气、水、泥土中的铁钩生锈迹象越发明显，"真空"中的铁钩也出现一点点锈迹。

第七天：除了"真空"中的铁钩外，其他铁钩的生锈面积都扩大了很多。

结论：铁会在水、空气和土壤中生锈，而在真空中不会。而实验铁钩在"真空"中之所以出现一点生锈痕迹，是因为实验袋子无法做到完全真空，会进入一些空气。而这么一点空气就能使铁钩生了锈，可见有没有空气会极大地影响铁是否会生锈的结果。

进一步思考：船体与甲板为什么要经常涂油漆？铁轨在什么环境下更容易生锈？

（上海市复旦初级中学）

从这份开放性作业的完成情况看，学生的实验设计和实施让他们像科学家一样经历了提出问题、做出假设、制定计划、搜集证据、解释问题的过程。更难能可贵的是，在"进一步思考"中，学生有了节约资源的意识和担当，以及运用知识提出具体方案来解决问题的智慧。

（三）引导学生对生活的感知和热情

知识能够帮助人们发现并了解身边的美好。自然学科的开放性作业引导学生关注身边的事物，了解科学就蕴含在自己周围的环境，增进学生的好奇心和对生活的热情。"认识校园里常见植物"就是有关植物环境的系列作业。

案例 5-1-6

认识校园里常见植物（节选）①

【作业设计】

1. 给植物制作"身份证"

以小组的形式完成 2 种自选植物"身份证"的制作。所制作挂牌必须具

---

① 薛莲.认识校园里常见植物[M]//熊秋菊.学生创新素养培育的实践探索——上海市长宁区初中作业开放性研究成果汇编.上海：学林出版社,2019：380—382.

备的内容是:植物名称、拉丁名、主要特征、照片。制作完成后,由大家投票选出制作精美的植物小挂牌。

2. 给校园的绿化出个"金点子"

全面了解学校的绿化环境,要求学生在不打破整体格局的情况下为完善学校绿化出一个金点子。看谁的点子富有创意、诗意。

3. 发现问题、倡议解决

发现有关校园环境保护的相关问题,并积极想办法去解决。

(上海市省吾中学)

这项系列作业共有递进的三项任务,制作"身份证"让学生观察周围植物,查阅资料了解这些植物;思考绿化"金点子"让学生在观察了解的基础上思考如何改善周围环境,比如有学生提出在楼顶上建"空中花园",在教室里建"班级植物角";"问题解决"让学生承担责任,自主保护环境,很多学生都提出学校有些不易被察觉的地方,藏着很多纸屑,同学们随手采摘树叶、花朵、折断树枝的现象屡有发生等,呼吁要共同维护校园。更重要的是,在完成作业过程中,学生走遍了校园,仔细观察和思考了学校生活环境,用真心感受取代忽略,热情取代冷漠,从而发现了身边的美。

三、体现科学探究历史的自然学科开放性作业设计

科学探究历史承载着科学原理在证伪中修正,在证实中发展的探索过程,彰显了科学家的探索精神,具有较强的育人价值。初中开放性作业充分利用这一点,设计科学原理更迭历史探索任务,让学生在自主资料整理和学习中自然感受科学观念,深化理解科学原理。

(一) 充分发挥科学家精神的教育意义

科学家的重要科学发现,是对科学历史的推动。大胆假设、小心求证、矢志探索的精神是科学发展史上的宝贵财富,也是学科育人的宝贵资源。"探究空气的奥秘"这份初中化学开放性作业让学生通过科学史上相关资料的查阅和整理,了解空气的基本组成,理解"测定空气中氧气体积分数"的实验原理,体会定性实验、定量实验的重要方法。作业内容及要求如下:

案例 5-1-7

探究空气的奥秘(节选)①

【培养目标】

1. 学生发展核心素养目标

(1) 实验探究与创新意识：对于问题的提出与解决，让学生体验调查研究问题的过程。

(2) 科学精神与社会责任：通过学习科学家发现空气组成的过程以及绘制环保小报，让学生建立起科学精神与社会责任。

2. 学科教学目标

(1) 了解空气的主要成分，知道氮气和氧气的体积分数。

(2) 知道大气圈的结构与臭氧层的作用，了解氮气和稀有气体的常见用途。

(3) 了解当前的空气质量状况，知道大气污染和酸雨形成的主要原因，了解防治空气污染的常见处理方法及其重要意义。

(4) 通过对空气污染情况的调查活动，初步培养学生收集、阅读和处理信息的能力。增强学生的环保意识，感悟空气是一种宝贵的自然资源，养成关注自然、热爱化学的情感。

【作业设计】

1. 必选作业：查阅资料，回答下列问题

● 大气层的结构、各层的性质及臭氧层的作用是什么？

● 空气由哪些物质组成？组成空气的物质各自所占的体积分数是多少？空气中各成分有哪些用途？

2. 自选作业：以图文形式介绍"空气的发现史"，例如：

● 谁最先独立地发现并制得了氧气？

● 拉瓦锡通过实验得出了什么重要的结论？他为什么可以得出独到的见解？你能从他身上学到什么品质？

---

① 崔昊亮.探究空气的奥秘[M]//熊秋菊.学生创新素养培育的实践探索——上海市长宁区初中作业开放性研究成果汇编.上海：学林出版社，2019：236—239.

● 最初发现稀有气体的科学家是谁?

(上海市天山初级中学)

在这份作业设计中,突出两个重点:一是通过了解拉瓦锡实验原理,探索空气中氧气的体积分数;二是通过对资料的整理和归纳,了解科学家发现空气成分的历程,清楚认识保护空气爱护环境的重要性和紧迫性。对历史上科学家研究的了解,不仅让学生更加理解后续要学习的实验原理的背景知识,而且对学生实验方法、科学精神的培育也有促进作用。

(二) 运用科学史引导学生重温科学探索之路

科学史是人们不断自我否定,追求真理的历史。"追寻化学家的足迹——元素的发现"这一开放性作业要引导学生经历化学元素科学概念的形成过程,鼓励学生走进化学,主动探究。内容如下:

案例 5-1-8

追寻化学家的足迹——元素的发现(节选)①

【培养目标】

1. 学生发展核心素养目标

学生自主选择探究方式及内容,追寻科学的足迹,"亲身"经历元素概念的形成过程。知道正确化学观念是在证伪中修正,在证实中发展,从而被科学家们的探索精神所感动。水到渠成,自然而然地生成物质组成的元素观。这一观点必将伴随学生一生的学习和生活,有助于养成适应学生终身发展和社会发展需要的必备品格和关键能力。

2. 学科教学目标

通过完成本作业,学生们形成材料的收集、分类和积累习惯;养成实验的独立操作及思考的自主学习能力。变接受知识为发现知识,让知识焕发出固有的生命力,学生经历知识的产生和发展过程。体悟化学内涵,自然形成学会学习、终身学习的能力。

---

① 刘广宏.追寻化学家的足迹——元素的发现[M]//熊秋菊.学生创新素养培育的实践探索——上海市长宁区初中作业开放性研究成果汇编.上海:学林出版社,2019:253—256.

【作业设计】

以"个人""班级小组""跨班小组"（小组 3—5 人）等形式，选择一至两个选题完成作业。作业可以"故事演讲""小论文""演示文稿""模拟实验"等呈现形式完成。

选题：①瑞典化学家舍勒发现空气的组成；②法国化学家拉瓦锡否认燃素说；③英国化学家戴维发现了钾和钠；④德国科学家本生和基尔霍夫的伟大发现；⑤俄国化学家门捷列夫创造了元素周期表；⑥法国/波兰科学家居里夫妇发现了钋和镭等。

（上海市仙霞高级中学）

在每个小组完成自己选题的过程中，通过深入的探索，学生体会到了科学发现的不易，每一次科学突破所依托的背景、环境和条件，理解了科学发展与经济社会发展，乃至人类观念发展的相互作用。在各小组均完成作业后，再进行作业集中展示，于是完整的化学元素概念形成过程就展示在全班同学面前了。

第二节　人文学科的开放性作业设计

一、与社会生活紧密相连的人文学科开放性作业设计

道德与法治、历史、地理（人文地理）三门学科，从某种意义上讲，其内容很大程度上就是关于不同时空中人与人之间关系的问题。这三门学科的作业开放性设计无论是主题的选取、过程的实施，还是结果的评估，都必然与人类社会生活联系紧密。

（一）结合社会热点，在分工合作中解决问题

人文学科本就是研究人类社会的学问，以了解、改善、促进社会发展为己任。初中人文学科的开放性作业将社会热点作为主题，引导学生体察、关注、思考热点难点问题，增进学生观察社会、了解社会的意识，增强社会责任感。

"十元游上海——初中思想品德'交通安全　牵系万家'开放性作业设计"结合上海交通整治的社会热点，以上海交通作为研究对象，让学生完成"十元游上海"的任务，鼓励学生主动参与社会生活，学习道路交通安全的相关知识，理解自觉遵守交通规范对交通安全和社会秩序的重要意义。

案例 5-2-1

十元游上海——初中思想品德"交通安全　牵系万家"开放性作业设计（节选）[①]

【作业设计】

各小组成员每人准备10元人民币，在一天的时间内完成"游玩"上海的任务，围绕以下内容展开调研并总结成果，通过文本、绘画、PPT、图表、现场汇报等形式呈现作业。

1. 介绍上海的人文环境；

2. 了解上海的公共交通出行情况；

3. 调研交通大整治背景下的公民守法情况。

【完成过程】

第一步——课堂动员

结合课本内容，向学生介绍"十元游上海"的作业要求，并组织学生自主设计作业的调研方向。

第二步——分解任务

各小组设计不同的创意主题避免作业呈现有冲突。以下主题作为参考，各小组可按照组员兴趣和能力适当调整。

第一组：我看上海人文

第二组：交通大整治之我见

第三组：用好车费我能行

第四组：遵守交规我调研

第五组："漫"游上海滩

---

① 邹璐邑. 十元游上海——初中思想品德"交通安全　牵系万家"开放性作业设计[M]//熊秋菊. 学生创新素养培育的实践探索——上海市长宁区初中作业开放性研究成果汇编. 上海：学林出版社，2019：259—262.

第三步——制定方案

各小组制定符合主题的作业实施方案。

第四步——完成作业

各小组按照要求开展活动并做好记录和汇总。

第五步——汇报成果

在课堂上各小组进行作业成果展示并由师生共同评价。

（上海市天山初级中学）

对社会问题的关注和对新颖作业的参与，激发了学生的学习热情。学生分五组分别制定了创意主题。由于分组进行社会实践和调研活动，因此为了确保安全，作业设计还设置了"师长志愿者"，让每个小组可以邀请至少一位家长或教师带领孩子们参与体验，志愿者既可以"暗中观察"又可以"适时援助"。这份开放性作业的设计与实施不仅让学生关注社会问题，也让家长在忙碌的工作之余，与孩子一起深入思考社会问题。

"'不看红绿灯组团式过马路'的再调查研究"针对行人乱穿马路闯红灯现象，让学生通过小组合作，以问卷调查、网上收集、整理、归纳资料的学习方式从不同的角度来讨论对于"不看红绿灯组团式过马路"行为的看法，并能提出有效的方法或措施。为了作业的有效实施，教师设计了《"不看红绿灯组团式过马路"的再调查研究》学程单。

案例 5-2-2

"不看红绿灯组团式过马路"的再调查研究（节选）

【评价方式】

评价分自我评价，小组互评，课前、课中、课后展示评价及老师评价四部分。对选材、研究成果质量、合作情况三个方面进行评价。

1. 理念说明：注重学生的过程性评价。

2. 评价环节：利用学程，将学生课前探究、课中表现、课后反思记录在案，将自评、互评、展评及老师评价四部分有机结合，反映每个学生的表现。

3. 实施情况：淡化分数，以等第方式记录在学生评价手册中，打破以往以考试为唯一评价标准的方式，激发学生学习的积极性、主动性，其参与度与创造力均有明显提高。

表5-2-1　"不看红绿灯组团式过马路"的研究学程单

班级： 小组：	组员：	组长：	记录：	发言：
课前探究 等第评定：优、良、及格、不及格(自评、互评、师评)	第一小组：选择观察路段，记录、了解"不看红绿灯组团式过马路"现状调查及分析、整理、归纳所得资料并完成调查报告和PPT。			
	第二小组：网上查找"不看红绿灯组团式过马路"图片、数据分析及文字等相关资料并分析、处理所得资料完成调查报告、小报和PPT。			
	第三小组：设计、分发、整理"不看红绿灯组团式过马路"的问卷调查并完成调查报告和PPT。			
课中展示(PPT) 等第评定：优、良、及格、不及格(自评、互评、师评)	【学生活动一】 小组交流课前探究(评价各组优缺点)	【学生活动二】 组间互助答疑解惑 1. 未解决的问题是： 2. 如何解决？		【学生活动三】 创意总结本课收获
课后反思 等第评定：优、良、及格、不及格(自评、互评、师评)	1. 喜欢本课哪些环节			2. 对本课的意见和建议
综合评价(师评)				

（华东政法大学附属中学）

从这份学程单中可以看出，全班同学围绕"不看红绿灯组团式过马路"，运用合作方式进行调查研究。合作分成两个层面，一是小组之间的合作，是将任务分解成观察路段、网上查找资料、问卷调查三个块面，分别由三个小组完成，并且设置小组间交流答疑的活动环节；二是小组内同学之间的合作，是为了完成小组任务进行个体分工合作。这样以项目化运作的方式完成开放性作业，让每个学生既要完成自己的任务，又要有共同的方向，把握整体的目标。作业的内容让学生关注社会热点，作业完成的方式让学生了解社会运作的基本方式。

(二) 利用生活中的"活教材"，培养家国情怀

对学生来说，人文学科的很多主题非常抽象，比如"民主""小康"等。如何让学生切身感受这些主题的意义是一大难题。开放性作业设计充分挖掘学生身边的"活教材"，将抽象的概念与学生身边的人和事相联系，让学生学习的不再是空洞的概念，而是了解其作为社会一员、国家一员、人类一员共同的成长背景。

"寻找幸福的痕迹，理解我们的小康——《走近全面建设小康》作业设计"是针对学生对"小康生活来之不易"没有切身体会的问题，希望学生了解纵向的小康发展轨迹，理解小康的具体内涵，清晰认识全面建设小康社会的奋斗目标而设计的开放性作业。作业设计内容及要求如下：

案例 5-2-3

《走近全面建设小康》作业设计(节选)①

【培养目标】

1. 学科目标

知识目标：使学生了解我国小康社会建设大概进程，使学生能够结合家庭、社会、本地及国家各方面发展建设的现状，理解小康的过去、现在、将来的具体特征。

能力目标：通过学生家长访谈"话小康"活动，通过家长的经验传授让学生体会我国人民的生活水平由贫困到温饱，再到总体小康，发生了翻天覆地的变化。同时通过家长对目前小康存在的问题分析，使学生认识到小康社会的现状，学会从多角度、多方面看待问题，理解由总体小康到全面小康是一个不可逾越的历史过程，使学生认识到事物是不断发展的，学会用发展的眼光看问题的方法。

情感、态度、价值观目标：通过了解小康社会发展的状况，结合学生身边

---

① 王胜红. 寻找幸福的痕迹，理解我们的小康——《走近全面建设小康》作业设计[M]//熊秋菊. 学生创新素养培育的实践探索——上海市长宁区初中作业开放性研究成果汇编. 上海：学林出版社，2019：283—286.

的家庭生活、社会建设的成就，展现中华民族的这一伟大历程，学生可以激发民族自豪感与自信心，充分看到社会主义制度优越性。

2. 学生发展核心素养目标

结合教材知识，通过和父母、教师的交流，以及对家庭生活的社会观察等形式积极开展实践活动，学生用亲身感受获取知识，加深对知识的理解。通过此次开放性作业的实践，学生可以感受民主和谐学习的家庭文明氛围，提升与人沟通的能力；学生通过观察、理解社会现象，不断增进家国情怀；小组合作形式引导学生注重自主发展、合作参与、创新实践，给学生提供一块更加广阔的创新天地。

【作业设计】

1. 10分钟采访任务：父母（长辈）眼中的小康

● 我采访的是：

● 父母（长辈）小时候的生活（可以选择衣食住行、学习娱乐等等几个方面）：

● 父母（长辈）对目前的小康生活感觉最满意的方面是：

● 父母（长辈）感觉需要改善的方面有哪些？

要求：能够和长辈创设一个民主、和谐的交流学习的氛围，虚心体验和请教长辈对我国小康社会建设前后阶段（在长辈某一历史阶段）的发展状况，共同探讨目前小康建设存在的一些问题，对我国小康社会的建设有一个感性的认识。

2. 社会观察作业：国庆一天乐

要求：从家庭、社会生活出发，利用国庆长假以图片＋文字或PPT的形式来记录我们美好的生活，对我国小康社会的建设有一个较深入的认识。

3. 特殊人物采访：我校的支教老师

要求：寻找我校有支教经历的最美教师，和支教教师交流他们的支教生活经历。反思我们美好的生活，再次对我国小康社会的建设有一个深入的认识。制作PPT进行记录。

（上海市省吾中学）

这份作业要求学生采访父母眼中的小康，对现在生活与昔日生活进行对比；让学生进行国庆节日观察，记录现在的美好生活；鼓励学生进行支教教师采访，进行地区之间生活的差异比较。从历史比较、地区比较、支教人员感受三个方面，让"小康"这一看不见摸不着的名词变成一个个具体的故事，让学生体验当下的美好生活，培养学生的家国情怀。

（三）以涵盖面广的主题设计，给予学生多样选择

人文学科的魅力之一在于其涵盖领域的丰富和广泛。初中开放性作业发挥这一优势，结合"开放性"的作业设计特点，选取开放的话题作为作业主题，给予多个角度的作业任务建议，让学生有更多可选择、符合兴趣的作业内容。

"探访近代上海历史遗迹（1840—1949）——七年级第二学期历史学科开放性作业"利用上海在近代历史上的重要地位这一有利条件，要求学生实地探访身边的历史遗迹，去看、去触摸、去感知那一段段真实的历史，了解近代上海的变迁，加深对乡土历史的认识，升华爱国精神与民族认同感。

案例5-2-4

"探访近代上海历史遗迹（1840—1949）"开放性作业（节选）①

1. 作业内容

（1）开放性作业标题解读

探访近代上海历史遗迹（1840—1949），仔细审题，选择符合时间跨度的历史遗迹进行探访。

（2）选择历史遗迹

近年来，上海市政府公布了五批上海市优秀历史建筑名单，涉及历史建筑已达上千处，名单以区为单位统计，学生可以上网查阅名单，寻找较近而感兴趣的遗迹进行探访。

根据历史遗迹的主要属性将其大致分类，以供学生参考。分类类别如下：建筑、名人故居、文化、重大历史事件纪念等。（说明：由于历史遗迹具有实物载体的特点，有时这些类别是相互交错的。）

---

① 马焱霞.探访近代上海历史遗迹（1840—1949）——七年级第二学期历史学科开放性作业［M］//熊秋菊.学生创新素养培育的实践探索——上海市长宁区初中作业开放性研究成果汇编.上海：学林出版社，2019：311—314.

（3）组织方式

以个人为单位,选择探访遗迹,搜集资料,开展探访工作,拍照留存,制作小报。

2. 完成情况统计

表5-2-2　历史遗迹探访一览表

类别	探访地	次数	类别	探访地	次数
名人故居、纪念馆类	孙中山故居	5	建筑类（或历重大历史变迁）	犹太教西摩会堂	1
	宋庆龄故居、墓园	3		徐家汇天主教堂	1
	巴金故居	3		龙华寺	1
	岐山村(钱学森故居)	2		静安寺	2
	蔡元培故居	1		豫园	1
	鲁迅故居	1	重大历史事件纪念馆	一大会址	2
	鲁迅纪念馆	1			
	周公馆	1	近代教育机构遗迹旧址类	上海交大南洋公学中院	2
	长宁区少年宫(王伯群旧居)	2		华东政法大学长宁校区(原圣约翰大学)	1
	康有为故居	1	文化、报刊类	《申报》馆旧址	1
	周作民、李及兰旧居	1		《布尔什维克》编辑部	1
	贺绿汀旧居	1	其他类	大世界:远东第一游乐场	1
	瑞金宾馆(太原别墅)	2			

（上海市延安初级中学）

这份作业以"探访近代上海历史遗迹(1840—1949)"为主题,非常宽泛,学生可从多角度进行探索,作业也提示了建筑、名人故居、城市化、文化、重大历史事件等多个视角。从作业完成情况来看,学生确实做到了百花齐放,首先选择的遗迹少有重合,其次选择的遗迹所代表的历史侧面也非常丰富,有名人旧居和纪念馆、建筑、重大事件纪念馆、教育机构旧址、报刊编辑社旧址等,可以以这些遗迹为中心,开展多方面的历史脉络挖掘。

二、强调逻辑分析推理的人文学科开放性作业设计

人文学科学习的目的是让学生收集信息、分析辨别、逻辑推理，以便学生能对社会现实和问题形成正确认识，具备独立见解。以地理学科为例，要处理好"地与理"的关系，这"有利于其抓住事物的本质、全体和内在联系的规律性，有利于其综合概括能力的提高"①。再以历史学科为例，"学习历史的真正意义是从历史中获得一种思维观念与方法，即历史意识。有了历史意识，才能理解历史的演进，懂得历史的经验和教训，根据历史启示和历史发展的规律来理解历史、观察现实、展望未来，形成对自身、民族、国家、文化的历史及其发展的认同感和责任感"②。初中开放性作业在内容设计、实施过程、展示形式等各方面均关注学生逻辑推理分析能力的培养，不设置固定答案，聚焦学生思考的过程。

（一）准确收集信息，为分析推理奠定基础

无论是道德与法治的热点问题分析，历史学科的论从史出，还是地理学科基于数据的形象化表达，其前提都是寻找、收集真实的信息数据。人文学科初中开放性作业强调以真实信息作为起点，以真实信息作为分析判断的基础。

"校园操场我来画"是初中地理学科的一份开放性作业，是"校园地理小观察"校本课程中"校园布局篇"一课的作业之一。顾名思义，作业内容是让学生在测量的基础上绘制校园操场图，从而培养学生关注身边地理的意识和能力，感受生活中的地理。同时，这一活动也为下节课引导学生分析学校环境布置的原因和特点做了准备。

---

① 王耀华. 论地理学科特点与学生思维品质培养的关系[J]. 首都师范大学学报（社会科学版），1999（05）：117.
② 陈志刚，郭艳红. 从历史学科特点析历史教学的本质[J]. 淮北煤炭师范学院学报（哲学社会科学版），2007（03）：132.

案例 5-2-5

校园操场我来画(节选)①

【完成过程】

1. 前期准备

小组形成:全班共有 20 个学生,根据自愿组合和教师调配相结合的原则分成 5 个小组。

工具准备:每个组配一个 50 米长的卷尺,一块记录板和若干张记录纸。

小组分工:记录员 1 名,测量员两组,每组 2 人。

明确任务:第一、小组成员协商后在操场上选择一个区域(一片篮球场、整个篮球场或田径运动场)。第二、商讨测量方法,小组人员分两组多次对选择对象进行测量,记录下测量结果,再协商确定最终测量结果。第三、每个小组成员根据小组测量数据,确定方向标、比例尺,然后绘制成简单示意图,并进行涂色等美化工作。第四、小组内和小组间展示交流,相互评价。

2. 过程开展

前期准备:室内。小组形成,明确任务,小组分工,熟悉测量工具,初步确定测量对象,并讨论如何测量。

实地测量:室外。根据操场实地情况,找到或调整小组的测量对象,小组成员分两组多次进行实地测量和数据记录,并商讨、调整、确定最后的测量数据。

绘制地图:室内。小组成员根据测量的数据,每人自行选用合适的方向标和比例尺,绘制测量对象的简单示意图,并进行美化。

交流评价:室内。首先小组成员个人评价,并推选出小组代表作品。然后小组代表交流展示小组代表作品,其他小组进行口头和书面的评价。

(上海市西延安中学)

在这份作业中,选择区域、统一测量方法、记录准确测量数据、绘图、展

---

① 朱宏兰.校园操场我来画[M]//熊秋菊.学生创新素养培育的实践探索——上海市长宁区初中作业开放性研究成果汇编.上海:学林出版社,2019:355—357.

示几个环节环环相扣,保证了精确图形的绘制,为下一步的观察分析推理做了准备。绘制地图过程中,科学的方法和严谨的要求,有助于培养学生认真踏实的学习态度。

(二) 设计真实问题,锻炼分析推理能力

大胆猜测、小心求证不仅是自然科学的研究要求,在人文学科上同样适用。与事实知识的记忆相比,初中开放性作业更侧重于要求学生基于事实进行分析理解判断,甚至进一步运用于问题解决。

"小小火车票、放眼大世界——以火车票为载体的地理开放性作业设计"以火车票信息收集为起点,引导学生认识我国主要的铁路干线和铁路枢纽,分析我国铁路干线分布情况,并完成乘火车旅游交通计划制订。作业内容及要求如下:

案例 5-2-6

小小火车票、放眼大世界——以火车票为载体的地理开放性作业设计(节选)①

【作业设计】

每人一张火车票,学生以火车票为载体,通过小组合作完成学习任务单,复习巩固铁路运输的相关知识。

活动一:比一比看看哪个组写出的信息多

(1)你手里的火车票提供了哪些信息?

(2)你手里的火车票上还有哪些信息是你不知道的?

活动二:画一画

(1)在空白铁路运输网图中用红笔描出你手里的火车票所示车次所经过的铁路线,并标注铁路线名称。

(2)在空白铁路运输网图中标注火车票所示火车起点、终点和经过的铁路枢纽。

活动三:想一想

---

① 邓贤菊.小小火车票、放眼大世界——以火车票为载体的地理开放性作业设计[M]//熊秋菊.学生创新素养培育的实践探索——上海市长宁区初中作业开放性研究成果汇编.上海:学林出版社,2019:333—335.

（1）各小组画出的铁路线均抄写在同一张题图上。

（2）思考我国铁路干线和枢纽的分布情况和原因。

活动四：试一试（自选一题完成）

（1）老师暑假想要去昆明玩三天再去西安，7月1日上海出发，请同学们上网查阅列车时刻表帮老师计划一下，几日到西安？经过了哪些铁路线和铁路枢纽？并自行设计完成旅行计划表。

（2）自己设计一份出行计划，要求交通方式必须用铁路运输，并自行设计完成旅行计划表，表里要呈现时间、地点、经过的铁路线和铁路枢纽。

（上海市泸定中学）

这份作业所布置的几项活动依次递进：先是事实描述，让学生在地图上画出各种火车票代表车次的途经路线；然后是分析推理，让学生直观地看出我国铁路干线和枢纽的所在位置，整体分析全国铁路建设情况及其原因；最后是在运用中进一步拓宽信息面，解决如何乘火车旅游的问题，理解火车线路多样、车速多样、载客效率等更多样的铁路交通信息。几项活动层层递进、一气呵成，既让所有学生都能有兴趣了解铁路干线的分布，又让铁路信息的深入挖掘、分析、运用有较大的拓展空间，满足了不同学生的学习需求。

（三）利用多种形式，展示分析结果

基于准确信息进行分析判断出的结论，可以通过多种形式呈现出来。呈现形式的多样性也符合开放性作业的要求。书面报告、口头交流、图形展示、戏剧表演等都是开放性作业的主要呈现方式。"小舞台大历史——课本剧《巴黎和会》"充分发挥整合历史教材内容，解决教学重难点的优势，让学生查找"巴黎和会"这一历史事件的相关材料，编成课本剧并进行表演。

由于作业历时长、难度大，在完成过程中教师进行两方面的指导：一是完成过程的跟进指导，从创作阶段的收集资料、编写剧本，到排练阶段的角色确定、指导排演，再到演出阶段的适时导入、启发思考，教师层层把关每个阶段，并提出让学生进一步思考的问题，比如"《凡尔赛和约》从哪些方面削弱了德国？甚至条约还规定，战争的一切责任都归咎于德国，这句话公平吗？"二是制定评价标准，给学生目标引导。在评价表中，设置了"可取之处"

"可改进之处"，使得评价标准不仅对参与课本剧表演的同学具有引导作用，还可以激发作为观众的学生的学习热情。

案例 5-2-7

小舞台大历史——课本剧《巴黎和会》(节选)①

表 5-2-3　课本剧评价表

项目	要求	可取之处	可改进之处
服装、道具	符合剧情		
仪态	大方自然，表现人物性格		
故事表达	表演完整，语言流畅清晰		
语音语调、情感	感情基调与故事内容相符，感情流露自然得体		
剧本创作	在原有基础上有合理创作		
效果	有感染力，观众反应好		

(上海市天山第二中学)

用戏剧的方式将历史重要事件表演出来，其实是对学生的高标准要求。这需要学生将事件涉及的历史背景、各方立场、心理状态都一一表现出来。在这份作业中，教师一方面通过每个阶段的指导和追问，让学生不断挖掘历史信息，进行分析推理，总结简介结论；另一方面通过评价标准让学生注意用表演的方式进行历史的还原呈现。两方面相结合，才能保证作业的有效完成和对课堂教学的拓展支持。

三、聚焦学用结合的人文学科开放性作业设计

学用结合是开放性作业设计的一大原则，在人文学科作业设计中也得到了充分的体现。以地理学科为例，《重新发现地理》一书认为地理视角之一在

---

① 陆敏. 小舞台大历史——课本剧《巴黎和会》[M]//熊秋菊. 学生创新素养培育的实践探索——上海市长宁区初中作业开放性研究成果汇编. 上海: 学林出版社, 2019: 303—306.

于"应用图像的、语言的、数学的、数字的和认知的方法的空间表述"。① 作为地理学科的"第二语言"，认识地图甚至绘制地图是学习的对象，也是进一步学习地理学科的工具。因此，地理学科的开放性作业设计很多都聚焦地图的制作。

"我行、我思、我画——绘地图，学百科假期长作业"这一开放性作业的设计，一是为了让学生对地理课程中"地图"部分进行深化学习，二是为了培养学生搜集和处理信息的能力、获取新知识的能力、分析和解决问题的能力以及交流合作的能力。

案例 5-2-8

我行、我思、我画——绘地图，学百科假期长作业（节选）②
【培养目标】
1. 学生发展核心素养目标

中学地理课程的四大核心素养是综合思维、区域认知、地理实践力和人地协调观。地图与地理学习密切相关，在初中地理教学中，教师以地图学为基础设计出开放作业——"绘地图，学百科假期长作业"，指导学生开展地理实践活动，培养学生的地图技能，从而促进学生提升地理学科核心素养。

2. 学科教学目标

"绘地图，学百科假期长作业"是教师在预备年级结束时布置，学生在暑期里实施，初一年级第一个月进行评价和展示的。

它旨在引导学生以上海市或者上海市的某个区域为载体，确定主题开展创意地图创作。学生通过对地图的内涵分析，开展地理思维训练；学生还可以找出其中蕴含的其他学科因素（与其他学科有机结合，在学中做、在做中学），培养学生跨学科综合能力；学生为积累长作业的地图素材而开展的实践活动和社会参与，可以培养学生的社交能力和合作意识。

【作业设计】
1. 各班学生分小组，组团队，组内自主分配任务。

① 转引自龙泉. 地理学科教育价值的特点与内涵论析[J]. 武汉理工大学学报（社会科学版），2016，29(02):297.
② 周伊明. 我行、我思、我画——绘地图，学百科假期长作业[M]//熊秋菊. 学生创新素养培育的实践探索——上海市长宁区初中作业开放性研究成果汇编. 上海：学林出版社，2019:329—332.

2. 制定方案：商定探访、绘制的区域——上海市或者上海市的某个区域；分析所要绘制区域地图的内涵，确定绘制地图的主题。

3. 考察过程：学生在走访该区域时，围绕主题多角度积累长作业素材（拍视频或照片，向该区域的人们开展咨询，获取重点地标的介绍等）。

4. 分析拓展：学生整理、加工、提炼资料，开展脑力激荡，进行跨学科的学习与研究，为接下来多角度绘制跨界地图打基础。

5. 绘制地图：全组合作完成地图绘制，学生可以自由创作，在地图上呈现各种要素，除了地图元素，还可以附上图表、漫画、文本（比如对跨学科内容的说明）。

（上海市天山初级中学）

事实证明，学生完成这份开放性作业，不仅学习巩固了绘制地图的方法，而且通过地图的绘制任务，收集多方面的资料，努力制作不同角度的跨界地图。这不仅是在学习地图的绘制，而且也是在运用地图进行跨学科学习与研究。

第三节　艺体、信息、跨学科的开放性作业设计

一、艺术、体育学科开放性作业设计

艺术，以及很多体育项目，都源于生活的需要，是人类自我情感表达的重要方式。在人类活动中原本没有学科分类，人们综合运用知识以满足需求，学科只是为了对知识进行深度探索的需要而进行的人为划分。为了让学生体会艺术、体育等的意义和美感，初中开放性作业回归生活本源，运用跨学科手段增进学生体验，取得了良好的效果。

（一）跨学科融合，助力学生艺术欣赏

艺术学科的初中开放性作业为了让学生能够理解不同的艺术表达形式，将音乐、绘画等联合运用，调动学生的情绪，激发学生的表达热情。"色彩的交响——以点、线形式探究抽象表现的美术开放性作业"是针对"抽象"这一艺术作品创作方法而设计的作业。为了让学生对"抽象"艺术表现形式

从陌生到了解、欣赏,作业内容如下:

案例 5-3-1

色彩的交响——以点、线形式探究抽象表现的开放性作业(节选)①

【作业设计】

1. 运用墨水、不同的笔,创意绘制 5 种形式的点和 8 种形式的线。

2. 挑选点和线各 5 种形式,于 A3 卡纸上拼贴,注意构图和画面的平衡。

3. 聆听音乐,肆意挥洒,感性大胆尝试,创作热抽象作品。

4. 用几何形状,将热抽象作品进行理性反思,规整、变形为冷抽象作品。

5. 总结单元,记录学习体会,进行展评交流。

【完成过程】

1. 作业 A,选择工具,运用墨水,巧妙运用工具的特点,创意绘制 5 种形式的点和 8 种形式的线。挑选点和线各 5 种形式,于 A3 卡纸上进行剪贴,有意识地对画面构图进行编排。

2. 作业 B,了解康定斯基"色彩的交响"热抽象作品创作形式,聆听音乐,跟随情感的变化,用水粉颜料和笔刷,在画纸上肆意挥洒,用点、线、面感性大胆尝试,表现热抽象作品。

3. 作业 C,了解康定斯基后期作品、蒙德里安作品创作形式和艺术内涵,将热抽象作品进行理性反思,使用彩色剪纸、彩笔等工具,用几何图形将画面进行规整,变形为冷抽象作品。

完成作业后,总结单元学习成果,记录学习体会,进行展评交流。

(上海市复旦初级中学)

这份作业不仅运用了美术学科的方法,用点和线的方式构图,让学生感受抽象作品的构成,而且借助音乐,让学生跟随音乐大胆创作抽象作品,用听觉的艺术激发视觉的艺术。最终,学生从最初欣赏抽象画的"这个画的什么东西? 我也能画",到后期重新回顾后发出"这个效果怎么做到的""我喜

① 潘越凡. 色彩的交响——以点、线形式探究抽象表现的美术开放性作业[M]//熊秋菊. 学生创新素养培育的实践探索——上海市长宁区初中作业开放性研究成果汇编. 上海:学林出版社,2019:399—402.

欢这幅抽象画,老师,我要借鉴一下""我要再画一张"的声音慢慢出现,他们开始静下心,观察艺术家作品的创作和内在精神。

"健全的人格,源于生活的发现——以探索太极拳基础为例的体育开放性作业设计"①是体育学科让学生课后练习太极拳的作业。为了让学生理解太极拳轻松柔和、连贯均匀、灵活自然、协调完整等特点,作业要求学生"发掘生活中动物、阴阳乾坤,查找视频、实物、资料等""观看生活中各种小动物的生活习性以及鸟类飞翔姿势,阐明自己的观点"。通过对周围环境的观察,体会太极拳的思想和精髓。这与在艺术领域通过音乐、美术、几何等各种感受形式来促进艺术欣赏异曲同工。

(二) 借助现实的需要,鼓励学生自我表达

初中开放性作业有助于让学生了解跨越艺术表现的技巧,也有助于他们自由地感受、体会与表达艺术的美和价值。例如,"艺术节会标我设计——天山初级中学艺术组开放性作业设计案例"让学生设计学校第十五届大型艺术节的会标。在学生设计之前,学校会先开设会标设计课程,以学校校徽为例进行标志设计的相关辅导,进而让学生以草图的形式进行练习,并根据学生作品讲解,最后才让学生进行设计,再依据自评、互评、师评等过程,筛选出入围会标。

| 案例 5-3-2

艺术节会标我设计——天山初级中学艺术组开放性作业设计案例(节选)②
【学生自述】

一节美术课,何老师让我们尝试设计第十五届艺术节的会标。课上,他给我们展示了上两届艺术节及运动会的中标会标,并且详细地分析了这些中标会标的特色之处。之后,还罗列了几个设计要点。可是一开始,我依然无所适从,不知如何下笔。我慢慢地在脑海中回顾着何老师说的几点会标

① 姜立西.健全的人格,源于生活的发现——以探索太极拳基础为例的体育开放性作业设计[M]//熊秋菊.学生创新素养培育的实践探索——上海市长宁区初中作业开放性研究成果汇编.上海:学林出版社,2019:435—437.
② 汪微.艺术节会标我设计——天山初级中学艺术组开放性作业设计案例[M]//熊秋菊.学生创新素养培育的实践探索——上海市长宁区初中作业开放性研究成果汇编.上海:学林出版社,2019:421—423.

特征,想到:艺术节的舞台是同学们载歌载舞展示才艺的舞台,所以应该把歌舞的元素融入会标中。其次,艺术节是属于我们天山的艺术节,天山的首字母是"TS",应该把这两个字母也呈现在会标中;另外,我还想着,如何把这些元素用较为柔美的艺术手法体现呢? 字体、色彩、构图该怎么处理呢? 我试着先画了几稿,初稿上的构图是一个简易的人,脚勾起,张开手臂,如同在跳舞一般。我望着画,忽然想到这是第15届艺术节,可以把这个因素也放在作品中,于是我接着叠加素材。这时,何老师走近我身旁看到了我的作品,或许是觉得我的构思还不错,便指导我作了点修改,说可以将人物画得更抽象些,"15"这个因素不一定要放在其中。果然,这个会标在何老师的指导下活了起来!

待我画完草图,何老师便取走了我的画稿,并且告知我的作品已顺利入围,需要通过老师之间的讨论来进行进一步的筛选。当时,我心里就乐开了花。想着,即使最终没有被选上,但能被选为入围作品我就已经十分满足了。

我翘首以盼最后的结果,虽然不报什么太大的希望,但当何老师在课上宣布我的作品已经正式成为我校第十五届艺术节会标时,我欣喜若狂,内心激动不已。一来,因为自己的作品得到了老师们的肯定。二来,恰逢如此盛大的艺术节,我的会标将在舞台上、节目单上、校报上大放异彩。我的内心对何老师充满了感激。我想,如果没有他的指导和给予我的灵感,我的作品绝对不可能被选上!

艺术节那天,当我看到自己设计的会标被华丽地展示在最醒目的屏幕上时,心中喜滋滋的,激动得按捺不住,笑得合不拢嘴。我想,我会铭记这段闪光的经历,一步步自信充实地走下去。

(上海市天山初级中学)

这份作业有两个特点,一是根据学校活动的现实需要而设计,并非专门的作业;二是让学生自由地表达,不仅仅是针对专门的技巧进行训练。只有自然的需要,自由的表达才有调动所有学生积极性的巨大魅力。正因如此,学生才抱着很大的热情来完成。

二、信息技术学科开放性作业设计

信息技术学科是新兴学科,也是近年来的热点学科。初中开放性作业不仅聚焦计算思维,锻炼学生在信息社会运用信息技术解决问题的能力,而且引导学生审慎地认识人工智能越来越发达的事实,思考人类社会的走向。

(一)聚焦计算思维,解决现实问题

信息技术学科的育人落脚点在于"培养、强化学生使用信息技术支持各种学习和解决各类问题的意识和能力"[①],即计算思维的培养。计算思维是信息化社会要求具备的基本素养,是人们借助计算机手段解决现实问题的基本能力。"上海二日游——初中信息科技开放性作业设计"要求学生设计一个"上海二日游"项目,要确定旅游主题、预计参加旅游的对象、设计游程、安排交通和食宿、核算费用等。这份作业不仅要求学生在查阅资料、展示交流等环节上运用信息技术的相关工具,而且在整个完成过程中要努力引导学生部分地运用计算思维来完成任务。

案例 5-3-3

上海二日游——初中信息科技开放性作业设计(节选)[②]

【完成过程】

第一阶段:准备阶段

1. 分组,成立旅行社。

2. 认识项目,确定主题和景点(设计表格1确定主题;表格2选择景点)。

3. 绘制方案的概念图。

4. 制定工作计划与人员分工(设计表格3计划与分工)。

5. 阶段自评互评师评(制定准备阶段评价量规)。

第二阶段:实施阶段

1. 收集相关信息。

2. 设计游程安排(设计表格4确定游程)。

3. 核算相关费用(设计表格5核算费用)。

4. 制作演示文稿。

---

① 谢琪.信息技术教学法[M].杭州:浙江科学技术出版社,2007:17.
② 吴莉娟.上海二日游——初中信息科技开放性作业设计[M]//熊秋菊.学生创新素养培育的实践探索——上海市长宁区初中作业开放性研究成果汇编.上海:学林出版社,2019:451—454.

5. 展示交流方案。

6. 阶段自评互评师评(制定实施阶段评价量规)。

第三阶段:总结阶段

1. 项目小结报告(提供报告提纲,发布在过程评价平台)。

2. 总结信息技术的作用(设计表格 6 信息技术的作用)。

3. 阶段自评互评师评(制定总结阶段评价量规)。

附:各阶段评价指标

表 5-3-1　作业各阶段评价指标与表现标准

阶段	评价指标	表现标准	自评	互评	师评
准备阶段	分析问题	能用自己的话解释任务的目标和要求,并能提出两个以上完成任务的方法			
	制定计划	能制订有具体步骤,人员分工和时间安排的合理计划			
	分工合作	乐意认领各类任务,把握好时间并主动帮助同伴			
实施阶段	收集信息	能列出所需信息,并通过多种方法来收集很多相关信息			
	整理信息	能剔除无关或错误信息,摘录有用信息,对信息进行分类、合并,并说出理由			
	自主学习	能主动通过查找资料学习新技能,遇到问题积极寻找解决办法,不轻易放弃			
	诚信行为	能独立、按时、高质量地完成自己承担的任务,不抄袭			
	展示交流	能用清楚、流畅、有吸引力的语言进行表达,对他人的疑问能给予详细的解释说明			
总结阶段	总结反思	能反思过程,找出优缺点,总结经验与教训,并提出改进方法			
	评价态度	能实事求是地进行自评和互评,正确看待同伴的评定,得到组内绝大多数同伴的肯定			

(上海市建青实验学校)

计算思维与解决问题相关,这种思维过程包含了分解(Decomposition)、概括(Generalizations)、抽象(Abstraction)、算法(Algorithmic design)、评估(Evaluation)五个方面要素①。"上海二日游——初中信息科技开放性作业设计"的评价指标,引导学生分析问题、分解任务、收集和筛选信息,然后在信息技术的帮助下展示方案,最后进行总结评估。由于不是运用编程的方法来解决问题,因此,虽然没有经历将具体问题抽象成计算机问题,选择相关算法进行解决的过程,但是总体而言,运用了信息技术的辅助工具,也关注了计算思维的培养,对学生大有益处。

(二) 面向信息社会发展,引导自我审视

信息技术是促进社会进步的有力工具,但是人工智能的不断发展也引发了对机器可能取代人类这一"可能性"的担忧。信息技术学科的开放性作业也涉及对本学科存在价值和伦理的思考。"电脑 VS 人脑——七年级信息科技开放性作业设计"引导学生自由探索电脑和人脑的区别、优劣,讨论信息化社会人类发展的前瞻性问题。

| 案例 5-3-4

电脑 VS 人脑——七年级信息科技开放性作业设计(节选)②

【作业设计】

信息学科学习的主要媒介就是计算机,大家平时更习惯称它为"电脑"。这也是我们平时有意识地将这个现代信息社会不可或缺的重要工具与我们的"大脑"加以区分的原因。那么操控电脑的我们,支配我们思维和行动的"人脑",和"电脑"相比,究竟孰优孰劣呢？这是一个让学生十分感兴趣的话题,因此我就以此为题,让学生进行自主研究和开放性作业的实施。

完成作业的要求:

1. 可以查阅资料,进行信息搜集。但是作业必须是原创作品,不可抄袭。

---

① Introduction to computational thinking[EB/OL]. [2019 - 1 - 10]. https://www.bbc.com/bitesize/guides/zp92mp3/revision/1.
② 周毅. 电脑 VS 人脑——七年级信息科技开放性作业设计[M]//熊秋菊. 学生创新素养培育的实践探索——上海市长宁区初中作业开放性研究成果汇编. 上海:学林出版社,2019:463—465.

2. 学生需独立完成,作业中需涉及"电脑 VS 人脑"的结果预测、理论依据和个人观点。

3. 作业形式不设限定。

4. 作业需在寒假假期内完成。

(上海市西延安中学)

这份作业的主题宏大,要求也不拘泥于细节,给学生的自由度非常大。从作业的完成情况来看,学生完成作业的形式多种多样,有漫画、小说、论文、剧本。无论哪一种形式,都显示出学生对人工智能时代以及对人类本身和未来社会的思考。比如:七(8)班的一位学生,变身为"一位白发苍苍的著名科学家",让我们跟随他穿越到了 2070 年的未来世界,为我们讲述了他如何参与将一个孩子的人脑更换为电脑,最终又恢复成人脑的项目的故事。叙事清晰,情节描写生动,充满讽刺意味,同时不乏人文关怀。"人是需要情感的,这是无可取代的。"这样的观点令人深思。

三、跨学科开放性作业设计

跨学科开放性作业的主题更贴近生活,没有明显的学科属性,也没有固定的答案,往往更能够激发学生探索的兴趣。长宁区跨学科开放性作业在作业主题、实施过程、评价标准等方面都对学生进行适当的引导,最大程度彰显跨学科探究对学生培养的实际意义。

(一)结合学校特点选择主题,形成系列作业

跨学科开放性作业主题来源多样,有的学校结合校本办学特色,形成大主题下的开放性作业系列,兼具"跨学科"的广阔视野、"开放性"的自由时空、"校本化"的鲜明特点。上海市虹桥中学的"自然笔记"课程在全市具有一定的影响力,学校并在此基础上深化推进"动物丰容"课程。基于这一校本课程,设计了系列开放性作业。

案例 5-3-5

把课堂搬入上海动物园之后——以"动物丰容"为例的开放性作业(节选)①

表 5-3-2 "动物丰容"课程的系列作业

模块名称	作业内容	完成地点	课时	作业形式
自然远足	制定远足路线,完成实践任务。	上海动物园	6 课时	自然笔记作品、摄影作品等。
食物丰容	丰容讲座。	学校、上海动物园	12 课时	喂食器、自然笔记作品、摄影作品等。
	食肉类动物是怎么在运动中捕捉食物对象的?			
	请把动物们的食物藏起来。			
	为园内一种鸟类制作取食器皿。			
社群丰容	爱照镜子的鸟类。	学校、上海动物园	12 课时	自然微视频、自然笔记作品、摄影作品等。
	听同伴的叫声或自己的叫声。			
	听大自然的轻音乐。			
	动物看电影。			
环境丰容与认知丰容	湿地是它们的家。	学校、上海动物园	24 课时	丰容器具、自然笔记作品、摄影作品等。
	装扮笼舍。			
	为园内一种鸟类制作玩具。			
	为动物设计"健身器械"。			

(上海市虹桥中学)

围绕"动物丰容"主题,作业的要求和形式各种各样,有的要求基于信息收集进行讲授展示,有的要求基于实践探索动手制作器皿玩具,还有的要求基于观察记录摄制剪辑成微电影等,锻炼了学生的综合能力。

---

① 陈韶瑾.把课堂搬入上海动物园之后——以"动物丰容"为例的拓展型课程作业开放性研究 [M]//熊秋菊.学生创新素养培育的实践探索——上海市长宁区初中作业开放性研究成果汇编. 上海:学林出版社,2019:474—478.

(二) 鼓励学生迭代设计,引导作业实施方向

跨学科开放性作业在贴近生活问题的真实探究方面更有优势。真实问题的探究自然会经历更多的失败、形成更多的迭代改进,也更能使学生感受实践探索的真实状态,养成爱思考、不气馁的品质。开放性作业实施充分利用这个优势,步步引导、不断鼓励、全程陪伴学生的探究过程。

"进化的降落伞——七年级科学自制降落伞保护鸡蛋实验"是一份学生自主设计、实验和评价的课外开放性作业,要求是让学生自制降落伞,保护一颗熟鸡蛋从四楼降落而不碎。这份作业的完成历时很长,学生进行了几轮的迭代设计,终于完成任务。

案例5-3-6

进化的降落伞——七年级科学自制降落伞保护鸡蛋实验(节选)[①]

第一轮: 用砝码代替鸡蛋,学生们依次放飞降落伞,但是试飞了一大半,无一成功。小Z的超迷你降落伞在快速下降过程中被风吹歪,砝码从降落伞里掉落至地面,而降落伞本身却被吹向了五楼,迟迟没有落地,打破了学校降落伞的飞行时间记录,引起关注。

课后,学生们面对零成功的"惨烈"结果展开了激烈的讨论。由于缺乏客观的过程性资料,各种假说都无法得到检验。因此,当我引导他们尝试改进实验技术时,有学生提出实验应全程录像,这获得了全班的一致认可。

第二轮: 工作组则分成了三个小分队,A队负责数据记录和通报,B队负责用大家的手机录制各个降落伞的下降过程,C队则需要利用走廊的触摸屏以视频通话的方式全程直播。

有1/3的砝码只受了轻伤,学生们通过录像回看一探究竟。比如小Z的迷你降落伞,不稳定的风让它左摇右摆,砝码在晃动过程中偏向保护仓的一侧造成降落伞重心的改变,使得砝码脱落。

学生们通过对飞行数据、录像资料和降落伞制作情况的对比提出了关

---

① 孙立夏.进化的降落伞——七年级科学自制降落伞保护鸡蛋实验[M]//熊秋菊.学生创新素养培育的实践探索——上海市长宁区初中作业开放性研究成果汇编.上海:学林出版社,2019:493—495.

于降落伞效果影响因素的假设。我也顺势对他们提出了新的要求——设计更精细的对照实验来检验假设。

第三轮：降落伞经过设计改建，大部分实验成功。只有小Z的迷你降落伞成绩还不够理想，原因在于固定鸡蛋的方式不科学，于是不断进行调试。就这样，学生们反复地实验、改进再实验，直到全部成功方才结束。

最后：分组汇报答辩，学生小组从现象分析、实验假设、实验设计、数据分析、实验结论及改进方向六个方面进行报告，听众们则重点聚焦汇报组的实验变量控制、操作过程及结论相关的数据，对彼此的实验设计与结论提出质疑。通过答辩，学生们都发现了自身实验的不严谨之处，包括实验变量控制的精确性不稳定，过于追求稳定或缓冲的价值，以及存在的额外影响因素干扰。

最佳设计的投票环节，大家都将票投给了小Z的迷你降落伞。因为是小Z与众不同的设计引起了大家的好奇，让大家纷纷反观自己的设计，或有所启发或引起思考，使得实验设计得以不断修正。

（上海市省吾中学）

作业完成后，任课教师认为令他印象最为深刻的是学生的热情。这种热情是学生发现"真问题"后由内而外表现出的探索欲，并让学生愿意付出更多的精力去自主学习空气阻力相关知识，想方设法改进实验设计以控制好各种烦人的干扰变量，甚至不厌其烦地制作新的降落伞。从而可见，面对真实的问题和适当的引导，学生就会被激发出与科学家一样的探索兴趣和激情，经历真实的探索过程，从失败走向成功，从而获得超然于知识获取本身的幸福感。

（三）关注探究伦理问题，促进学生全面发展

跨学科开放性作业既然以真实性问题驱动，让学生经历完整的探究过程，必然涉及实验探究的伦理问题。开放性作业的设计和实施，在关注伦理上的正当性时，正是在发挥其在道德教育、社会性交往上的育人价值的过程。

"'意外'发生'意外'收获——'上海笔记'课程之'就医体验'案例"是要求学生赴医院调查医院工作情况的一份开放性作业。在调查行动之前，教师引导学生考虑社会调查的特点,以及医院的特殊性,通过讨论一致决定在一般信息调研要求的基础上,做好三项准备工作。

案例 5-3-7

"意外"发生"意外"收获——"上海笔记"课程之"就医体验"案例(节选)①

　　虽然时间短,但学生对此次活动做足了准备功课,主要分为卫生工作准备、采访观察准备、笔记记录准备。

　　1. 卫生工作准备

　　医院不同于其他公共场所,虽然每天会进行卫生消毒,但是不可避免会经过空气传播病菌,我们需要戴好口罩,准备湿纸巾、小肥皂,最好每个人准备一副一次性鞋套。还有不随意碰公共区域的物品,防止沾染细菌病毒,离开医院时大家都要洗手,保持个人卫生清洁。

　　2. 采访观察准备

　　在进行医院采访和观察的环节中,学生也进行了多项预设。小队所有成员的采访观察准备汇总如下:

表 5-3-3　采访准备工作一览表

采访观察内容	采访或观察对象	注意点
1. 询问"贫血"症状的就医科室和地点	预检台护士	有序排队,不大声吼
2. 询问每日血液科就医人数和医生人数	血液科医生	在医生没在为病人看病时再询问
3. 学会取血液报告单,尝试读懂报告	医生	事先网上查一下基本常识
4. 验尿的人次和步骤	护士	等护士空下来再问,注意卫生
5. 血检的人次和步骤	护士	等护士空下来再询问,注意礼貌
6. 每天就医人数情况	门口保安	不影响保安工作

① 孔琦."意外"发生"意外"收获——"上海笔记"课程之"就医体验"案例[M]//熊秋菊.学生创新素养培育的实践探索——上海市长宁区初中作业开放性研究成果汇编.上海:学林出版社,2019:504—509.

续　表

采访观察内容	采访或观察对象	注意点
7. 挂号台1分钟的挂号人数	挂号台工作人员	可以自己用手表计时,观察记录
8. 了解一次看病需要的时间	周老师	不打扰医生看病

3. 笔记记录准备

为了此次活动,学生基于学校德育处设计的"'上海笔记'活动计划表(学生版)"进行了笔记设计,确立了活动主题、活动目的、活动时间,并各自撰写了"我的任务、我的计划、预设成果"等方面的内容,同时每人准备了笔和实践活动专用笔记本,还准备了可录音的手机,为这次活动的记录工作做了各项准备。

(上海市延安实验初级中学)

这份作业在实施之前,教师在引导学生讨论问题解决过程中,特别强调了知识、信息获取之外的关键注意点。这是难能可贵的。这彰显了探究学习的全面育人价值——不仅包括知识的深度探索和运用,也不仅是坚持不懈的精神,还包括人与人交往中对他人的尊重和公共道德的内化。这是可以伴随学生一生的核心素养。

第六章 开放性作业设计与实施的因素分析

第一节 开放性作业设计的资源与技术运用

一、开放性作业的素材来源

作业开放性的体现之一就是作业素材的开放性。处处留心皆学问。在作业设计上,只要留心、用心、细心,素材来源可谓触目皆是。学校的地理位置、学校内部环境和设施、学校开展的相关活动,都能激发学生产生作业设计的灵感。地方资源、日常用品都可以成为绝佳的作业素材。不同的作业灵感,不同的作业内容,会有不同的作业素材来源。[1]

(一) 充分利用校本优势

泸定中学九年级数学备课组,结合"锐角三角比"的学习内容,设计"以操场为水平面测量旗杆高度"的作业,让学生分组探究测量旗杆高度的方法。司空见惯的旗杆成了绝好的抓手。结果至少出现了两种方法:①利用物长和影长的比例关系:某女学生身影长度与实际身高之比,等于旗杆影子长度与实际杆高之比。②应用勾股定理测量计算旗杆高度:旗杆、旗绳、绳子末端到旗杆底端的距离构成直角三角形,此外还可应用光的直线传播和三角形知识求解。该作业把数学课堂搬出了教室,学生在知识技能内化的同时,深刻体会到了数学与生活的关联,体会到了数学的应用价值。

虹桥中学位于长宁西部,与上海动物园毗邻。动物园是同学课余时间

---

① 王亚肖.生活——中小学美术作业设计的源泉[J].新课程(下),2019(03):258.

最喜欢去的场所。该校充分利用这一资源，开设"动物丰容"课程，构思作业，增加学生与动物们亲近的机会，激发学生探索动物的兴趣和好奇心，在不断提高学生的观察力、感受力、想象力的同时，还培养了学生尊重生命、爱惜生命的态度，塑造了学生的健康人格。

（二）充分利用地方资源

上海作为兼容并包的国际化大都市，国际与本土特色并举，古典与现代资源共存。充分开发利用上海本地的资源，将其应用到开放性作业的设计中，是长宁不少学校的共同想法和做法。

案例 6 - 1 - 1

聚焦"环境保护"——朱家角自然环境与人文环境的探访①

沪教版八年级思想品德课第二课是《我们生存的环境》，既包括自然环境，又包括人文环境。延安初中为了增进学生的体验，加深学生的理解，把目光投向了朱家角古镇。利用秋游的机会，设计了如下作业：

结合八年级朱家角秋游活动，探访朱家角的自然环境和人文环境，并对如何保护这里的自然环境和人文环境提出建议。

教师提供的参考小课题有：

1. 关于古镇建筑、桥梁（历史、特色、保护等方面）的调查探究；

2. 关于民族工艺（技艺、文化、传承等方面）的调查探究；

3. 古镇整体环境现状及保护的调查探究；

4. 古镇卫生状况的调查探究；

5. 古镇一日游经典路线设计；

6. 古镇传统美食攻略。

（上海市延安初级中学）

（三）充分利用日常用品

省吾中学七年级设计的跨学科作业"科学自制降落伞保护鸡蛋实验"充

---

① 雍丽群. 聚焦"环境保护"——朱家角自然环境与人文环境的探访[A]. 熊秋菊. 学生创新素养培育的实践探索——上海市长宁区初中作业开放性研究成果汇编[C]. 上海：学林出版社，2019：280—282.

分利用了常用的实验设备——砝码,以及常见的食材——鸡蛋。牛津版《科学》在摩擦力的教学中提到了空气阻力,却没有对阻力与摩擦力进行严格的界定与区分,也没有说明空气阻力的影响因素。为帮助学生更好地理解空气阻力,科学备课组每年都会布置自制降落伞的长作业,要求学生通过降落伞的飞行实验来体验空气阻力。在这个作业中,砝码和鸡蛋成了作业主要器材。

沪教版《语文》七年级上册第六单元主题是"技艺超群",该单元综合学习是"生活中的能工巧匠"。学习完这一单元后,西延安中学安排学生到劳技中心学工,其中一项就是学烹饪,老师巧借东风,设计了如下的作业:学做一道菜,用一个成语给它命名,要求成语与菜肴有一定关联性,并要求记录下食材配量和做法。生活中的食材和熟悉的成语在这道作业题中巧妙结合,使学生眼界大开,体现了老师的创意。

(四) 充分利用教材资源

设计作业,教材不仅是重要的依据,也是重要的灵感来源。利用好教材中提供的素材,也是设计开放性作业的重要渠道。

案例6-1-2

方寸之间——藏书票开放性作业设计[①]

开元学校七年级美术教师的这一作业设计的灵感就是来自教材。藏书票设计是上海书画出版社七年级第二学期《方寸之美》中的一个教学内容。教师引导学生结合前面学过的版画知识选择材料(如吹塑纸、纸板、石膏板等),为自己喜爱的书设计一枚藏书票,要求立意新颖、表现独特、制作精美,根据书的种类搜集素材,注意搜集生活中与书籍相关联的内容,引导学生善于发现生活中有情趣的事物。通过让学生进行版画藏书票的"赏"(欣赏),"画"(设计),"做"(制作),"印"(实用)等,鉴赏用不同的方法制作藏书票的美感,体验设计的乐趣,在制作过程中感受拓印的惊喜,培养学生互相合作、积极探索的精神,同时培养读书、爱书、藏书的兴趣以及对书籍装饰的审美

---

① 王莉君.方寸之间——藏书票开放性作业设计[A].熊秋菊.学生创新素养培育的实践探索——上海市长宁区初中作业开放性研究成果汇编[C].上海:学林出版社,2019:406—408.

情趣。可谓一举多得。

（上海市开元学校）

二、开放性作业的信息处理

（一）对来自学生的信息进行加工提升

开放性作业的体现之一就是，相关作业信息可能直接来自学生。但来自学生的信息可能芜杂、粗疏、分散，需要教师根据需要进行梳理、提炼和归类。

案例6-1-3

初中低年级学生的长篇小说阅读应该如何引导？[①]

沪教版《语文》六年级下册有"读一部名著"单元，学生在阅读和学习了课本中的《西游记》选段——《花果山拥立美猴王》《孙悟空棒打白骨精》《火焰山宝扇灭火焰》后，对《西游记》中活灵活现、栩栩如生的唐僧师徒的形象充满好奇，也对外貌迥异、性格鲜明的各类妖怪颇有兴趣，更是对唐僧师徒在取经路上遇到重重困难却依旧披荆斩棘勇往直前的精神感慨不已。但老师发现，学生在尝试阅读《西游记》时，却遇到了极大的困扰。比如，部分学生觉得，半文言小说阅读起来颇有些吃力，仅读了开头一两章便心生退意；而且，篇幅如此长的小说之前从未读过，不知道怎样读完等。此外，也有同学认为，如果读小说只关注情节，那么阅读效果将大打折扣，读完整本书后也难以留下深刻的印象。针对这些问题，老师结合初中低年级同学缺乏长篇小说的阅读经历以及语感弱、文言基础差等学情，设计了"《西游记》阅读与探究"的开放性作业，通过分组主题探究的形式，组织学生合作阅读《西游记》。

教师让学生在读完《西游记》后自行选题探究。但在审阅学生上交的选题时，教师发现大部分选题不具有探究价值，需要整合提炼。在学生选题的

---

① 陈思思. 初中低年级学生的长篇小说阅读应该如何引导？［A］. 熊秋菊. 学生创新素养培育的实践探索——上海市长宁区初中作业开放性研究成果汇编［C］. 上海：学林出版社，2019：20—23.

基础上,根据自己的阅读经验,并考虑六年级孩子的阅读能力,教师给学生提供了如下选题:

1.《西游记》成书过程研究综述;

2.《西游记》中的国度;

3.《西游记》"妖怪谱"之由仙人谪降为妖;

4.《西游记》"妖怪谱"之由仙兽谪降为妖;

5.《西游记》"妖怪谱"之由野兽修炼为妖;

6.《西游记》"妖怪谱"之由植物修炼为妖。

教师用一节课的时间对同学分组探究的内容和步骤进行指导,而后学生分组进行自主探究。经过半个学期探究,学生进行了展示,效果非常好。

(上海市娄山中学)

(二) 指导学生处理作业完成过程中搜集的相关信息

开放性作业一般要求学生自主探究,自主完成。在完成作业的过程中,学生会搜集整理大量的信息。如何正确高效地筛选、整合信息,是老师和学生面临的一个共同问题。一句话,开放性作业不仅仅训练学生寻找信息,更重要的是引导学生创造性地应用信息来深化学习。

案例 6-1-4

亲身感受生活中的科学知识——学校午餐营养成分调查①

上海市开元学校科学老师设计了一份作业,通过对学校午餐营养成分的调查,让学生亲身感受生活中的科学知识。依据的是《科学》(牛津版)七年级第一学期第十章"健康的身体"中"膳食均衡"一节的教学内容。

教师组织学生对提供我校午餐的公司进行调查。调查中,让学生了解他们所用午餐的营养成分和能量是否符合自身生长发育的需要。在完成作业的过程中,学生需要查阅整理相关资料、观察记录所见所闻、调查分析采集的数据、综合所有资料得到调查结论。作业为开放性作业,历时四周。

---

① 沈宇红. 亲身感受生活中的科学知识[A]. 熊秋菊. 学生创新素养培育的实践探索——上海市长宁区初中作业开放性研究成果汇编[C]. 上海:学林出版社,2019:488—492.

表 6-1-1 "午餐营养成分调查"作业计划一览表

时间安排	作业形式和内容
第一周	1. 掌握食物中营养成分的计算方法。 2. 网上查找更多食物的营养成分。 3. 设计访谈题目。
第二周	1. 学习书写调查报告。 2. 完成人员分工。
第三周	1. 到上海市绿捷餐饮公司进行实地调查,观察记录所见所闻。 2. 由两位同学一组负责某一天的菜谱营养成分的调查,并分析采集的数据。
第四周	1. 交流作业,综合所有资料,得出调查结论。 2. 点评作业。

在完成作业的过程中,学生需通过教材查阅 100 克某种食物中所含的各种营养成分的含量,然后根据食物在菜肴中实际的含量按比例计算相应的营养成分的含量;通过网络检索更多食物的营养成分,模拟计算一餐的营养成分;到餐饮公司进行实地调查,访谈公司负责人。同时要求每组学生记录某一天菜谱中食材的品种和质量。记录表如下(每组的菜单均不同):

表 6-1-2 食材营养含量记录表

食物名称	质量(g)	蛋白质(g)	脂肪(g)	碳水化合物(g)	热量(kJ)	钙(mg)	铁(mg)	维生素		
								A(μg)	B2(mg)	C(mg)
大米										
鸡肉										
土豆										
洋葱										
瘦猪肉										
鸡蛋										
青豆										
小白菜										
榨菜										
总计										

在这个过程中,教师要求学生:

1. 记录笔记:有利于学生积累知识,还能为调查和分析做准备。

2. 梳理调查:学生要认真观察、聆听或拍摄与作业有关的资料。

3. 记录数据:实事求是地记录原始数据,为后期分析提供真实的依据。

最后,教师指导学生进行数据信息的处理。要求学生利用此前的各种表格工具,对数据进行准确计算,为后面的分析提供扎实的数据支持,最终得到可靠的结论,进而形成完整规范的调查报告。

(上海市开元学校)

在完成作业的过程中,学生对信息的获得有方,对信息的处理有序,从而训练了学生的理性思维、问题意识和探究能力。

三、开放性作业的技术运用

技术在教育中一直扮演重要角色,技术进步是推动教育教学水平提升的重要动力之一。尤其是数字技术的迅猛发展,推动了教育的全方位改变。以计算机、网络、在线学习平台、软件等技术为依托的数字学习媒介改变了学习的单向性与信息传播的属性,更加强调帮助学习者创造一种在做中学、及时反馈、不断提炼自己的理解并建立新知识的情境的积极的学习氛围。比如通过技术将真实世界问题与学习世界相互联系,用技术提供脚手架支持并扩大学习者的学习能力,以技术促成更多元的来自软件导师、教师、同伴的反馈,以技术来创建本地和外界乃至全球有兴趣的学习者联结的共同体。

开放性作业内容丰富,涉及面广。技术在作业设计、完成、评价中均发挥着独特而重要的作用。在研究过程中,长宁区教育局动员全区力量,研发了"长宁区初中分层作业",纵跨初中四个年级,涵盖语文、数学、英语、物理、化学等五门学科,相关丛书已自 2014 年起出版发行。丛书采用二维码技术,学生拿手机随时随地随意一扫,即可看到名师讲解相关学科重点、难点、关键点的微视频。在后台还可以看到每道题的答题数据,及时反馈,为作业修订提供了可靠的数据支持。

案例 6 - 1 - 5

微课，可以让学习变得更美好——应用地理创新实验室实施开放性作业的案例[①]

仙霞高级中学是我区的信息技术示范校。作为上海市第二批创新实验室，该校地理信息化互动学习室依托先进的教学设备、多元的学习平台和丰富的信息技术手段，推进了基础型、拓展型和研究型课程的融合实施，为学生实践能力的提高探索出了有效载体和可行方法。其中，每学期1—2次的基于"制作地理微课"的协作学习，是融信息技术、合作精神、实践创意和作品推介于一体的综合性专题学习，不仅拓展整合了学习内容，还打破了学习时空，丰富了学习经历，体现了现代信息技术对学习方式转变与学习内涵变革的支撑和促进作用。

该校初中六年级在地理创新实验室开展基于微课的协作学习过程。选取了《巴西》一课作为学习内容，设立协作问题解决的主题为"保护巴西热带雨林"，预期学生从地理视角出发，在解决巴西热带雨林困境的过程中，了解巴西、认知热带雨林；在制作微课作品过程中，学习作品设计、接触微课制作软件；在学习和作品的评价推介过程中，学会自我诊断和沟通分享（学习流程如图所示）。

我们不妨来看一下整个作业过程。

1. 教学内容开放：师生共同参与开发"教学微课"

在"保护巴西热带雨林"主题学习开展前，教师与部分学生合作创作了三个微课小视频，既用于开展协作学习的导学，又让部分学生率先接触学习内容与方法。第一个小视频，是由教师根据教学目标，立足巴西的地理位置特点，介绍巴西的主要特征，让学生对巴西有整体了解。第二个小视频，是教师在与学生私下交谈的基础上，与几位学生合作，制作"巴西狂欢节"微视频，围绕宣传巴西狂欢节主题，将解决问题过程中的每个步骤列为一个知识点，以总—分的关系描述整个问题的解决过程，让学生对问题解决过程的一

---

① 赖才炎.微课，可以让学习变得更美好[A].熊秋菊.学生创新素养培育的实践探索——上海市长宁区初中作业开放性研究成果汇编[C].上海：学林出版社，2019：350—354.

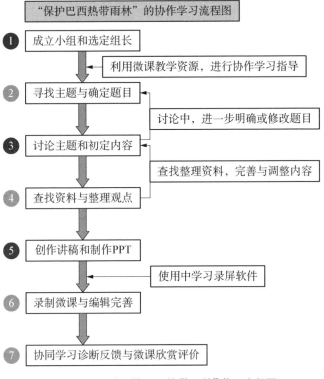

图6-1-1 "保护巴西热带雨林"学习流程图

般流程有较为感性的认识。第三个小视频,是在学生志愿者参与下,卡通化演绎小组协作学习过程,通过视频中小组成员间的对话、表情、行为,让学生直观地了解哪些行为在小组协作学习中是值得肯定的,哪些行为是不应该的,从而对协作学习应如何沟通交流有较好的感性认识。

教学微课,不仅是从已有视频中剪一小段(或几小段拼接而成),或是教师独自一人对学习内容的客观讲解,更是结合整体学习目标和重要学习方法,与学生共同创作。教学微课中融有学生想法、视角、意见和智慧,以及学生参与进去的形象出镜、角色出声和观点署名,成为最贴切、最有效和最能激发兴趣的学习载体。该校的地理创新实验室,为学生参与制作教学微课提供了良好场地环境和设备技术支持。

2. 学习内容开放:开展小组协作学习"制作微课"

微课,不仅是教师用来教学的学习资源,也是学生把学习成果可视化呈现与传播的重要方式。学生"制作微课"的过程是融团队协作、方案设计、视觉艺术与信息技术于一体的综合性学习过程。其中，分阶段的小组学习任务单(本案例共四个，具体内容略)，是引领学生协作解决问题的流程化内容。第一阶段的任务学习单，引领认知"协作解决问题"的一般过程，以及懂得协作学习的基本技能，主要通过观摩、讨论老师提供的教学微课，在学习平台上完成情景化问题练习。第二阶段的学习任务单，引领小组在组长组织下，围绕"巴西热带雨林保护"，选择主题名称、内容角度、层次结构、表达形式和辅助手段，以及组内成员分工安排，主要通过组内头脑风暴式地交流研讨，以及分头查找、收集、整理和提炼资料，完成设计方案。第三阶段的学习任务单，引领小组用 PPT 演示文稿做主题性数字故事，把学习成果与学习过程，以图文结合的方式简练呈现，教师对每张 PPT 文稿的图片、关键词、字数提出具体要求，引导学生领悟视觉艺术的一般特点和基础知识。第四阶段的学习任务单，引领小组既分工又合作，共同完成学习 Camtasia(录屏)软件的简单使用，尝试如何表演脚本或配音，形成最佳配合，完成微课的录制和加工修改。

对于一个主题下分阶段学习任务单的设计，教师充分利用了"云学习"平台，一方面作为学习任务的推送平台，以及作为研讨学习任务的沟通平台，另一方面还作为学习任务完成的过程记录和作品展示的交流平台。以"云学习"平台支撑下的任务单学习，为小组协同学习的学习行为分析提供了无限可能。

3. 学习诊断开放：自我诊断"制作微课的协作学习"

元认知理论认为，学生的学习效果不仅体现在对学习内容的掌握或学习任务的完成上，更体现在于主题性或阶段性的学习过程中，学生表现出了怎样的元认知能力，获得了怎样的元认识体验，以及能否根据学生已有的元认知能力和体验，及时调整接下来的学习方式与策略，从而不仅达到更好的学习效果，也促进学生元认知能力发展。

为此，在交流欣赏学生创作的"巴西热带雨林保护"微课之前，学生利用"云学习"平台，以本次协作学习活动为反思对象，开展以元认知能力和元认知体验为主的自我诊断调查(提示学生所有问题没对错之分，只有真假之别，要求学生选择最适合自己想法与感受的答案)。教师设置了22道选择题的问卷，包括自己对小组协作学习的信心和态度、学习中发挥作用大小的评价,对小组长与他人的评价,对组内如何讨论、决策、制作等的评价。选择题大多以维度答案作为选项,每个维度的选项答案都赋予一定分值(如选 A 得 5 分,B 得 4 分,C 得 3 分,D 得 2 分),形成了反馈问卷分值量化表。学生网络调查完成之后,就能得出自己多少分值。根据"协作学习,制作微课"活动的诊断性评价等级表,学生可以诊断出自己对该次"协作学习的满意度""学习过程与结果的认可度"和"协作学习的能力",分别属于哪个层次水平。

表 6-1-3 "协作学习,制作微课"活动的诊断性评价等级表

分值	对协作学习的满意度	对学习过程与结果的认可度	协作学习的能力
90 分以上(含 90 分)	很满意	认可度高	协作学习意识强,能力强或表现好
80—89 分(含 80 分)	较满意	较认可	协作学习意识较强,能力较强或表现较好
70—79 分(含 70 分)	不太满意	不太认可	协作学习意识较弱,能力较低或表现不如意
70 分以下	不满意	不认可	协作学习意识弱,能力低或表现不好

4. 作品评价的开放:利用多元平台交流推介"微课作品"

历时一个多月课内外相结合的自主学习,每个小组终于创作好了"巴西热带雨林保护"的微课作品。该校地理创新实验室,利用现代信息技术环境下多元学习平台的优势,一方面以班级为单位集中开展微课作品的交流欣赏与量化评价活动,课前把六个小组的微课放在云学习平台上(每个微课有内容和特点介绍),让学生课余上去观摩、点评,即利用云学习平台多元互动功能,针对特定的微课点评,在互动空间中留下观点和意见。在此基础上,组织全班集中欣赏与评价,在课堂上 6 个微课分为两批进行,先集体一边观摩,一边用弹幕技术开展个性化点评,然后小组根据评分表,在讨论的基础上给每个小组作品打分。

表 6-1-4　地理微课作品评价表

序号	制作者（小组）	微课名称	总得分	微课作品评分角度与打分标准（总分100分）	
				角度（8个）	打分标准
1	第1小组			主题鲜明 3—5分	"微课题目"能否吸引人的眼球、是否会产生歧义、是否有新意
2	第2小组			思想积极 3—5分	制作的"微课"，是否有一种正能量、是否正确客观、是否思想健康
3	第3小组			创意新颖 6—10分	微课设计是否有创意，如内容的创作、情景的设计、形式的新颖
4	第4小组			内容丰富 18—30分	微课内容是否丰富，有多少个观点、PPT页数、微课时间（3—6分钟）
5	第5小组			地理味浓 12—20分	微课内容凸显地理学科，应用到地理思维、理论、概念与方法
6	第6小组			结构清晰 6—10分	微课各块内容之间，逻辑结构是否合理、层次是否分明、条理是否清晰
1. 请各小组长，在听取组内成员意见基础上，对每个微课打一个总分（每个微课的分值在60—100分之间）。 2. 一般先确定哪个微课最好，哪个第二好、第三好…然后依次打出合理的分数，保证好的微课分值更高。				技术细腻 6—10分	PPT做得是否精致（图文结合好、体现美感）、录屏软件的编辑功能能否用上
				整体感好 6—10分	微课总体感觉好，视觉效果不错、微课语速适当、语音亲切，有较大趣味性
小组评价中有争议的相关说明：					

评价人（组长）：

另一方面，利用"地理家园"微信公众号，进行分享推介与网络投票。教师利用微信公众号的投票功能，把6个微课作品链接到"地理家园"微信公众号上，开展"最美微课"网络投票评选活动。教师在引导学生进入"地理家园"微信公众号投票后，鼓励学生把自己最喜欢的微课推荐给他人分享，为自己小组的微课投票和拉票；在规定期限内，根据网络投票数，评出各小组在"最美微课"网络评比中，荣获第几名（票数为几票），并为每个小组颁发"最美微课"网络评比获奖证书。本次网络投票历时15天，各小组成员（包括

学生家长)通过公共社交平台(圈)推介宣传,为本小组的微课拉票,共有
6 376 人在线浏览微课,其中 4 682 人参与"最美微课"投票(第 6 小组得票最
高有 1 235 票)。

(上海市仙霞高级中学)

仙霞高中的这项作业,从设计到评价,均充分利用了该校创新实验室这
个平台,把现代信息技术的使用发挥到了极致。这种基于多元学习平台交
流、展示、评选的综合性学习,对培育学生信息素养、社会交往能力、团队凝
聚力等有着特别的意义。

第二节 开放性作业实施的时空

一、开放性作业实施的时机

开放性作业设计需要抓住时机,所谓机不可失,时不再来。时机可以是
学生学习中遇到困惑时,也可以是课程改革带来机遇时,当然也可以是时代
发展带来契机时。

(一) 学生遇到困难需要突破时

古人云:"不愤不启,不悱不发。"当学生在学习中遇到需要解决的难题
时,教师需要相机诱导。而通过设计开放性作业作为课堂教学的辅助,可以
突破困境,解决难题。

比如省吾中学的开放性作业"进化的降落伞——七年级科学自制降落
伞保护鸡蛋实验",起因就是牛津版《科学》在摩擦力的教学没有对阻力与摩
擦力进行严格的界定与区分,也没有说明空气阻力的影响因素,学生对相关
知识理解产生了问题。这一问题也许需要到八年级学物理时才能得到解
决。但学生的困惑和不解让老师印象深刻,挥之不去。教材是固定的,但人
是活的。为此,该校科学备课组设计了自制降落伞的长作业,每年让学生进
行相关实验,引导学生通过降落伞的飞行实验来体验空气阻力,并升级成了
学生自主设计、实验和评价的开放性作业。

仙霞高中设计的开放性作业"神奇的包装盒"，就是源于学生刚刚学习几何，空间想象能力比较弱，怎样把课本中抽象的概念具体化、生活化，怎样把知识与现实结合，让学生能够对书本的知识进行内化，进而升华，逐步增添自身认知结构的丰富性，这些都是教师需要引领学生解决的问题。

案例 6-2-1

神奇的包装盒——简单几何体的开放性作业设计初探①

这一开放性作业预期达成以下目标：

1. 通过对简单包装盒的拆分，知道某些简单几何体的表面展开图。

2. 通过类比、操作，让学生初步掌握设计不同包装盒的原理以及技巧和方法。

3. 让学生经历实践、探究的过程，初步培养学生的空间想象力，提升学生的创新能力。

在课堂上，教师展示一些喜糖纸盒、咖啡包装盒的立体图图片和展开图图片，展示实体包装盒以及摊开成一张纸的过程。

随后要求学生完成两个任务：

任务一：

教师：你也可以亲手设计一些简单的包装盒。不妨先从最简单的形状——长方体来入手，为了能突出包装盒的主体部分，暂时不考虑黏合纸盒所要预留的黏合缝。

教师：长方体是一种简单的几何体。它的表面展开图是由六个长方形组成（见图 6-2-1 中的图 A），它的设计图可以有多种（图 B、图 C），想一想图 D 能不能折叠成一个长方体？

任务二：

图 E 是一个 L 形纸盒，图 F 是它的展开图，可以看到纸盒的侧面依然是长方形，两个底面分别是能完全重合的两个 L 形，拼接在侧面展开图上下两边的适当位置上。请同学们尝试制作这样形状的包装盒。

---

① 邵良.神奇的包装盒[A].熊秋菊.学生创新素养培育的实践探索——上海市长宁区初中作业开放性研究成果汇编[C].上海：学林出版社，2019：87—90.

进而出示开放性作业：

1. 收集一些不同设计的包装盒，小心地拆开它，研究包装盒的设计思路，每个包装盒请绘制 2 种不同的平面展开图，体会设计的精巧性。

2. 试根据图 G 中的立体图形以及从正面、左面、上面看立体图形所得到的三张平面图形，设计相应物体的包装盒。

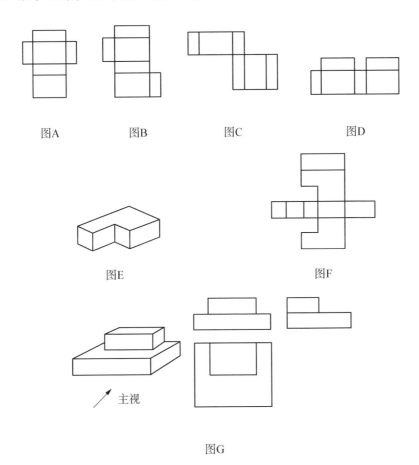

图G

图 6 - 2 - 1　各种包装盒的平面展开图

这一开放性作业是配合数学初预年级第二学期第八章《长方体的再认识》中展开的探究而设计的。教师从最简单的几何体——长方体开始讲解，呈现长方体的多种展开，说明沿着不同棱剪开会有不同的长方体展开图，让学生体会立体图形与它的展开图之间的关系。随后，教师提升立体图形的复杂程度,呈现了一个底面为 L 形的柱体以及它的表面展开图,让学生体会较为复杂的立体图形与平面图形之间的转化,初步建立空间观念。

在此基础上,教师设计了 2 个开放性实践作业,都包含了操作性很强的任务内容。作业一要求学生在生活中收集包装盒,并拆解开来以研究这些立体图形的展开图设计;作业二是根据立体图形和三视图制作物品的包装盒,这需要学生充分发挥主观能动性,先想象,再画设计图,最后动手操作,让学生初步感受由视图想象出立体图形,由立体图形想象展开图的过程,培养学生的空间想象力。

（上海市仙霞高级中学）

这一作业的创意,同样源自学生学习中的实际需求。

（二）教学或教材改革带来契机时

"阅读领航计划"是长宁区的综合教改项目,目的在于通过阅读指导,使学生掌握阅读方法,养成阅读习惯,实现自我教育,追求自主发展。为配合这一项目的推进,区教研室于每学年的开学之初,会精选书目推荐学生阅读。天山初中紧紧抓住这一契机,开展"我读,我思,我分享——六年级语文'悦读成长'"作业设计。当年推荐的是林海音的《城南旧事》。这部小说是以儿童的视角来写故事的,且六年级上的教材中有一篇林海音的《窃读记》。《城南旧事》既符合学生的年龄层次、认知水平,又与教材内容与教学重点相吻合。天山初中六年级备课组精心设计了一份"悦读成长"长作业。

案例 6-2-2

我读,我思,我分享——六年级语文"悦读成长"开放作业[①]

作业名称:悦读成长

适用年级:六年级上学期

[①] 项晓红.我读,我思,我分享[A].熊秋菊.学生创新素养培育的实践探索——上海市长宁区初中作业开放性研究成果汇编[C].上海:学林出版社,2019:44—48.

作业内容:阅读小说《城南旧事》

设计意图:

1. 积累一定的阅读量。

2. 在阅读实践中掌握正确阅读方法。

3. 培养良好的阅读习惯。

4. 在阅读与思考中形成正确的情感态度价值观。

作业时间:

长作业,预计两个月时间完成。

作业形式:

第一阶段:学生独立阅读,理解小说的主要内容。

第二阶段:教师指导小说阅读要点,学生在教师的指导下自主提出探究话题。

第三阶段:小组选择感兴趣的话题合作探究,并做好展示准备。

第四阶段:展示,评价。

在作业完成过程中,还适时给学生提供"阅读探究任务单"

话题一:小说中的那些人

1. 你最喜欢的人物是谁? 为什么喜欢他?

2.你最同情的人是谁? 为什么同情他?

3.你最敬佩的是谁? 他有哪些值得你敬佩的地方?

4. 最能打动你的人物是谁? 他为什么打动了你?

……

话题二:小说中的那些事

1.小说中写了哪些事? 是按照什么顺序来写的? 这些事的共同点是什么?

2.最感动你的情节有哪些? 你为什么感动?

3. 哪些事促使了英子的成长?

……

话题三:小说中的情感

1. 小英子的成长过程中,不同的人和事给了她怎样的人生感悟?

2.梳理小说的感情线索,说一说人物的情感有怎样的经历?

......

话题四：小说写作手法

1. 小说以儿童的视角来写作，有什么好处？你能举例分析吗？

2. 小说的环境描写朴素细腻，饱含情感，你能举例分析吗？

要求：

再读《城南旧事》，自由组成小组，选择一个自己感兴趣的话题进行探究。学校将为你们提供展示的平台，展示你的阅读成果。期待你们精彩的表现！

（上海市天山初级中学）

从作业完成的质量以及学生的收获来看，这一作业设计不仅达到了长宁"阅读领航计划"的要求，而且极具前瞻性，和后来统编教材提出的整本书阅读的理念和构想不谋而合。该校老师在总结中这样说："不要小瞧了孩子们探究的欲望和欣赏的眼光，也不要总是试图把自己知道的灌输给孩子们。你教给他们的，应该是方法和方向；他们去做的，应该是探索和获得。在探索的过程中，验证方法的正确；在获得的喜悦中，激发探索的兴趣。这，才是作业的本质。"

下面的市三女子初级中学案例也是根据教学改革的需要而精心设计的一道开放性作业。

案例 6-2-3

单元主题视角下的初中英语综合实践类分层作业设计——以牛津英语八年级第二学期第四单元设计为例①

【设计意图】

牛津（上海版）中学英语全套教材的特点是以模块为单位，每个模块由 2 至 3 个单元组成，每个单元围绕一个主题展开语言学习。依据单元题材和体裁，综合实践类作业可分为动手操作类、编剧表演类、调查研究类等，让学生

---

① 马琳.单元主题视角下的初中英语综合实践类分层作业设计[A].熊秋菊.学生创新素养培育的实践探索——上海市长宁区初中作业开放性研究成果汇编[C].上海：学林出版社，2019：156—160.

在完成真实任务的体验中,提升学以致用,学以致思,学以创新的综合素养。六七年级牛津教材中的 Projects 为创设深度学习的平台,以动手实践类、编剧表演类的综合实践作业为主,让学生在动口、动手、动脑的过程中,享受"I can do it in English!"的乐趣。

"Projects"的实践活动使八年级学生的语言能力和思维品质都获得了提高。此阶段调查探究类作业能促进学生从"做中学"逐渐向"悟中学"学习阶段过渡。调查探究类作业不仅聚焦学生语言表达的准确性,而且关注学生数据收集、处理和分析素养,切实提高学生解决问题的实践能力。

八年级牛津英语第二学期第四单元内容是从阅读、语法、听说和写作四个方面阐述:阅读部分是了解数字的历史和发展;语法部分需掌握分数、小数、基数、序数的表达等;听力部分是能完成各类数字表达的测试;写作部分是能理解和运用简单的曲线图。

对照《英语学科核心能力矩阵图》语言能力、学习策略以及语言文化三个维度核心能力,融合单元教学主题内容,该校八年级英语备课组确立了如下单元目标:①听懂、读懂分数、小数、基数、序数的表达,理解并运用折线图,准确地描述数据的变化。②辅以折线图分析英语成绩的变化或利用网络信息资源说明社会巨变,运用数据分析原因或找对策,独立或合作完成报告。③感受数据与学习生活密不可分,学会用数据审视自己的学习,放眼社会乃至世界的变化。

【作业设计】

在目标引领之下,该校设计了如下作业:

1. 作业目标

综合实践类分层作业的设计指向单元目标,纵向以单元主题语言知识为主线,如词汇表达和语法规则,横向则以围绕主题的听说读写能力、学习策略和语言文化提高为依据,为学生创设一个语用实践的途径和平台。

依据八年级牛津英语第四单元和主题内容,确立该单元的实践类作业应属于调查探究类,要求学生完成以"Amazing Numbers,Great Changes"为主题的调查报告,聚焦学生数据收集、处理和分析能力。

2. 作业内容

综合实践类作业的设计还需关注学生个体间的差异,让不同层次的学生在实际运用中从课堂关注学习生活乃至社会，巩固语言的运用，深化对于话题的不断理解和探究。综合实践类体现开放性和渐进性，分成三个不同水平的作业：

① Level A: Look at the graph of Mary's English Scores and complete the paragraph by using rise, fall and given phrases in the simple past tense. Write the score of the test. Finish the task in class.

Level A 作业是对于教材的拓展延伸，面向全体学生，目标指向读懂数据，能用"rise"、"fall"表达数据的起起伏伏，引发学生对于分数成因的思考，是 Level B 的序曲，辅以相关的原因分析的词汇表达，也是对于学生学习策略学习管理的引领。

② Level B: Draw a graph of your English scores and find out your problem with your English learning and write a report in at least 60 words. You have two days to prepare.

Level B 是面向中等学习水平的学生，让学生分析自己近四次的英语成绩，自查学习的问题，并提出解决的途径，以 Level A 为蓝本，绘制折线图，完成一份英语成绩分析报告。

③ Level C: Work in pairs. Carry out a survey about the amazing changes in our life. Illustrate the changes with the graph or the bar chart and write a report in at least 80 words. You have one week to prepare and 2 minutes to show your presentation.

Level C 是面向学习基础较好的学生，是对于 Level A、Level B 的再一次深化和延展，让学生将目光投向窗外，关注社会现象巨变的背后的原因，从学习策略上有更高的要求。学生结成对子，不仅要完成报告，还需完成课件制作和展示汇报。

下文是学生的写作例文：

Most of us go to school or go home by the underground. But have you noticed the development of the underground?

In 1995, the first underground was in service. In 2011, there were total 11 lines, 275 underground stations in Shanghai. The distance was about 420 kilometres. Now, the length of the underground in shanghai is over 400 kilometres. It is the longest in the world.

Along with the development of the underground, as this graph of the tourist growth shows, in 2001, total 77, 110 Units people take underground. In 2012, the number roses to 872,925 Units. It means more and more people take underground instead of the bus because of its convenience.

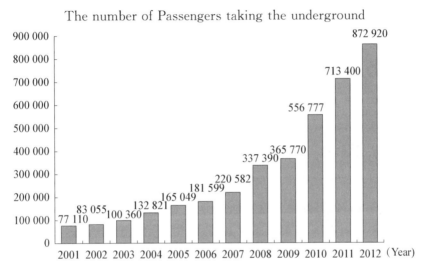

The number of Passengers taking the underground

图 6-2-2　2001—2012 年乘坐地铁人数柱状图

3. 呈现方式

Level A 的作业形式是由教师设计,学生完成图文并茂的学习任务单。以 Level A 为蓝本,学生在完成 Level B 作业时,需自行绘制成绩折线图,独立完成一份英语成绩分析报告。Level C 的作业要求学生以饼状图、柱状图、折线图等图式,呈现交通、能源、通讯等问题,完成报告和课件制作,在课堂活动中交流展示。

4. 评价方式

以本单元评价作业目标、内容和形式为依据,确立了作业共性的评价要素:数据分析工具(折线图、饼状图或柱状图等)、词汇聚焦(rise/fall)的表述以及成因分析和对策建议。难度要求由理解、选择到运用和表达。

评价的形式分自评、互评和师评。

表 6-2-1　作业的自评、互评和师评表

Amazing numbers, great changes

A　Survey on ＿＿＿＿＿＿＿

Level C	Graph/Bar chart/Pie chart 1'	Cause/ Solution 2'	Good Expressions 2'	Grammar Mistakes 3'	Presentation (Powerpoint/ Manners2'	Total 10'
Self-checking 自评						
Peer-checking 互评						
Teacher- checking 师评						

【作业过程】

1. Level A 是必选作业，学生需独立完成。Level B、Level C 是可供选择的作业套餐，分别面向中等水平和较高水平的学生。Level B 分析自身的英语学习成绩走势图，需独立完成。Level C 是以结对的形式，两人分工合作，选定一个研究的主题，完成资料收集、数据分析，撰写报告辅以分析工具。

2. Level A 作业要求学生读懂折线图，会运用所提供的词汇表达 Mary 英语成绩的起伏变化。Level B 要求学生收集近期的 4 次英语成绩，绘制折线图，阐述成绩的变化，析原因论对策。Level C 要求学生将视线投向窗外，关注能源、人口、通讯等问题，辅以数据分析工具，亮数据，析现象。

3. 呈现方式：图文并茂的报告（不少于 60 字）、言简意赅的课件（不超过 5 张幻灯片）。

4. 作业要求：

（1）选用 A4 纸进行图文设计；

（2）选用的数据分析工具需与主题匹配，能相互印证；

（3）数据分析工具运用清晰明了，文字表达准确；

（4）课件制作主题明确，提纲挈领，分享交流顺畅，语言表达精炼。

市三女初的这份综合实践类作业，以为学生提供语言实践的广阔天地

为目的,遵循因材施教的原则,从辅以支架到自由表达,以形式多样、循序渐进的学程为引导,让不同层次的学生在实际运用中真正成为英语学习的主动探索者。从学生的作业成果来看,不同层次的学生都有收获。学生能看懂折线图,能洞悉表达数据的变化,并能运用数据工具分析自己的学习成绩,甚至引发其对于社会现象的分析思考。

总之,单元视角下综合实践性分层作业的优化设计为不同学习水平的学生创设了英语学习的环境,实现课内外联系、校内外沟通、学科间融合,让英语作业成为培养和发展学生能力的一座桥梁,将听说读写相对独立的目标串联成一条璀璨的珍珠项链,促进学生巩固、运用学习内容,探究话题的内涵和外延,在实践中感悟和驾驭语言,在动手动脑中提高发散思维力、想象力、创新能力等综合素养。

(上海市第三女子初级中学)

(三) 时代发展带来机遇时

时代发展中的新发现、新举措、新成就等等,均可为作业设计带来新灵感。抓住新灵感,就是抓住开放性作业与时俱进的好时机。

建青实验学校的"大艺术课程中的开放性作业设计实践与研究"就密切关注时代发展,从中汲取营养,获得灵感。

围绕立德树人、基于核心素养,建青实验学校的老师对国家课程进行的符合校情的校本化实施策略 ARTIST 艺术课程的开发与建设已初具规模。以关注学习经历、注重情感释放、探索技术创新、注重个性发展、强调尊重平等及聚焦文化融合的理念为核心,艺术课程中的开发性作业研究也随着课程的深入逐步推进。从学科特点出发,按照单元教学设计的要求,艺术课程的开放性作业从课堂教学实践活动中生成,积累课堂的学习过程及部分成果,从而延伸至拓展型课程,作为艺术学习内容及课程时空的有效补充,引导学生将艺术与生活相融,关注时代发展,关注社会生活,以艺术的载体表现生活,以人文主题引领艺术技能的练习,并在交流、展示、分享的过程中进行作业评价,注入艺术校园文化,以作业的主要载体,贯穿艺术学习的全过程。

上海市采取垃圾分类举措后,该校老师迅速将垃圾分类的理念融入时尚创意课程。"垃圾分类"与"时尚创意"原本是两个风马牛不相及的概念，但他们慧眼独具，找到了两者的契合点，引导学生进行主题为"环保走进校园，创意改变生活"的作品设计，要求运用不同的艺术表达及综合的材料进行艺术创作。

案例 6-2-4

大艺术课程之《时尚创意》开放性作业设计

【作业设计思路】

1. 适用年级：六年级、七年级。

2. 课程类型：拓展课。

3. 设计背景：垃圾只是放错地方的资源，它们也有被重新利用的价值。只要自觉地把垃圾分好类，垃圾就可以变废为宝，并进行回收再利用。这不仅可以减少污染、保护环境，还可以提高地球资源的利用效率。习总书记说过"垃圾分类就是新时尚"，有鉴于此，特将环保主题融于时尚创意课程，设计环保创意开放性作业。

【培养目标】

时尚创意课程为我校与东华大学上海国际时尚创意学院合作开发课程，课程引导学生基于学习经历，以艺术为载体进行综合的艺术创作，通过兴趣引导与发现，聚集时尚创意设计，探索时尚创意设计课题。

【作业设计】

1. 作业内容："垃圾分类就是新时尚"。近来，"垃圾分类"已深入人心，请你尝试进行主题为"环保走进校园，创意改变生活"的作品设计。通过视觉艺术，富有创意地将垃圾分类的种子埋在建青的校园中。作业内容及要求：

(1) 可以利用综合材料进行艺术创作；

(2) 艺术表达形式不限；

(3) 空间不限。

2. 完成时间：两周。

3. 作业呈现方式：作品展示并介绍。

4. 评价方式：学生互评、教师点评。

　　无独有偶,建青实验学校的拓展性课程还从现代城市发展中找到了作业设计的灵感。老师们关注到有关建设海绵城市的话题。建设海绵城市主要是依托公园、大型绿地、中心广场等项目精心建设和改造城市,一般来说这类项目占地大,建设周期较长。当然这些项目建设完毕后对于周围地区的雨水收集和积存会有很大的正面作用。但是在寸土寸金的上海,城区内大部分为住宅建筑和商业建筑,很难有大面积的土地可以开发成为雨水花园、植草沟等。于是,教师们引导学生将注意力转移到了校园,分析在校园内建立海绵城市有关设施的可行性。他们还设计了如下作业:

案例6-2-5

气象和环保拓展课开放性作业设计案例

【作业设计思路】

1. 适用年级:七年级。

2. 课程类型:拓展性课程。

3. 培养目标:在开放的时空中促进学生生动活泼地发展,增强学生对自然、对社会、对自我、对可持续发展的实际体验,发展综合的实践能力。该作业可以使学生从他们自己的生活中选择感兴趣的问题作为研究学习的对象,自然地、综合地学习,这种学习活动是出于自己的兴趣而非老师强加的。

【作业设计】

1. 作业内容:

(1) 收集自然雨水,并分析其 pH、颗粒物等指标,分析其是否可以作为绿化用水的替代用水;

(2) 上网搜集上海降水数据,分析计算在大雨、100 ml 暴雨、150 ml 暴雨情况下,给学校带来的雨量。

2. 完成时间:2周。

3. 作业呈现方式:实验报告＋PPT 讲解。

4. 评价方式:学生互评、教师点评。

二、开放性作业实施的空间

2021 年 6 月 10 日出版的《上海教育・环球教育时讯》，推出了一个名为"学习空间变革"的专题。其中有这样的论述①：

"最有影响力的教育体验是孩子们所处的学习环境，也就是孩子们的成长过程中，最容易受影响的那些年安置他们的场域与空间。在这样一个急速变化的世界，教育理念的革新、学校形态的变革，也驱动着我们要彻底反思'教室与铃声'的学校模型，重新思考学生真正的学习所需的'空间'。

"无论是技术加持的'智慧课堂'、回归自然的'花园学校'，还是打破边界的'学习社区'和超越时空的'虚拟教室'，这些学习空间的变革与重建，都开始注重社会参与、情感流动、灵活适应以及创造性的学习生态。

"革新和创造学生赖以成长与发展的时空，不仅仅是回应技术变革、学习认识发展和学习者成长的现实需求，更是推动真实性学习发生的重要的系统工程，成为教育变革的内在动因。"

同时还提出，"如何从回归学习的本质和育人的初心出发，撬动学习空间变革的杠杆，引领学习者走向富有成效、充满社会关怀、挑战与创造的学习探险"，需要做深入的探寻。

长宁区的开放性作业研究也在学生学习空间的探寻上迈出了重要的步伐。长宁的开放性作业的实施空间，已经不再局限于教室、校园和家庭，早已走出校园，步入广阔的社会天地。

案例 6-2-6

追寻我们的"星际航行"梦——参观"钱学森图书馆"开放性活动及作业设计②

延安初中这一物理开放性作业案例把作业的实施空间搬到了钱学森图书馆。以"钱学森图书馆"作为参观场地，鼓励学生利用暑假时间前往参观，借助馆藏，了解我国导弹和卫星发展的历程，过程中完成"活动单"，换一种方式"复习"所学，巩固过往相关知识，拓展知识面，了解物理学科的"真善

---

① 学习空间变革[J].上海教育・环球教育时讯.2021(06):19.
② 王蕊.追寻我们的"星际航行"梦[M]//熊秋菊.学生创新素养培育的实践探索——上海市长宁区初中作业开放性研究成果汇编.上海:学林出版社,2019:194—197.

美"，体会我国科学家艰苦奋斗的精神、报效祖国的情怀。

1. 作业内容及要求

（1）利用课余时间查找钱学森的个人资料，了解他在导弹、卫星发射领域的贡献；

（2）暑假期间，以自己喜欢的方式前往参观"钱学森图书馆"；

（3）根据教师所给的示意图，完成"星际航行活动单（物理版）"；

（4）在场馆志愿者的指导下，制作"水火箭"，并通过资料查找与分析，了解其中涉及的物理原理。

2. 实施步骤

（1）进行活动宣传，介绍活动的意义、内容、要求，向学生明确参与的方式；可以与场馆合作，借助微信或在网络平台发布"星际航行"活动报名，鼓励有意向参加现场指导的同学关注网络报名；

（2）教师和图书馆负责人、讲解员及活动志愿者根据报名情况和活动时间，共同策划与设计活动方案；

（3）教师结合场馆活动方案，设计参观活动单（即开放性作业），同时与场馆讲解员进行讨论，根据学生的实际情况修改场馆活动讲解词（针对参加现场指导活动的同学）；

（4）按照活动时间和类型，依次开展场馆参观活动。

下面是学生在馆内参加相关活动的图片。部分学生家长也参与了"讲解"，并和孩子一起讨论活动单中的内容。学生还在场馆志愿者的指导下，制作水火箭。

（上海市延安初级中学）

上海作为国际化的大都市，各种场馆资源很丰富，充分利用场馆资源，拓展学生的学习空间，开阔学生视野，丰富学生体验，提升学生解决问题的能力，是开放性作业设计的努力方向之一。近些年来，天山二中广泛开展"博物馆巡礼"探究实践活动，作为开放性作业的重要抓手。该校以学生创意作业的完成为目标导向，形成了比较完整的探究实践活动序列：六年级与阅读领航社会实践相结合，七、八年级与春秋游社会实践活动有效结合，寒暑假期间开展主题鲜明的假日小队社会实践活动。全校师生 3 000 余人次深入本市近 30 家博物馆进行实践，开发了 8 门博物馆微型课程，实施近 160 个主题学习项目的实践研究。随时随势拓展作业实施空间，不仅成为老师们的共识，也成为学生们的意识。

第三节　开放性作业与教师专业水平提升

一、教师专业素养对开放性作业设计的支持

(一) 教师的专业素养决定作业设计的质量

开放性作业的设计，需要创意，需要眼光，对教师的专业素养要求很高。教师的专业素养不仅决定作业的设计质量，更决定作业的完成质量。教师要敏锐捕捉日常教学中值得探究的问题，结合自身的专业知识，设计出独特的开放性作业。

西延安中学的语文开放性作业"笔尖下的成语，舌尖上的美食"就充分体现了教师的眼光和素养对作业设计的支持。

案例 6-3-1

笔尖下的成语，舌尖上的美食①

作业内容：学做一道菜肴，用一个成语给它命名。

作业要求：成语与菜肴有关联，记录食材配量和制作过程，制作中和成品后的照片各一张。

这项作业是教师巧妙结合学校学工中的烹饪课，联系七年级《语文》上册第六单元"技艺超群"后，并结合本单元的综合学习"生活中的能工巧匠"而设计的作业。生活和课本的关联，传统与时尚的结合，以及跨学科的独特眼光，使得本设计充满创意。传统的"独立完成作业"的观念将受到挑战，而合作将成为学生完成作业的重要手段。如本次作业的完成，就要求得到家

---

① 李家梅. 笔尖下的成语，舌尖上的美食[M]//熊秋菊. 学生创新素养培育的实践探索——上海市长宁区初中作业开放性研究成果汇编. 上海：学林出版社，2019：52—56.

长的帮助和指导,购买食材时又要与商人打交道等。很多同学都是在家长指导下共同完成作业,通过这次活动,不但强化了亲情的责任感,而且不少同学在感想中都写到了,通过做此道菜,才真正体会到了父母烧饭时的辛苦。下面一位同学的感想比较有代表性:

通过此次作业,我不仅学会了如何制作美味的香煎面饼,同时也学到了一个新的成语——画饼充饥。在学习的同时也能学会一项技艺,真是一举两得、一石二鸟、一箭双雕啊!另一方面,我也懂得了在学业之余学习生活技巧的重要性。期待下一次还能有这样一边学习厨艺,一边学习成语的机会!左手学知识,右手练厨艺,我喜欢这样的作业。

(上海市西延安中学)

(二) 教师的专业素养决定作业实施的效度

教师的专业素养,决定了作业完成的高度。在作业完成过程中,教师的适时指导,对作业实施的效果有着举足轻重的作用。

复旦初中八年级艺术学科的开放性作业"我型我秀——T恤图案设计、绘制与表演",就凸显了教师在作业指导中的重要作用。

| 案例6-3-2 |

我型我秀——T恤图案设计、绘制与表演[①]

八年级艺术学科第二学期《美术》的第一单元第一节是《自我形象设计》,它包括外在形象和内在形象。这一节所涉及的内容很多,有职业形象与个性形象,有独特的T恤、艺术签名,还有一些体现个性的活动如COSPLAY等,综合性很强。但复旦初中的艺术老师凭自己的专业素养,感觉仅仅靠完成一张美术作业是无法实质性体现学生的"自我形象"的。老师结合自己对现代西方艺术教育的了解,希望通过艺术与情感、文化、生活、科技的联系,最终达到提高学生艺术能力和人文素养的结果。著名音乐家雷默提出的"综合审美教育"观念给了她启发:每种艺术都有自己的主要要素,

---

[①] 张致华. 我型我秀——T恤图案设计、绘制与表演[M]//熊秋菊. 学生创新素养培育的实践探索——上海市长宁区初中作业开放性研究成果汇编. 上海:学林出版社,2019:403—405.

音乐中有旋律、和声、节奏,绘画中有色彩、线条、质感,诗歌中有比喻、形象、韵律等;每种艺术都可以借用其他艺术的要素,再与自己的领域同化,而许多艺术又可以借用非艺术的要素,艺术地加以运用,转化成表现素材。而另一位音乐教育家霍斯曼提出的不需要增加学习时间、教师数量和设备却能扩充艺术课程的方法也给了老师很大的启迪。这种方法的关键是使整个艺术教育课程一体化,而一体化的基础又是所有艺术之基础的、共同的东西即艺术的审美性、创造性、表现性,就像语言教学能把听、说、读、写综合起来,艺术教学也可以把视觉艺术、听觉艺术、触觉艺术等融为一体。

于是老师开始考虑怎样在不增加学生课外负担的情况下提高学习兴趣,减轻学习压力,给初中学生增添一份美好而有意义的回忆。最终决定与音乐老师、校大队部联合举办八年级十四岁生日(这是学校本来就有的活动)的大型艺术活动——推出"我型我秀"的系列活动,设计开放性、一体化的《自我形象设计》开放性作业:

1. 利用网络资源学习"职业形象与个性形象"的异同,并探讨成功者的形象应该是怎样的;再说说自己的个性与爱好,也可以同伴互助,定位我的个性。

2. 学习与设计艺术签名,看看说说字里行间的个性体现。

3. "独特的T恤"即图案设计与绘制。

4. 我型我秀——T台走秀表演

先是美术课上学生穿自己绘制的T恤进行走秀表演;

再是在八年级"十四岁生日"活动中,代表班级参加表演比赛;

最后是在校庆活动中,代表年级参加T台走秀表演。

（上海市复旦初级中学）

这项作业极为成功。学生在这种开放式的、综合性的专题作业中所表现出来的兴趣、认知能力、思维创新能力及其发展倾向远远超出了教师的预期。如学生对待作业的态度及兴趣发生变化,学生个人的绘画技术能力和智力都发挥到了最大化、最优化。他们积极主动地找音乐,编动作,请教音乐老师,认真排练走秀等。教材已从静态转为动态,学生也随着音乐的节拍把自己的T恤展示在一个更广阔的空间,全身心参与,通过亲身体验获得了多样化、多元化的知识,自己的能力也得到了锻炼和提升。

二、开放性作业设计对教师专业素养的促进

教师的专业素养对开放性作业开展毫无疑问有至关重要的作用,开放性作业的设计也对教师的专业素养提出了更高的要求,反过来也促进了教师专业素养的提升。作业的开放性,迫使教师读书思考,倒逼教师关注生活,关注时代,积极应对学生在完成作业过程中出现的各种新问题。

(一) 开放性作业让教师审视自身教学行为,在反思中促进专业成长

作业开放性研究使教师不但着手研究作业的形式、内容、环境和资源,而且使教师不断审视自己的课堂教学,让课堂教学更有效服务于学生、服务于作业。有的学校的课堂观察量表将作业开放性研究作为其中的一个指标,促使教师考虑如何更好地布置有效的作业。

教师不再是一个说一不二的领导者和裁判员,而是学生的合作者。通过研究,教师的教育教学理念得到了更新,他们深刻地认识到作业的有效性在学科教学中的重要意义。从教学内容和教学目标的生成方式来看,教学模式可以分为三类:替代性教学模式、生成性教学模式、指导性教学模式。替代性教学模式主要是指学生通过教师呈现教材来掌握知识完成学习。生成性教学模式主张学生是认知的主体,是知识意义的主动建构者,教师是学生的帮助者和促进者。指导性教学模式折中前面两种模式,力争在前两者之间取得平衡,扬长避短,使前两者的优点相得益彰。自从实施开放性作业以来,学校课堂里的教学模式都在悄悄地发生改变,逐渐由替代性教学转向生成性或者指导性教学。教师的教学观由封闭式走向开放式,使教师的评价观由一元化变为多元化。牢固树立了以人为本、以生为本、因材施教、注重个性差异等理念。教师教学行为更趋合理。

(二) 开放性作业让教师打破"学科壁垒",在合作中迸发教学智慧

作业开放性研究,鼓励不同学科的教师牵手合作,打破学科壁垒,科学整合教学资源,创建学科间相融合的情境,加强学科间的联系,增强了教师的跨学科意识和能力,也提升了教师的合作意识和合作能力。如语文学科学习诗歌后让学生配一幅相应的美丽画面,使学生进一步感受诗歌中蕴含

的色彩美,需要美术老师的参与;数学学科在学习了黄金分割比例后,让学生寻找古今中外著名建筑中的黄金分割点,需要地理老师的参与;英语学科在学习课文 Pen friend 后,让学生通过 e-mail 或微信寻找笔友,切身感受国际互联网的奇妙,需要信息老师的参与。生物和地理学科打造来源于学生生活的案例分析,提高初中学生综合运用所学的学科知识来分析和解决实际问题的能力,提升学生综合素养。总之,作业开放性研究让不同学科的教师在思想观点上互相碰撞,在教学教法上彼此启发,不仅提升教师的专业素养,还增进了教师之间的感情。

(三) 开放性作业设计中的专家引领,开阔了教师的视野

开放性作业的设计,需要跨界的眼光和开拓的精神,需要理论的引导和专家的指点。跨学科的作业设计迫使教师走出自己的学科,走出舒适区,学习新知识,迎接新挑战。长宁中学开设"扎染艺术"课程,通过开放性作业的设计,推动课程研发不断深入。该校邀请上海师范大学王小音教授来校指导。在此过程中,该校的班主任作为助教全程参与。经过四年多的时间,该校多名班主任成功学会了扎染的各项技能,并在学校的各种活动、拓展型课程中担任指导、教学工作,还共同编写了"扎染"校本课程。虹桥中学为更好完成该校的开放性作业"传承非遗,艺术剪纸",把剪纸艺术非遗传承人邀请到校,与学生面对面,与教师面对面,极大地提升了教师的专业素养。

(四) 开放性作业设计丰富了教研组的教研内容

多年来,长宁一直坚持进行作业开放性的研究,为减负增效付出了艰辛的努力。各学校均及时跟进,把开放性作业设计作为学校的重点研究课题,统领学校各学科的教研组活动,形成合力,立足于课堂,解决教师的实际问题,不仅接地气,同时又使得教研组活动的主题更加凸现,功效更加持久。不少学校以作业研究为载体,把教研组的教学研究内容序列化。

以复旦初中为例。教研组将教研活动的序列化,教研组活动内容围绕一条主线长期展开。开放性作业设计作为该校的龙头课题,统领所有学科的教研组活动,每个教研组都建立了相应的子课题,形成合力。开放性作业设计开展时间较长,一来使教研组活动的主题能够一以贯之;二来可以修改完善,提升作业质量,使之更符合课题研究的指导理念;第三还可以继续开发前一个年级由于时间关系等没有顾及到的内容,使作业的覆盖面更广。这样的教研安排,使教研组真正成为教学研究组,为教师的专业提升创设了氛围,提供了支撑。

长宁区教育局领导在实践中体会到,开放性作业的研究与实践使教师对学生创新意识和能力的培育有了切入点和操作路径,教师的创造意识和能力得到了激发。全区教师在设计开放性作业的同时促进了自身创新水平的提升,在参与区域和学校开展的各类开放性作业研究活动的过程中提升了研究能力和实践水平。教师作业开放性研究能力得到了提升,培育学生创新素养的意识和方法都有了巨大进步。总之,作业开放性研究在促进教师素养的提升上具有重要推动作用。

第四节　开放性作业与学生素养培育

一、学生参与开放性作业的设计

作业开放性的重要体现之一就是设计主体的开放性。也就是说,作业的设计者,不仅仅是老师,也可以是学生。学生作为作业的完成者,要让学生真正成为作业的主人,就必须打破学生在作业面前的被动局面。多年来,长宁一直提倡让学生参与作业的设计。这里的"设计",当然最值得肯定的是学生参与原创题目的设计。但考虑到学生的实际情况,我们把学生改编甚至推荐的题目也作为学生参与设计的体现。

天山二中在学生自主设计作业方面做了很多值得肯定的探索。

首先,该校鼓励学生进行合作型作业设计。合作型作业主要是由学生与学生、学生与家长共同合作完成小课题研究、社会调查等,通过查阅书刊、报纸和上网、开展社会调查等,对学生自己身边的热点问题,结合所学知识,学会用学科的眼光来分析调查所得资料,使学生与外界形成了各种合作,从而进一步认识我们的周围世界。在完成这类作业时,学生既可以学到知识,又可以通过亲身体验生活、感受生活,在自由宽松的氛围中,提出新思路、新方法、新方案,极大地提高了学生的学习兴趣,增强了思维能力,同时增强了交流、合作，知识、技能、情感都得到了发展。例如，该校化学学科作业"上网查找使用塑料的利与弊以及如何处理难以降解的塑料废弃物等有关资料，说明消除'白色污染'隐患的重要性"，以及"调查周围金属垃圾的分类，并分析其回收价值，提出回收建议"。该校数学学科将"利息""盈利""打折"等分数、百分数知识运用到家庭日常生活，开展"理财计划"设计。

其次，该校还放手让学生自编测验卷。在单元复习和总复习时，以学习小组为单位完成自编测验卷。实践证明，采用这种形式的作业，学生兴趣浓厚，信心增强，他们通过熟读教材、查阅资料，在编制测验试题的过程中既学会了知识的归类和整理，在一定程度上又模拟了知识的运用过程，还加强了学生间的团结与合作，变作业"要我做"为"我要做"。

再次，该校还让学生设计课外家庭实验作业。贴近生活的家庭作业，改变了以往从课本到作业的传统作业模式，将课内向课外拓展延伸，开放了学生的学习空间，促使学生从不同角度积极主动地探索，增强了学生的求知欲，有利于培养学生思维的创造性。如此作业尝试之后，有相当数量的学生对理化产生了浓厚的兴趣，他们自发形成了理化学习小组，自己购买实验仪器（电路器材、试管、烧杯等），厨房、阳台成了他们的家庭实验室。

值得一提的是，该校还让学生拍摄习题讲评微视频。学生自选并拍摄分层作业的习题讲评视频，相互分享。这一举措有效提升了学生发现问题、分析问题的能力。学生通过整理思路、总结归纳，既改善了之前学习中重结果轻过程、重整体轻细节、重解题轻总结的现象，同时又达到了培养学生能力和兴趣的目的。学生的身份是同等的，通过"生生互动"，他们彼此更容易交流，可以互相沟通、讨论、切磋、倾听、评价，这充分尊重了学生的主体地位。例如，该校"博物馆巡礼"探究实践活动，很好地体现了学生的主观能动性。

案例6-4-1

"博物馆巡礼"探究实践活动

让学生自行设计"博物馆巡礼"学习任务单，完成小调查、宣传册。"博物馆巡礼"是在社会实践活动基础上，以各类综合性、专题性博物馆及具有博物馆性质的社会活动场所（广义博物馆）为平台，根据不同学段的学生特点，由学生主动参与设计内容为场馆选择、主题确定、目标、内容、实施方式等的,多角度的"博物馆巡礼"学习任务单,引导学生带着问题参观博物馆,学会在众多信息中筛选有效信息,分析探讨。利用社会实践活动课、春秋游社会实践活动或寒暑假期间组织安排博物馆考察项目。

参观前,老师组织学生设计学习任务单。学生通过网上博物馆先行了解博物馆主题,拟定学习项目方案,做好小组分工;在参观过程中,有计划地开展项目研究,教师适时指导实施,之后完成相关项目作业。

表6-4-1 六年级某小组同学讨论设计的"博物馆巡礼"活动任务单

我们参观的博物馆	上海商标火花收藏馆
我们的主题	火花中的统计
我们的目标	1. 学会收集有用的信息和数据。 2. 会对收集的数据进行整理,并制成统计图。 3. 能从图中获得有关信息。
我们的成果	一篇关于建筑、国旗、动物、交通工具、植物的统计报告。
我们的任务 (步骤与分工)	参观学习阶段 1. 分成两个小组。 2. 在收藏馆内寻找有关建筑、国旗、动物、交通工具、植物的图片,记录相关数量。
	成果展示阶段 1. 整理相关数据,计算出某一类图案在所收集的图案中的百分比,运用 excel 表制成统计图(一个小组制成柱形图,一个小组制成饼形图)。 2. 根据制作的统计图,归纳出图中有用的信息,了解统计图的特点,将结论写成一篇报告。
小贴士	1. 在收集数据时,可以自己设计一张表格进行记录。 2. 两个小组在参观时可以互相交流,尽快找全要求的图案。

学生自主确定的主题丰富多彩,如《初步认识古代货币单位》《鼎与中国礼制》《钱学森的人生选择》《五大名器之琉璃》等显现了较强的实践意义,学生的研究意识和自主学习能力得到了提升。

二、开放性作业使学生受益无穷

开放性作业的研究,最终受益的当然是学生。长期以来,长宁一直把作业研究作为区域教改的重要方向,目的就在于切实减轻学生负担,提升学业质量,进而提升学生的生命质量和家庭的生活质量。

市三女初在作业开放性研究上一直走在全区前列。在2018年长宁区"作业设计与教育叙事"评选活动中,该校的《单元主题视角下的初中英语实践类分层作业设计》等9项开放性作业设计获奖。《单元主题视角下的初中英语实践类分层作业设计》刊登于2018年1月《上海课程教学研究》,并在市教研室举办的作业设计研讨活动中进行交流和获得好评。在2019年区作业开放性研讨活动中,该校展板设计荣获一等奖。

该校以六年级的《学做小小气象员》一课和八年级《黄金矩形》一课(均为"生活的智慧"课程)为例,选取一个平行班(38人),对其课堂评价表进行统计(自评、互评和师评占比为3:3:4,加权后取均值),用"雷达图"表示(见图6-4-1):

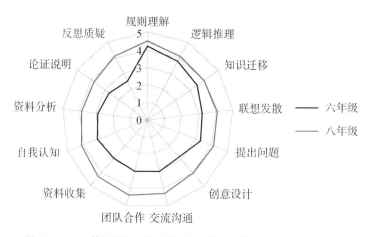

图6-4-1 基于"核心能力"综合素养培育指标比较分析雷达图

由图可知,该校学生在六年级至八年级的成长过程中,所有指标(13个)均有不同程度的上升,尤其是联想发散、创意设计、论证说明、反思质疑等指标提升幅度较大,与市教委教研室倡导的基于"绿色指标学业水平指数"的高层次思维能力培养(包含迁移能力,预测、观察和解释能力,推理能力,问题解决能力,批判性思维能力和创造性思维能力)十分契合。"雷达图"还显示,"团队合作""交流沟通"两项指标也有明显进步。作业开放性研究撬动了学生的学习动力,在第30届、31届、32届上海市青少年科技创新大赛活动中该校在工程类、生化环境类和社科类课题研究中获40余个奖项。另外,反映学生研究能力与写作能力的《小荷待绽:学生论文集》已完成编印。

　　新泾中学是我区相对薄弱的一所公办初中。该校积极开展作业开放性研究,落实各项任务,促进了学生的优化发展。在该校关于开放性作业研究的总结中,有这样的叙述:

　　1. 转变学习方式,提升学习兴趣和学业成绩

　　兴趣是最好的老师。如何激发学生的学习兴趣,提升学生的学习效率,是我们研究的最终落脚点。作业开放性研究虽然只是教学中的一个环节,但是把这个环节做好了,就能成为一个推进课程教学改革、转变学生学习方式的着力点。如今,学生作为"作业的主人",具有了更多的选择性和自主性,作业形式的丰富性和生动性也吸引学生主动地参与到作业的完成过程中去,特别是注重作业评价的激励功能也让学生的自信心得到了提升。从取得的成效来看,学生的学业成绩也明显进步,学校学生连续三年中考成绩稳步提升,特别是 2018 届学生,学生高中上线率明显提升,超过了上海市平均水平,让学生在理想发展的道路上迈出坚实的一步。

　　2. 增强学习能力,培养创新能力和核心素养

　　学校在原有的课程基础上积极建设"思维创新""生态环保""工程实践"等 STEAM 课程,通过 STEAM 活动在基础课中的初体验,在拓展课中的应用与实践,以及在科技活动、创新大赛中的综合展示,来培养学生核心素养,提升学生的认知力、决断力和表现力,也已经收到一定的成效。

　　例如:新泾中学"炫动新泾"战队连续两届在上海市教育委员会、上海广播电视台主办的"全能脑力王"STEAM 青少年电视公开赛决赛中荣获一等奖。"全能脑力王"是以 STEAM 教育为核心,结合科学、技术、工程、艺术、数学等多学科融合的综合竞赛,强调的是学生动手、动脑、参与学习过程以及让学生获得将知识进行情境化应用的能力。在"开启科技创新的探索之路"的教育理念引领下,上海 96 所中学参与竞逐,其中不乏华育、华二初级、兰生复旦、交大附中、上海实验学校等名校,每个学校都派出了最具 STEAM 能力的 5 位学生组队参与。可以说,这是一场代表了上海中学生 STEAM 综合实力以及 STEAM 发展方向的公开挑战。我校学生能够连续两届摘得桂冠,可以反映出学生综合能力的提升。

　　新泾中学在首届由上海市教育学会学习科学专业委员会、上海市学习

科学研究所举办的上海市中小学生"学习探究：始于好问题"征文比赛中获得 2 个一等奖、2 个二等奖、5 个三等奖、8 个鼓励奖的好成绩，并有 5 位学生的征文入选由组委会编辑的《好问题》文集。特别值得一提的是八（3）班的王添同学，在观察生活的过程中，结合学科学习知识，撰写了《寻找黑色花》征文，获得了本次大赛的一等奖，并刊登在《学习报》上。在科学教师翟楠的悉心辅导下，王添同学还在专委会举办的上海市中小学生"学习探究：始于好问题"优秀问题展演活动中进行了精彩演讲，受到了专家们的好评。

我校学生在上海市科技创新大赛中也取得了突破：沈易诚同学发现生态园植物经常被鸟类啄食的问题，于是进行了多功能助植物生长驱鸟器设计，获得创新大赛工程类二等奖。张佳阳发现了生态园有块土地上的植物一直长不好的问题，于是进行了不同种类厨余垃圾堆肥改良土壤的初探，最后获得创新大赛环境科学与工程二等奖；付绍阳同学发现生态园的抹布特别爱生霉点，他随后开发的探究毛巾除菌方法课题获得微生物学三等奖。

通过浏览以上两所比较有代表性的学校的相关资料，我们可以鲜明地感受到作业开放性研究给学生带来的积极变化。正如长宁区教育局领导所总结的："创新素养包括创新意识、创新勇气、创新思维、创新能力等。初中是个体创新素养形成的重要阶段，在作业中融入开放性因素，给学生有更多自主、探究与合作学习的机会，提升学生的创新意识和创新能力，是全面提升学生创新水平的重要途径。实践证明，长宁区开放性作业的研究与实践，使学生创新素养的培育贯穿到作业设计中，体现在学生对作业任务的完成中，实现了学生创新素养培育的目标。"

第五节　开放性作业研究的组织领导

一、整体设计，统一部署

长宁区的作业开放性研究开始于 2016 年，一直是教育局牵头的全局性工作。根据《国家中长期教育改革和发展规划纲要（2010—2020 年）》精神，以及长宁区政府提出的"提高教育质量，打造一流教育"的方针要求，结合长宁教育"为了每个学生更好地学习与成长"的核心理念及新课程改革的精神,长宁区教育局和长宁区教育学院通过深入调研,广泛征求意见,推出了阅读领航计划、分层作业研究和作业开放性研究的整体性推进的区域方案,在此基础上,各学校以及各学科制定本学校和本学科的实施方案。

2016年4月,长宁区教育局下发了《长宁区初中作业开放性研究指导意见》。该《意见》对开放性作业设计做了较为全面的诠释和部署。

长宁区初中作业开放性研究指导意见

为办好人民满意的教育,践行创新、协调、绿色、开放、共享的发展理念,形成"活力教育,成就梦想"的区域教育特色,对接《长宁区教育综合改革试验区建设方案(2015—2020)》,落实"长宁区教育改革和发展十三五规划"中初中学段的教育教学改革,促进初中教育优质均衡发展。

一、指导思想

作业开放性研究是阅读领航计划改革的持续深化,是面对教育评价改革的重要举措。开放性的作业可以给学生更加开放的学习空间,为发展学生的创新能力提供机会。鼓励学生参与开放性作业的设计,加深学生对学习内容的研究,提升其自主学习能力。作业完成的开放性重在发展学生创新思维能力,帮助学生掌握自主学习策略。作业评价的开放性,使不同层次和个性的学生都能找到合适的自主发展空间。

通过对作业开放性的设计、实施和评价研究,探索实现促进学生自主学习的有效途径,通过作业环节的改革促进教师课堂教学的有效创新,实现初中学生学习的减负增效和创新型人才的培养。

二、具体内容

(一)作业设计开放性研究

1. 基于学科特点,教师根据课程标准要求和学生学习实际状况,研究作业开放性的形式和内容,以教学单元为单位设计开放性作业。先期选择部分学科和教师开展研究,选择部分适合开放性设计研究的内容先行试验。

2. 教师指导学生参与作业的设计、选择和推荐等,研究教师指导模式和学生参与的基本流程。

3. 在部分学科探索家长参与作业设计研究。

（二）作业完成开放性研究

1. 对没有标准答案的作业内容，教师鼓励学生创新和多样地解决问题。

2. 对具备标准答案的作业，教师通过展现学生思维过程的不同路径，培养学生多元思维品质。

（三）作业评价开放性研究

1. 教师针对不同类型作业实施不同的评价策略。

2. 指导学生对作业完成的过程与结果进行自我评价和相互评价。

3. 指导学生对学习中获得的成功和出现的问题进行有效反思与正确归因。

（四）校本管理与校际联动机制

1. 校本管理机制：作业开放性研究以学校为单位开展，学校制定校本实施方案，组织各年级各学科教师研究制定学科实施细则和方案。

2. 区域联动机制：区域研究学校联动运行机制，研究交流作业开放性设计、实施和评价的阶段成果，形成区域性研究成果。

三、推进策略

（一）参与学科

1. 基础型学科

（1）语文、数学、英语、物理、化学

在分层作业实施的基础上推进作业开放性研究。分层作业的实施侧重于学生解决问题，开放性作业实施侧重于学生发现问题与分析问题，是培养学生创新性思维的重要途径。

（2）其他基础型学科

作业开放性研究有助于促进学生学习积极性和提升学生学习能力。重在通过学生参与作业的开放性设计，呈现学生作业的开放性成果，参与作业评价等途径，实现学生学习的自主性和探究性。

2. 拓展型和探究型课程

拓展型与探究型课程的作业开放性实施以成果展示为主，重在体现以社会实践、社区活动、家长参与等为特色的学习方式的开放性与多样性。

（二）学校活动

1. 课堂教学研讨

（1）探索作业的多形式化，集聚师生智慧，发散性设计多类作业。

（2）作业开放性实施，突出学生作业完成过程中的开放性路径和发散性思维。

（3）作业开放性成果评价，突出学生作业开放性成果展示及多元化评价。

2. 作业设计研讨

作业设计的多主体性研讨，呈现教师、学生、家庭设计作业的策略与成果。

3. 成果展示研讨

学校自主确定主题，选取若干学科，展示研讨学生开放性作业成果。

（三）区域活动

1. 作业开放性设计与成果评比。

2. 以作业开放性研究为主题的教育叙事案例评比。

二、搭建平台，定期研讨

作业开放性研究经历了阅读领航计划、分层作业研究和作业开放性研究三个阶段。这三个阶段的相关研究均由教育局统一部署，并由教育学院组织落实。

以作业研究为抓手，在区域层面提供校际联动平台，优化整合资源。各学科开展单科区级教研共 200 多次。各学科开展联合区级教研 20 余次，开放课堂 600 余节，以试点学校为依托，组织分片教研 300 余次，通过校际联动平台促进学校间教学资源的共享、教学经验的互补，使不同层次学校的学生均拥有满足发展需要的优质学习资源，推动各校均衡发展。

区级联合教研，参加人员往往是学校校长、分管副校长、教务主任和相关学科教研组长和备课组长，以及相关学科教师。教育学院分管领导和教研员也悉数到场。教育局领导每一次都亲临现场听课指导。

每次研讨活动均会根据推进情况拟定不同的研讨目的。2019 年 5 月 9 日上午，长宁区"初中作业开放性研究"推进会在泸定中学举行。活动通过学校作业开放性研究成果展板展评、研讨课、专家点评、主题发言等形式，集中展示了长宁区初中各校开展作业开放性研究的成果,有力推动了区域教育综合改革项目的纵深推进。《新民晚报》记者全程参与了本次活动。5月15日,《新民晚报》以《告别"机械刷题"——长宁区开放性作业让孩子找到幸福感》为题进行了专题报道。

告别"机械刷题"——长宁区开放性作业让孩子找到幸福感

泸定中学的"黄金分割"数学课,让孩子给妈妈设计一双高跟鞋;长宁中学的《美丽中国》,发掘中国八个省市的传统文化;延安初中的阅读领航,让每个孩子都参与课题研究,走出家庭和校园……近日,长宁区初中"作业开放性研究"推进会在泸定中学举行,在长宁区19所初中,开放性作业让孩子告别"机械刷题",都能在作业中找到幸福感,获得成就感。

男孩设计高跟鞋感动母亲

泸定中学是长宁区一所普通得不能再普通的公办初中,学生都来自周边普通居民家庭,家庭能给予的教育资源和教育投入非常有限,但这些孩子在作业开放性研究中展现出的潜力却让人刮目相看。在巡礼活动上,泸定的学生们用数学的"黄金分割"原理,为自己的妈妈设计"女神高跟鞋",作为母亲节的献礼。六(2)班的小星在他的设计稿里写道:"我妈妈喜欢黑色,黑色代表沉着、冷静、理智、成熟、严肃,很适合我妈妈的风格。她很喜欢我为她设计的高跟鞋。"小星妈妈说,从来没有想到自己的儿子会给自己设计一双高跟鞋,收到设计稿的时候觉得特别感动。"更没想到他还会注意到我喜欢黑色。"

泸定中学校长赵惠勤说:"其实,对我们学校的学生来说,高效落实作业已经不容易,再要推进开放性作业会更难。但是,这么多年我们一直坚持,就是想给这些普通家庭的孩子多一些体验,也希望能通过这一抓手,促进教师课堂教学方式和策略的有效创新,激发学生学习的主动性和创造性,更是鼓励孩子的自信心。"经过五年尝试,学校持续推进的"乐学创意"课程群,将学科知识与日常生活有机结合,包括了"A4纸创意制作""比特""3D",以及语文"小剧场"、数学"折纸与数学"、英语"悦读联播"等课程。学校还以社会实践、社区活动为抓手,发挥家、校、社区"三位一体"联动效应,通过学生自主编制或家长参与设计活动任务单、考察印记等方式,详细记录学生自主参与社会考察和课题调研的过程和成果。

开放作业让孩子走出"书本"

传统的作业存在"结构性失衡",过度关注基础知识,将作业局限在了书本知识上,局限在了机械练习上,局限在了教室和家里。但记者发现,开放性的作业,鼓励学生走出课堂、走出校园,将所学的知识和生活实践结合起来。

上海市第三女子初级中学的"基础延伸课程"的作业,努力探索在课堂内实现深度学习或非文本知识学习的途径和方法,赋予学生终身发展、适应时代要求的关键能力。学生们可以在"生活的智慧"作业中,运用数学"极值"知识,尝试探究上海入冬的标志,也可以在"模拟社会组织"里,参与模拟编辑部工作,设计育儿类、新闻类、时尚类等杂志。西延安中学通过开放性作业,培养"问题解决者",将学科知识延伸到孩子的生活之中,在老师的引导下,学生带着好奇心和科学精神观察动植物,完成日记,还会思考"对校园内噪声产生原因的探究""计算机与人谁聪明"等问题,编写《爱丽斯梦游仙境》课本剧,以及借结晶的原理制作出色彩缤纷的"天气瓶"。

作业评价不再有"标准答案"

延安初级中学校长许军说,作业开放性研究,应当从作业设计环节开始就鼓励老师、学生、家长一起参与进来,让孩子能够自己发现问题、主动思考。在延安初级中学,作业形式有趣、丰富、重视过程。比如,语文学科的批注式阅读、文学作画、座右铭书签制作等;数学学科的相关问题解决方案的设计、用几何图形设计班徽等;综合文科实践性作业的"采访老师的一天""公共设施调查"等。"最需要改变的,其实是作业的评价,教师变单一评价为多元评价,调动学生学习主动性;变一次评价为多次评价,让学生体验成功。"

机械刷题的题海战术,加重学业负担,更降低学生的学习兴趣。长宁区教育局领导介绍说,近年来,长宁区以初中作业开放性研究来推动区域课堂教学改革,培育学生创新素养,从作业设计、作业完成、作业评价等环节开展研究与实践,采用区域联动与学校推进相结合的策略,探索出一条区域整体推进课程与教学改革的有效路径,在促进教师自身专业成长的同时,在学生核心素养培养、减负增效等方面取得了显著进步。

(《新民晚报》记者　马丹)

　　在交流经验的同时,各学校的领导与教师,对遇到的各种问题进行研讨,集思广益,协同攻关。在作业开放性研究中,如何体现评价的开放性,尤其是面对新中考改革,如何在情境化命题、跨学科命题上做出有价值的探索,也是我们一直在努力解决的问题。

三、形成机制,推广成果

　　多年来,长宁区一直脚踏实地开展作业研究,旗帜鲜明推动减负增效,将作业研究与管理作为区域课程教学改革的重要抓手,开展深入研究和扎实探索,始终着眼于"让作业成为一种真正的有意义的学习过程",严格控制作业数量,密切关注作业质量,让师生、学校、家长在作业的研究、设计与管理中共同成长。

　　长宁区作业改革思路主要分三个方面:作业研究、作业设计和作业管理。作业研究体现"三视":学生视角、学科视野和课程视阈。作业设计是重点,也是目标,体现"三性":科学性、层次性和开放性。作业管理体现"三专":专人负责、专题调研和专项推进。从而,增强了作业意识,提升了教师学识,凝聚了区域共识。

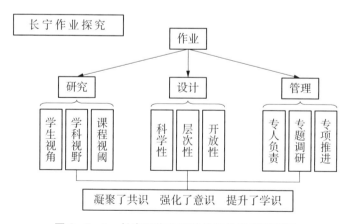

图6-5-1　长宁区作业改革的整体思路框架图

（一）秉承活力教育理念

活力教育是长宁教育历史积淀的重要特质，也是长宁区教育改革和发展的价值追求与主要任务。活力教育是充满生命力的教育。循天性而育，激发师生生命潜能，实现师生自由而全面地发展。在内表现为生命、激情、智慧的教育特质品格；在外表现为聚合、共生、变革的教育特质生态。

长宁的作业研究与管理始终秉承"活力教育"理念。通过建立"局—院—校"上下联动的活力机制，推进"设计—实施—评价"三环相扣的活力实践，形成"家庭—学校—社会"齐抓共管的活力保障，初中阶段开展的"阅读领航计划"—"分层作业设计与实施"—"作业开放性研究"，分阶段、有计划、有重点地落实作业改革与实践，就是践行"活力教育"理念的重要体现。

（二）创新教育治理机制

长宁区坚持"行政支撑、专业引领、校本实践、多方监督"的区域作业管理机制，使得作业改革与实践成为师生绽放成长活力的助力器。具体的做法如下：

1. 教育局加强顶层规划、制度管理、机制建设，建立"作业效能监测中心"，发布"长宁区初中作业开放性研究指导意见""长宁区教育系统基层年度考核工作方案"，建立"单元作业指导建议网上发布制"，规范"作业网上两级备案流程"，实施"常态调研制""咨询监督制"，形成"长宁区作业效能评估标准"，统筹规划作业改革。

2. 教育学院成立"学科发展中心""作业效能监测中心""学业评价中心"，为作业设计与实施研究提供专业保障。同时，将作业设计与实施研究统筹纳入教研、科研、师训工作范围：教研室、科研室聚焦作业设计与实施的"理念与行为""内容与形式""过程与结果"以及"基于信息化平台的备案管理""基于三个指数的科学评价"等方面，以主题教研、课例呈现、专题研讨、成果展示、竞赛评比等多种方式推进落实；师训室组织进行以"作业设计与命题"为主的教师专业能力测试和校本研修，合力、规范、引领、促进、保障作业改革顺利推进。

3. 义务教育阶段各学校加强作业研究与管理中的学校实践探索，形成了"五级作业管理制度""六步作业研究流程""综合作业的设计、指导、完成和评价三焦点""作业备案三环节两流程"等一系列"校本管理机制"，并努力探索作业管理的"校际联动机制"。

（三）激发学生生命活力

长宁区在义务教育阶段开展的作业研究与实践，尊重学生个性发展，以激发学生生命活力为宗旨，落实五育融合，凸显育德实效，促进思维发展，提升体质健康，强化美育熏陶，培养劳动习惯。

以激发学生生命活力为主旨的作业设计与实施，首先关注基于课程标准的学科和跨学科作业的"设计开放""实施开放"和"评价开放"。在"设计主体多元""作业形式多样""作业内容多向""作业难度多层"的开放理念引领下，完成作业的过程帮助学生更加深刻、全面、系统地掌握学科知识；基于核心素养培育，结合学生学习与生活实际的综合性、生活性作业，又让作业回归学生的生活实际和生命质量提升。以尊重学生个性为前提而设计的开放性作业，让学生在"说"中完成作业，在"玩"中完成作业，在"做"中完成作业，在"思"中完成作业，学生的学科整合能力、知识应用能力、实践创新能力、合作交往能力逐步提升，学生的意志得以锻炼，潜能得以挖掘，孩子们逐步养成良好的学习习惯，激发出不断向上的活力。

（四）撬动教师专业发展

长宁区的作业研究与实践，行政业务部门是主导，学校是主体，而教师是主力，也是这项改革过程中的最大受益者之一。

首先，系统的机制建设，为教师的专业成长提供了保障。长宁区对区域范围内以"减负增效"实现"为了每个孩子更好地学习和成长"的课改方向进行了顶层设计和规划，建立了学科发展中心、作业效能监测中心以及学业评价中心，合力保障作业研究与管理的推进，也为教师的专业成长提供了有力的保障。

其次，合理的路径规划，为教师的专业成长指明了方向。"单元作业指导建议"的发布，对教师树立学科思想和培养课程意识提出了明确的要求；"第一级备案"要求合理把控作业的"量"；"第二级备案"要求实现"质"的提升，要求将备课组、教研组的集体学习、分工合作与教师个体的学习、实践、调整、反思紧密结合。

作业的研究与实践,促使教师深入思考教育教学中深层次的问题,重新定位课程、教材、学生、教学之间的关系,重新审视和界定自己在课程改革中的功能、地位和作用。教师的专业自省、自觉、自主不断加强,更多的好教师在作业改革中脱颖而出。

(五) 落实多元联动共育

聚合、共生、变革是长宁活力教育的特质生态。在推进作业改革研究与实践的过程中,区域高度重视多元联动:"局院校"联动——以教育局为主导、教育学院为指导、基层学校为主体,三者自上而下联动,形成了顺畅有效的区域作业改革推进机制,营造出作业改革的良好氛围;"跨学校、跨学科"联动——作业的设计与实施为区域各校校本研修、教研组建设提供了新的契机,在区教研室组织下,同学科、跨学科教师在作业目标的解读与细化、形式的丰富与拓展、选题的典型与适切、编排的科学与规范等各个方面,开展合作学习、联动探究,优质资源得以共享,均衡公平得以实现;"家校社"联动——学校作业改革五育融合的各项"家校共育"计划打开了学校的无形"围墙",形成了学校、家庭、社区多维一体化育人新格局,在教育观念、教育内容、教育途径和教育方法等方面同步、一致、和谐,并产生积极的教育合力,形成以促进共生共长为目标的新型合作伙伴关系,在育人格局上成为"命运共同体",各参与主体分工明确、各司其职,促进学校的多元治理,实现优质教育资源共享,打造了同生共长的教育生态系统。

长宁区以作业为支点的"活力"教改强调整体推进、跨校合作、多方联动,重在实践,体现特色,在以下几个方面实现了创新突破:首创了"生活化"的长作业样态,形成了"开放性"作业设计策略,赋予了家长、社会以学生作业知情权和管理权。也形成了一些物化成果:华东师范大学出版社出版了初中学段编制的、覆盖四个学段的语文、数学、英语、物理、化学的《长宁区初中分层作业》;2018 年,学林出版社出版了《学生创新素养培育的实践探索——上海市长宁区初中作业开放性成果汇编》;《现代教学》2014 年 11 月 A 刊在"改革与实践"专栏中以"长宁区初中分层作业设计探索"为专题,登载了长宁区语数外理化五科的探索经验。《上海教育》2019 年 7 月 A 刊上以专题的形式报道长宁区在作业研究方面的成果和经验。在历年的上海市教育博览会上,长宁区的分层作业作为初中学段的重点展出项目,均得到社会各界的好评和欢迎。《人民日报》《人民教育》《中国教育报》《文汇报》《中国青年报》等各级各类媒体都对长宁区的作业研究与实践进行了报道和宣传。

面对新形势新时代，长宁区将继续遵循科学规律，持之以恒地开展作业研究，旗帜鲜明地落实减负增效，打造良好教育生态，通过激发师生的创造力和生命活力，为长宁经济社会发展做出教育应有的贡献。

上海市教育委员会教学研究室初中学段综合教研员张玉华老师一直密切关注并深度参与长宁初中学段的作业研究。她以《"作业"何以撬动区域课程改革》为题，对长宁的作业研究进行了梳理，发表于《上海教育》2019年7月A刊上。

"作业"何以撬动区域课程改革

课程改革是一项复杂的系统工程，从市到区、到校，区域层面的实践探索无疑是其中至关重要的要素和环节。区域课改既要"承上"，理解并执行国家课程政策；又要"启下"，引领并支持学校创造性地实践。区域既是一个有形的地域概念，也是一个无形的文化概念。上海现在共有16个区，每一个区都呈现出鲜明而独特的区域特色和区域经验。例如徐汇区的"基于课程标准教学的区域性转化与指导策略研究"、黄浦区的"区域特色课程图谱的构建及其推进研究"，而长宁区却以"作业研究"为支点，坚持十余年，以此撬动区域课程与教学改革，促进教育优质和公平。

作业，是课程改革的关键领域，它链接"教学"与"评价"，学生通过作业内化课堂所学，教师通过作业反馈教学成效，检验目标达成；它链接"学生"与"教师"，是学生和教师沟通的重要纽带之一，作业答句、评语的字里行间蕴含师生信息的交换和情感的表达；它链接"课内"与"课外"，是学生利用非教学时间完成的任务，作业可以引领、发展学生的课外活动；它链接"学校"与"家庭"，家长通过作业了解孩子的学习状态，认识并理解教育。作业，同时又是课程改革比较容易被忽视的领域，被称为"熟悉的陌生人"，作业的链接效用不会自然产生、主动优化，它需要很好的指导、设计和实施。作业研究，何以撬动长宁区初中学段课程与教学改革？

做"精"改革设计，精准预设改革操作要点

区域课程改革是"择宜的艺术"，一方面要顺应经济、文化发展趋势，

落实国家和上海市课程改革的方向和要求;另一方面要根据区域教育实
际情况确定课程改革的侧重点和主要内容,在多种可能性中进行选择、折
中和综合,把握区域课改的力度和节奏,将改革目标落实在区域课程与教
学的最近发展区内。从理念到行动,改革的操作化设计很重要,是使改革
落地的关键所在。

从时间纵向来看,长宁初中学段"作业研究项目"共经历了三个阶段,
每个阶段都有明确的要求和指向。2009 年启动"阅读领航计划",2014 年
启动"长宁区作业分层研究",2016 年启动"长宁区作业开放性研究"。其
中,"阅读领航计划"是作业研究的序曲和前奏,早在 2009 年,为进一步落
实"为了每个学生更好地学习与成长"课改理念,长宁教育针对不同年龄
段学生的特点,进行特色鲜明的教育改革:小学倡导学生快乐学习,开展
家校共育计划;初中探索学生有效学习,有序推进阅读领航计划;高中推
进学生综合学习,深化学校主题轴综合课程建设。不同学段确立不同的
课改重点,是区域课改"择宜"的结果,抓住关键问题,把握育人核心,寻找
最佳平衡点和实践点,为全区课程建设引领正确方向。

从内容横向来看,每个阶段都明确预设操作要点。例如,"阅读领航
计划"主要包括"学科教材阅读""学科拓展阅读""社会实践阅读"三项行
动内容,引导教师提升课程意识,跳出"一节课""一门课"的羁绊,从课程
的视角审视作业、设计作业。又如,作业开放性研究,聚焦在"作业设计的
开放性""作业完成的开放性""作业评价的开放性"三个环节维度,引导作
业超越仅仅促进知识内化和掌握的功能局限,直接指向学生实践能力和
创新素养培育。操作要点的预设为课改行动提供导航,明示方向,规划路
径。长宁作业研究行动的落脚点在"作业",改革目标最终指向区域课程
与教学质量的整体提升,通过作业研究促进教师对育人理念、课程价值、
学校文化等根本性问题的深层次思考和价值重建。

做"深"改革传播,把改革要义告诉每一个人

区域推进课程与教学改革的特点是涉及面广,覆盖的学校、教师多,
差异性大。教育改革最持久的动力源于学校的内生力和教师的创造力,
一个区域的课程改革要想实现突破,需要凝聚大多数人的力量和智慧。

如何把少数人的思想观点变成多数人的想法与行动、真正获得广大教师的支持和投入，是区域课程改革必须应对的挑战。长宁作业研究呈现的经验主要有两个方面：

一是，反复解读、培训伴随，把改革要义告诉每一个人。开展项目前期研究，制定《长宁初中作业开放性研究指导意见》等引领性文件，通过文献研究、现状调研、集体思辨进一步厘清作业研究的精神实质；定期举行研究推进会、成果发布会、专题研讨会等各类活动，借助教育实践，经过"理性—感性—理性"的反复历练，不断丰富作业研究的内涵要义；形成了项目研究与面上培训、辐射同步的机制，发挥经验的"孵化"功能，提升一大批骨干教师的作业设计与评价能力；通过区域教育报纸、杂志、微信公众号等各类媒体广泛宣传，促进形成共识。调研表明，长宁区初中学段87.23%的教师反馈"近一年来，学校开展关于作业设计与应用等类似专题培训或专题研讨"的次数在3次以上；72.34%的教师认同"优化作业设计与应用"是提高教育教学质量的最有效措施之一。

二是，赋权增能、激发内驱，让改革要求与教师内心需求相缔结。马克斯・韦伯认为"人悬挂在自己编织的意义之网上"，任何外部的激励方式，都很难从根本上改变一个人的行为，面对改革的人们需要寻找改革对于自己的意义感和使命感。作业是教师每天工作的重要组成，作业研究不会对教师增加太多负担，反而能够提升工作实效，何乐而不为呢？用长宁项目动员会的语言表述就是作业研究"没有不做的理由，没有不会搞的理由，没有搞不好的理由"，这也是长宁区将教师熟悉的"作业"作为支点来撬动区域课程改革的重要理由之一。

做"细"改革支持，建设从理念到实践的中介环境

理念如果没有经过技术的转化，永远只是一种思想，不能真正落到实处，不能转化为课程和教学行为。教师是实践者，教师的实践需要很多支持，例如工具、支架、范式和各种各样的资源，帮助教师从尝试到模仿、从模仿到变式、从变式到自主创新，逐步理解并参与课程改革，贯彻落实课改理念。

从长宁作业研究来看，区教育学院责无旁贷地承担起这一任务，围绕

某些关键要素实施开发性研究,把课改中的观念和理论转化为直观、规范、有效的机制和流程、策略和方法、工具和规格,建设起从理念到实践的中介环境。例如,语文学科系统梳理了各单元和课文的学习目标与要求,为各类作业设计提供依据;化学学科借助信息技术,积累思维导图、微视频等资源,为学生提供可视化、可选择、可互动的学习平台;建立基地学校、校际联动等机制,坚持"试点—扩大试点—全面推进"的实践路线,坚持边研究边推进、以研究带动实践,关注推进过程中的问题解决。

富有支持性的改革环境不仅能够为学校和教师提供示范、给予支持、降低研究的难度、提升研究品质,同时也能够激发教师对于研究任务的兴趣,缓解研究过程中的压力和焦虑,保障课程改革的持续深入。

做"实"改革成果,让改革成效可循证、可感受

区域课改要落实,抓手是促进课改成果的形成与完善。无论对于区域,还是对于学校,课程改革都是一个过程,不是一个事件。持续改进、迭代更新是课程改革的重要特征。项目研究是"有限目标、有限时间、有限资源"前提下的研究,我们需要设定一些具体的目标,以这些目标的达成作为项目完成的标志,形成一个对于区域课程发展而言"肯定""明确""确定"的课改成果、标志或阶段,然后在此基础上启动新一轮优化更新,促进区域课程改革的螺旋提升。

做"实"有形的课改成果,让改革成效可检测、可循证。2015 年,区域汇集学校研究成果,编辑了"上海初中分层作业"丛书,共 29 册,包含语文、数学、英语、物理、化学五门学科,形成整体性成果,让不同特点的学生都能在适合自己的学科作业中实现有效学习,引领教师在课堂教学中因材施教。2019 年,区域汇集一百多位教师的作业开放性研究实践,编辑《学生创新素养培育的实践探索——上海市长宁区初中作业开放性研究成果汇编》一书,涵盖了初中所有学科和部分跨学科内容。此外,区域还形成了分层作业的类型与标准、开放性作业评价指标等规范性文本。做好改革成果的显性化验收,将教师所拥有的个体性知识转变为区域所拥有的组织性的知识,提升区域教育软实力,服务于区域每一位学生的成长和发展。

做"实"无形的课改成果，让改革成效可感受、可持续。推进课程改革，是将应然的课程目标转化为实然的课程结果的过程，更是将课程价值转化为课程文化的过程。长宁作业研究采用区域联动与学校推进相结合的策略，既体现为"强力推进"，又表现为"尊重差异"。关注学校研究的基础、能力、旨趣和期望，给学校自主课改留下足够的选择空间与创新空间，避免课程改革模式化，激发每所学校在课改中的主体性、主动性、创造性和成长性。每一所长宁初中学校在作业研究的过程中，课程意识得到显著提升，课程品质得到明显优化，课堂教学实现进一步转型，学校特色得到初步凝练，每所学校正在成为更好而不一样的"自我"。项目研究营造了良好的区域课程生态，为后续发展积淀基础、实力和文化。

区域课程改革追求学校、教师、学生发展的整体转型和协同提升，应该如何行动、怎样作为？长宁区作业研究项目带给我们很多经验和启迪。

（上海市教育委员会教学研究室　张玉华）

后　　记

　　长宁教育关于学生作业的探索,始于 2009 年开启的初中"阅读领航计划"课程与教学改革,迄今已有十几年的实践历程。期间历经"分层作业"实施与"作业开放性"研究的不同推进阶段,取得的成果作为长宁"活力教育"持续推进的重要组成部分,业已产生了广泛的社会影响。

　　本书的撰写,得益于自 2016 年以来持续推进的教育综合改革项目"长宁区初中作业开放性研究"。在教育局的全面领导和推动下,全区初中教师和学生以满腔热情投入到开放性作业的研究与实践中,创造了大量的开放性作业案例,取得了显著的实践成效,成为长宁"活力教育"最具代表性的组成部分。开放性作业研究的部分成果汇集为《学生创新素养培育的实践探索——上海市长宁区初中作业开放性研究成果汇编》,已于 2019 年出版,本书撰写的部分素材即取自于该书。

　　本书撰写的基础是全区各初中学校关于作业开放性研究的成果总结,在主编熊秋菊局长的带领下,教育学院宋建军、魏新磊、张萌三位老师在学校研究成果的基础上进行研究梳理,拟定开放性作业研究的理论框架,促进开放性作业研究的系统深入。在此过程中,得到了华东师范大学夏志芳教授的悉心指导,在此表示诚挚的感谢。并感谢全区各初中学校在开放性作业研究推进过程中热情参与的老师和同学们,感谢各校成果提炼总结的老师们。